"十四五"职业教育国家规划教材

轨道交通职业教育"一带一路"系列教材

车站信号自动控制

吴雄升　赵　宁 ◎ 主　编
黄　聪　史添添 ◎ 副主编
　　　班华明 ◎ 主　审

西南交通大学出版社
·成 都·

图书在版编目（CIP）数据

车站信号自动控制 / 吴雄升，赵宁主编. —成都：
西南交通大学出版社，2019.8（2024.1 重印）
　轨道交通职业教育"一带一路"系列教材
　ISBN 978-7-5643-7112-8

Ⅰ. ①车… Ⅱ. ①吴… ②赵… Ⅲ. ①车站信号 – 自
动控制 – 高等职业教育 – 教材 Ⅳ. ①U284.18

中国版本图书馆 CIP 数据核字（2019）第 188406 号

"十四五"职业教育国家规划教材
轨道交通职业教育"一带一路"系列教材
Chezhan Xinhao Zidong Kongzhi

车站信号自动控制

吴雄升　赵　宁　主编

责任编辑	刘　昕
封面设计	吴　兵
出版发行	西南交通大学出版社
	（四川省成都市金牛区二环路北一段 111 号
	西南交通大学创新大厦 21 楼）
邮政编码	610031
发行部电话	028-87600564　028-87600533
网址	http://www.xnjdcbs.com
印刷	四川森林印务有限责任公司
成品尺寸	185 mm×260 mm
印张	15.5
字数	382 千
版次	2019 年 8 月第 1 版
印次	2024 年 1 月第 4 次
定价	39.00 元
书号	ISBN 978-7-5643-7112-8

课件咨询电话：028-81435775
图书如有印装质量问题　本社负责退换
版权所有　盗版必究　举报电话：028-87600562

行业标杆——"铁路工匠"班华明

我是一名铁二代，骨子里流淌着老一辈铁路人的热血传统，那个年代有一份铁路工作是一件非常得意的事。小时候我家就住在铁路边，最高兴的事情是近距离听到令人振奋的蒸汽机轰鸣声。我暗暗发誓，长大后要当铁路工人！1989年，我如愿进入铁路工作，初到施工单位感到迷茫和惶恐。一年速成班所学的基础知识运用在施工中是远远不够的，通过师傅现身说教，结合现场摸索、实践，让我快速对信号施工有了全面了解。克难必胜，在保证施工质量高标准和施工安全的同时，没有放松日常业务技能学习，积极参加信号工技能竞赛，从中级工、高级工、技师、高级技师、首席技师晋升技能。2005年参加铁路局技能竞赛获第一名，次年直接晋升高级技师资格。2007年参加国铁集团集训，那一年我失利了，我的两个同伴分别获全国第九、十名，而我一无所获，人生第一次感受到挫折、感受到自己的躯壳不受大脑控制。在艰难中过了三年，2009年再次代表集团公司参加国铁技能大赛，获得第五名的好成绩。现在我在技师、高级技师鉴定和技能竞赛中做兼职教练，在培训中分享比赛经验和困难，提醒年轻人努力拼搏，不到最后永不放弃。

在外施工牵挂自己的家庭，在外拼搏也是为了家庭过得更好。但是不可避免会留下遗憾，家庭有事不能参与，常常会让我感到无助，家人是工程人在外拼搏的动力和支持。在工作地点不断变化的情况下，能把一件件别人认为不可能的事情变为可能，把一个个别人认为干不了的活高质量完成。我是在施工中成长、在竞技中感悟，经风雨才能见彩虹，收获满满的技能。为进一步提升后备人才的职业素养、业务能力、责任担当以及奉献精神，锻造一支专业化、年轻化的后备骨干队伍，聚焦现场带出高产团队。除了学好自身业务技能外，还积极做好传帮带工作，凭借自己的专业技能和丰富的实践经验，组织开展岗位骨干人员培训班、技能鉴定考前培训班，参加培训的职工业务技能得到有效提升，技术能手脱颖而出。培训学员中有12名获全路技术能手称号、5名获广西技术能手称号、22名获全局技术能手称号、3名获新长征突击手称号、1名获广西壮族自治区五一劳动奖章，至今累计培训出56名技师和5名高级技师。

前　言

车站信号自动控制是用来指挥站内列车或车列作业、保证行车安全、提高运行效率的信号技术设备。目前，我国使用的车站信号自动控制主要有继电集中联锁和计算机联锁两大类，实现站内道岔、进路和信号机之间的联锁关系。用电气的方法对道岔、进路和信号机进行集中控制和监督，称之为电气集中联锁；联锁关系检查和控制主要由继电器及其控制电路完成，称之为继电集中联锁；用计算机系统完成联锁关系的检查和控制，称之为计算机联锁。计算机联锁系统是具有"故障-安全"的自动控制系统，近年来得到高速发展，是车站信号设备的发展方向。

本教材是铁道信号自动控制专业国家级教学资源库以及省级精品在线开放课程"铁路车站自动控制系统维护"的配套教材。综合考虑满足职业院校常态化教学以及开展国际化教学需求，分为中文、英文两个版本。基于职业教育理念，以项目化教学为导向，将教材内容分为 5 个学习项目，分别是项目一铁路车站联锁基本概念、项目二继电集中联锁、项目三计算机联锁、项目四执行电路和项目五车站信号设备防雷。在每个项目学习前，配有项目工作任务，便于按照"任务驱动方法"开展教学，利于调动学生的学习积极性。其中，对继电集中电路和道岔控制电路、信号机点灯电路做了较为全面的介绍，在电路中标注了各种继电器励磁电路的接通路径，以加深对整个电路的理解。计算机联锁介绍了系统的组成和工作原理，并以我国目前比较常用的 DS6-K5B 计算机联锁系统为例，介绍了其组成、操作及故障维护方法。雷雨季节雷害极易发生，严重影响铁路运输安全，因此本教材编写了项目五车站信号防雷设备，介绍了铁路车站信号设备防雷实例及车站信号防雷设备检修维护。

本教材由柳州铁道职业技术学院吴雄升、赵宁担任主编，黄聪、史添添担任副主编，参加编写教材的还有柳州铁道职业技术学院蒋笑宇、邓晓云，中国铁路南宁局集团有限公司柳州电务段班华明担任主审。其中，吴雄升负责整体设计、统稿核稿、企业案例、编写项目一和项目二，赵宁编写项目四，黄聪编写项目三，史添添编写项目五，邓晓云、蒋笑宇参编项目二。

教材编写过程中得到了广西沿海铁路股份有限公司钦州电务段张积胜、中国铁路南宁局集团有限公司柳州电务段蒙振学、南宁电务段梁作礼等人的大力支持，在此表示诚挚的感谢。

因编写水平有限，资料收集不全，有欠妥之处，请读者多提宝贵意见，以不断改进教材质量。

编　者

2023 年 8 月

国家级专业教学资源库课程网址及二维码

https://www.icve.com.cn/portal/courseinfo?courseid=trv0al6omzvb7piql-fjsw

省部级在线精品课程网址及二维码

https://icve-mooc.icve.com.cn/cms/courseDetails/index.htm?classId=2cae23a3012c4f4a1f4f9f52a8937a1e

目 录

企业案例 ·· 1
    案例 1　关于"11·9"某线某站进站信号机故障的分析报告 ············· 1
    案例 2　关于"6·9"某线站间 5513G 在 TDCS 错误显示红光带的分析报告 ······ 7

项目一　铁路车站联锁基本概念 ··· 15
    任务一　车站信号设备平面布置图识读 ·································· 16
    任务二　铁路车站联锁基本知识 ··· 21
    思考题 ··· 33

项目二　继电集中联锁 ··· 34
    任务一　6502 电气集中概述 ·· 35
    任务二　6502 电气集中选择组电路 ·· 50
    任务三　6502 电气集中执行组电路 ·· 72
    思考题 ··· 98

项目三　计算机联锁 ·· 101
    任务一　计算机联锁系统的组成及基本原理 ·························· 102
    任务二　DS6-K5B 计算机联锁系统及检修维护 ····················· 112
    思考题 ·· 136

项目四　执行电路 ·· 137
    任务一　道岔控制电路 ··· 138
    任务二　信号机点灯电路 ··· 167
    任务三　25 Hz 相敏轨道电路 ··· 191
    思考题 ·· 199

项目五　车站信号设备防雷 ··· 201
    任务一　雷电及防雷 ·· 203
    任务二　铁路车站信号设备防雷实例 ···································· 220
    任务三　铁路车站信号设备防雷检修维护 ···························· 229
    思考题 ·· 237

参考文献 ·· 239

企业案例

案例1 关于"11·9"某线某站进站信号机故障的分析报告

一、故障概况

2019年11月9日6时39分,某线某站办理某车次1道接车进路时,X进站UU信号无法开放,7时14分使用引导手信号接车。电务于8时11分处理完毕,恢复正常行车。故障原因:室内11-6组合内部LXJ继电器31接点至监测JC-1组合侧面01-4端子间配线开路,重新放线处理好。其间影响货车2列。

二、故障调查情况

(一)现场调查情况

1. 微机监测调阅情况

(1)实际时间6时30分36秒,某站办理某车次1道接车进路时,X进站UU信号无法开放,故障时站场平面图如图1所示。

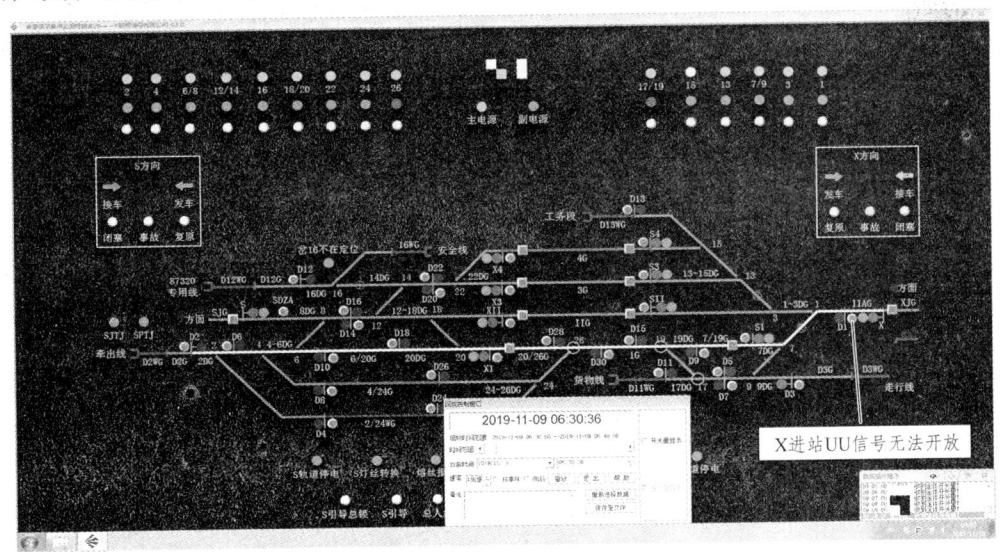

图1 故障时站场平面图

(2)6时30分34秒,开放X进站接车进1道信号(UU信号)时:① 2DJ电流为0 mA(正常值为152 mA);② 1DJ电流由正常值149.6 mA下降至0 mA,2 s后恢复至正常值,如图2所示。

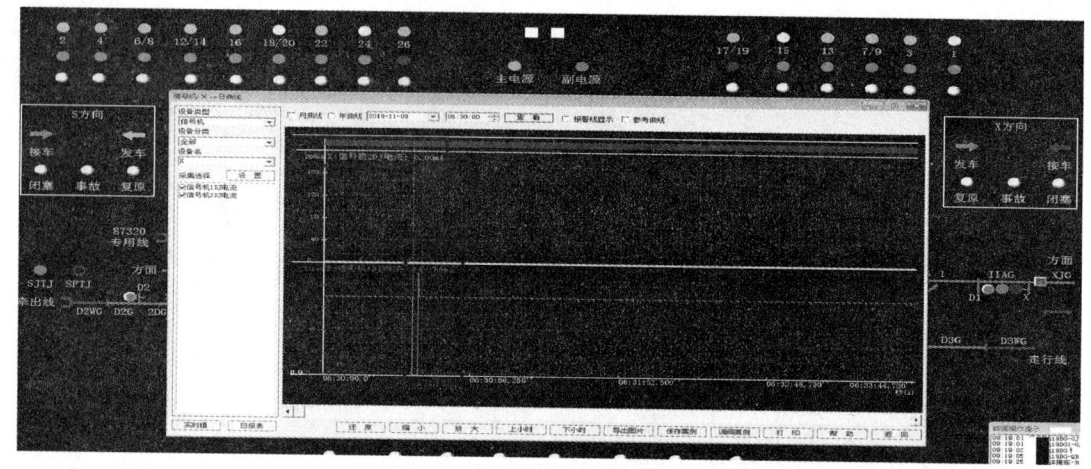

图 2 信号机电流情况

（3）室内 11-6 组合内部 LXJ 继电器 31 接点至监测 JC-1 组合侧面 01-4 端子间配线重新放线连接后，X 进站接 3 道开放双黄信号试验恢复正常，如图 3 所示。

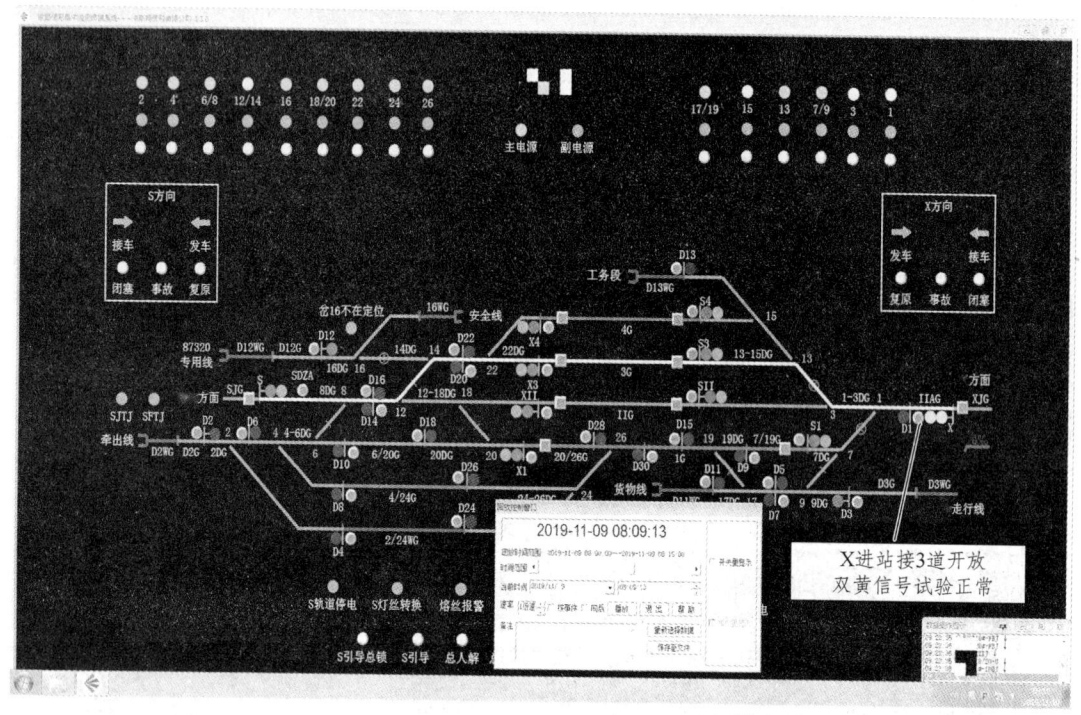

图 3 X 进站接 3 道开放双黄信号试验正常

（4）故障前最近一次（11月8日21时42分）X 进站信号机开放双黄灯，调阅 1DJ、2DJ 电流正常，如图 4 所示。

2. 故障设备调查情况

（1）某站计算机联锁设备型号：******；上道日期：****年**月。

（2）组合架生产厂家：******；上道日期：****年**月。

（3）某站进站信号机点灯电路图如图 5 所示。

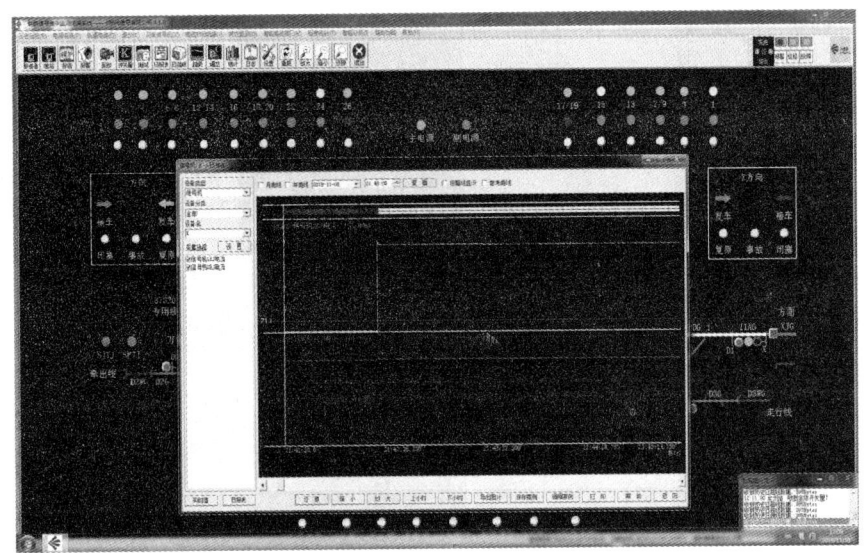

图 4 故障前最后一次信号机电流情况

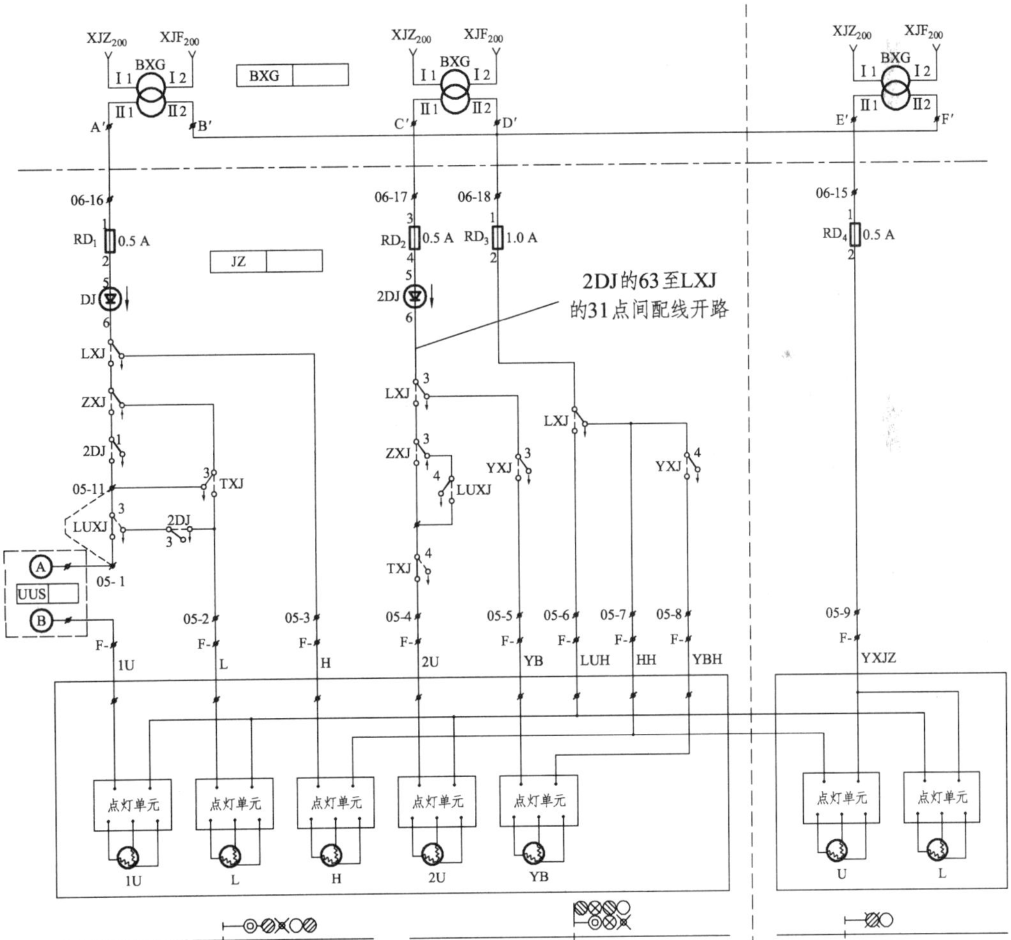

图 5 某站进站信号机点灯电路

说明：
1. 图示为高柱信号机配线，当为矮型信号机时，根据室外设备布置图设置箱盒。
2. 对于无绿黄显示的XF、SF进站信号机，其LUXJ不插，并按图示虚线配线。

（4）查阅信号机电流采集继电器组合侧面配线图：室内 11-6 组合内部 LXJ 继电器 31 接点接至监测 JC-1 组合侧面 01-4 端子，如图 6 所示。

信号机电流采集继电器组合侧面配线图							
	03		02		01		
	采集名称	配线	采集名称	配线	采集名称	配线	
1	+12 V	12 V 电源+	X2DJ	21-8-6-63	X-1DJ	11-6-3-63	1
2	+12 V	下一层电源环线		21-8-4-11	X-1DJ	11-6-1-11	2
3	12 V GDN	12 V 电源GND	X3DJ	21-8-9-63	X-2DJ	11-6-4-63	3
4	12 V GDN	下一层电源环线		21-8-7-11	2DJ	11-6-1-31	4
5			X4DJ	21-9-3-63	S-1DJ	21-7-3-63	5
6	485A	分机25-COM-4-1（A）		21-9-1-11		21-7-1-11	6
7	485A				2DJ	21-7-4-63	7
8	485B	分机25-COM-4-2（B）				21-7-1-31	8
9	485B				S1DJ	12-8-3-63	9
10						12-8-1-11	10
11					S2DJ	12-8-4-63	11
12						12-8-4-11	12
13					S3DJ	12-8-9-63	13
14						12-8-7-11	14
15					S4DJ	12-9-3-63	15
16						12-9-1-11	16
17					X1DJ	21-8-3-63	17
18						21-8-1-11	18

图 6 信号机电流采集继电器组合侧面配线图

3．设备维护情况

（1）11-6 组合最近一次检修：****年**月**日，检修人***，检修时设备正常。

（2）11-6 组合最近一次巡视：****年**月**日，巡视人***，巡视时设备正常。

（二）电务部门应急处置情况

电务部门应急处置流程如图 7 所示。

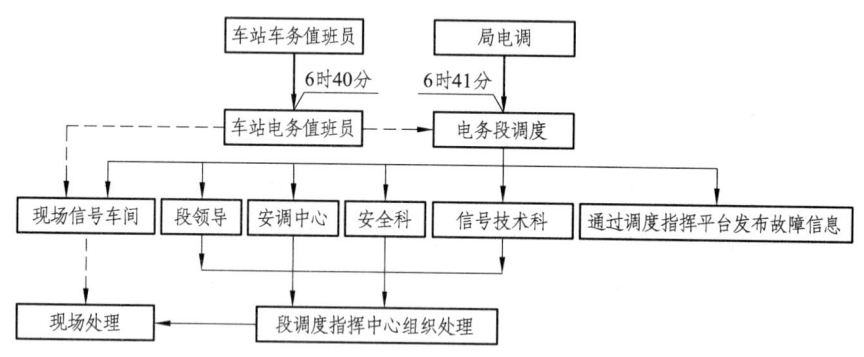

图 7 电务部门应急处置流程

6 时 43 分，段调度利用信号集中监测调阅发现：6 时 30 分 34 秒，车站办理开放某车次 X 进站信号接车进 1 道进路时存在如下故障。

（1）2DJ 电流均为 0 mA（正常值 152 mA）。

（2）1DJ 电流由正常值 149.6 mA 下降至 0 mA，2 s 后 1DJ 电流恢复至正常值。

（3）开关量"X-LXJ"吸起，6 时 30 分 36 秒后落下。

（4）调阅故障前最近一次开放双黄信号时 1DJ、2DJ 电流正常。段调度与信号科调阅共同分析初步判断为 X 进站信号机 2DJ 点灯电路故障。

6 时 50 分，电务车间主任 B 组织车间干部 F、工长 G 等 5 人赶到某站。7 时 00 分，某站电务值班 A 登记办理好 X 信号机设备停用手续。

7 时 06 分，电务车间主任 B 等人开放 X 进站至 1 道引导接车进路试验，引导信号无法正常开放，判断 X 进站 2DJ 信号点灯电路（2U、YB 点灯电路公共部分）室内故障，立即将试验情况汇报段调度。

7 时 12 分，车间干部 F 等人在室内测试 X 进站点灯电路中 LXJ31、LXJ41 接点无 220 V 电压，借助 XJF 220 V（LXJ41 接点）测试发现 2DJ 输入端 63 至 LXJ31 接点间开路。查阅信号集中监测信号机电流采集继电器组合侧面配线图进一步测试发现：11-6 组合内部 LXJ 继电器 31 接点至监测 JC-1 组合侧面 01-4 端子间配线开路，7 时 30 分重新放线焊接好。7 时 14 分车站人工引导接某车次到达 1 道，7 时 52 分站内 Ⅱ 道 T 次列车开放出发信号发车往 Y 站，8 时 06 分到达 Y 站。8 时 09 分电务车间主任 B 开放 X 进站接 3 道（某次列车占用 1 道）双黄信号试验恢复正常。8 时 11 分某站电务值班 A 在"运统-46"办理销记手续，恢复正常行车。

三、故障原因分析

综合上述调查分析，某站办理某车次 1 道接车进路时 X 进站 UU 信号无法开放的故障原因：室内 11-6 组合内部 LXJ 继电器 31 接点至监测 JC-1 组合侧面 01-4 端子间配线开路。

四、故障定性定责

根据《铁路行车设备故障调查处理办法》及《铁路电务安全规则》等相关规定，该故障定性为电务设备故障的信号设备故障（G7 类），因配线材质不良导致，属电务维护原因，列电务段责任故障。

五、整改防范措施

（1）吸取故障教训，开展设备隐患排查。利用周安全例会将本次故障情况通报全段，要求各车间工区举一反三，吸取故障教训。技术科及时组织各车间、工区，针对本次故障原因全面开展室内设备配线运用安全隐患排查，重点对配线是否有损伤等方面进行检查、试验，发现问题及时整治，避免类似故障再次发生。

（2）加强设备故障应急处置。发生设备故障时，电务部门要立即启动应急处置预案，按故障处置规定流程和要求迅速进行应急处置，同时电务处理人员要加强与工务、车务、公安等相关单位处理人员的横向联系、沟通和联劳协作，及时处置，压缩故障延时，努力减少对行车的干扰。

单位名称：**电务段
日　　期：****年**月**日

附件 "运统-46"电务登记格式

1. 《行车设备检查登记簿》设备故障登记格式

X时X分，X线X站（X站至X站间上、下行线）XXX故障，设备修复前，XXX信号设备停用，进行故障处理，需XXX（行车限制条件）。

                        电务段：*

2. 进站信号机故障电务确认行车限制条件登销记格式（应急处置，见表1和表2）

表1 进站信号机故障暂不能修复电务"运统-46"登记格式

月日	时分	检查试验结果，所发现的不良及破损程度
		_____站（场、线路所）_____进站信号机故障暂时不能修复，故障恢复前，进站信号机不能正常使用，可开放引导信号接车；_____进站信号机停用（含引导信号），按调度命令接车
		**电务段：
		____时____分发布调度命令_____号，自____时____分开通
		车站值班员：
注：（1）规格为120 mm×80 mm，电务段印制并保管，设驻所联络员的由设备管理单位向驻所联络员提供，进站信号机故障暂不能修复，具备放行列车条件时，填记交车站值班员签认、粘贴。 （2）不用字句抹销			

表2 进站信号机故障修复电务"运统-46"销记格式

月日	时分	消除不良及破损的时分及盖章
		破损及不良的原因，采用何种办法进行修理的。工作人员及车站值班员盖章
		经处置，_____站（场、线路所）_____进站信号机故障修复，恢复正常使用
		**电务段：
		____时____分发布调度命令_____号，自____时____分开通
		车站值班员：
注：（1）规格为120 mm×80 mm，电务段印制并保管，设驻所联络员的由设备管理单位向驻所联络员提供，进站信号机故障修复后，填记交车站值班员签认、粘贴。 （2）不用字句抹销			

案例 2　关于"6·9"某线站间 5513G 在 TDCS 错误显示红光带的分析报告

一、故障概况

2019 年 6 月 9 日 14 时 03 分（实际 13 时 58 分），某线 M 站至 N 站间下行线 5513G 出现红光带，通知工务、电务处理。14 时 58 分电务销记为 TDCS 错误显示原因造成。故障原因：计算机联锁系统光交换机运行不稳定，造成计算机联锁系统Ⅰ、Ⅱ系与控显 A、B 机间通信不畅出现闪断，导致 TDCS 和调监（GPC 终端）灰屏并错误显示红光带故障。其间影响货车 2 列。

二、故障调查情况

1. 行调调监（GPC）调阅情况

（1）13 时 58 分 29 秒，GPC 显示 5513G 红光带，如图 8 所示。

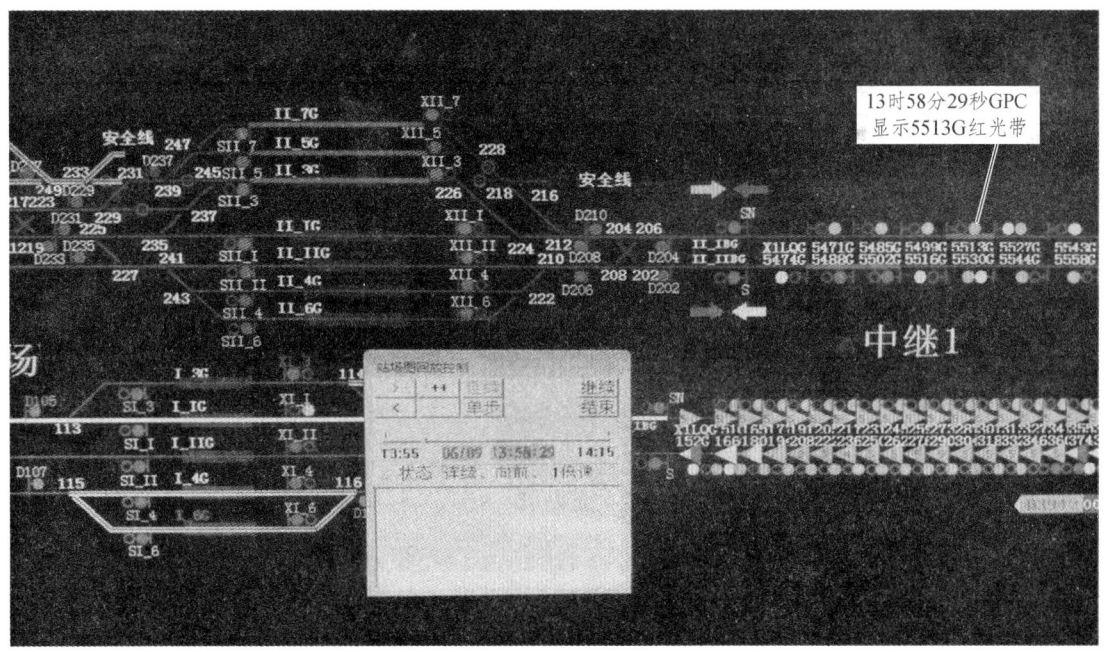

图 8　GPC 显示 5513G 红光带

（2）13 时 59 分 48 秒，GPC 显示正常，5513G 无红光带，如图 9 所示。

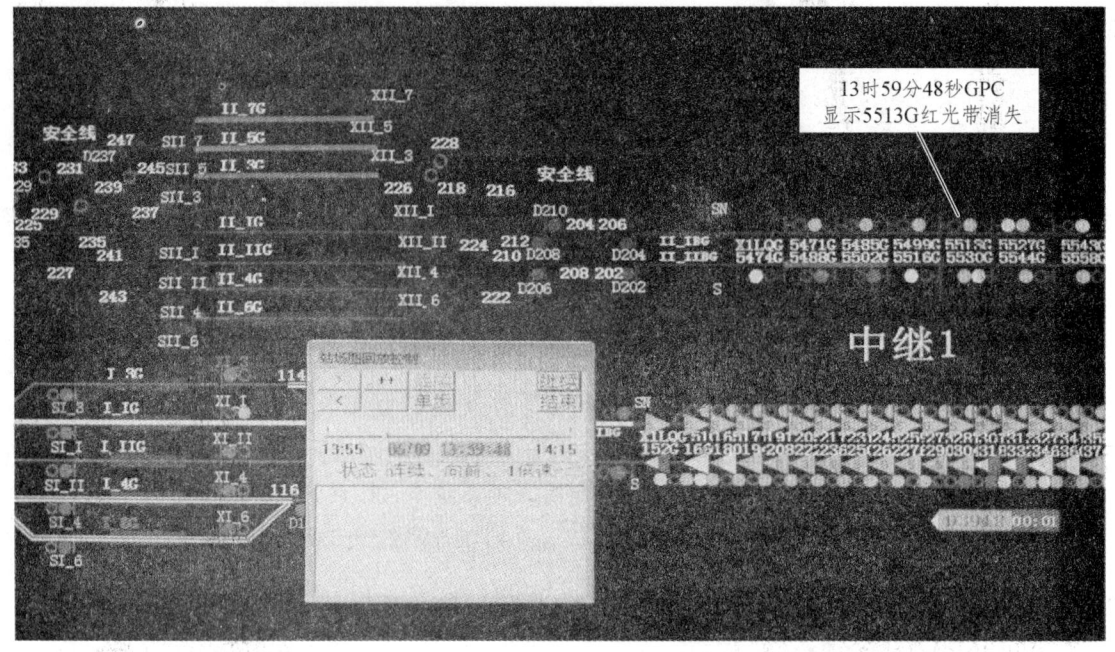

图 9　GPC 显示 5513G 红光带消失

（3）14 时 10 分 56 秒，GPC 再次显示 5513G 红光带，如图 10 所示。

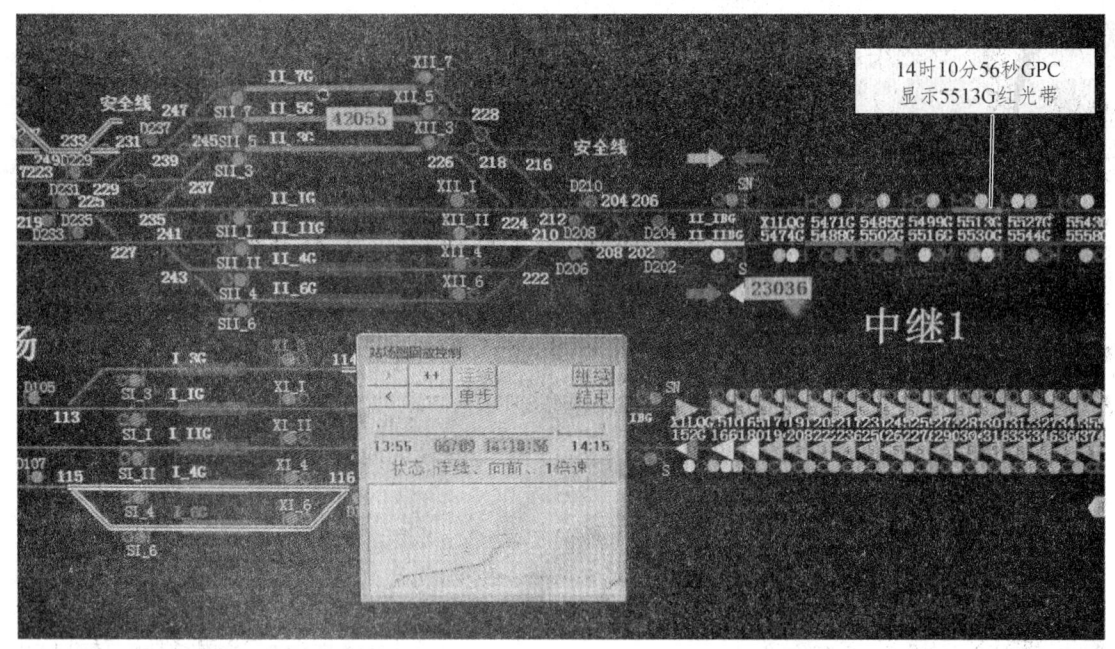

图 10　GPC 再次显示 5513G 红光带

2. 信号集中监测调阅情况

（1）13 时 58 分 29 秒、14 时 10 分 55 秒，集中监测终端也显示 5513G 红光带，如图 11 所示。

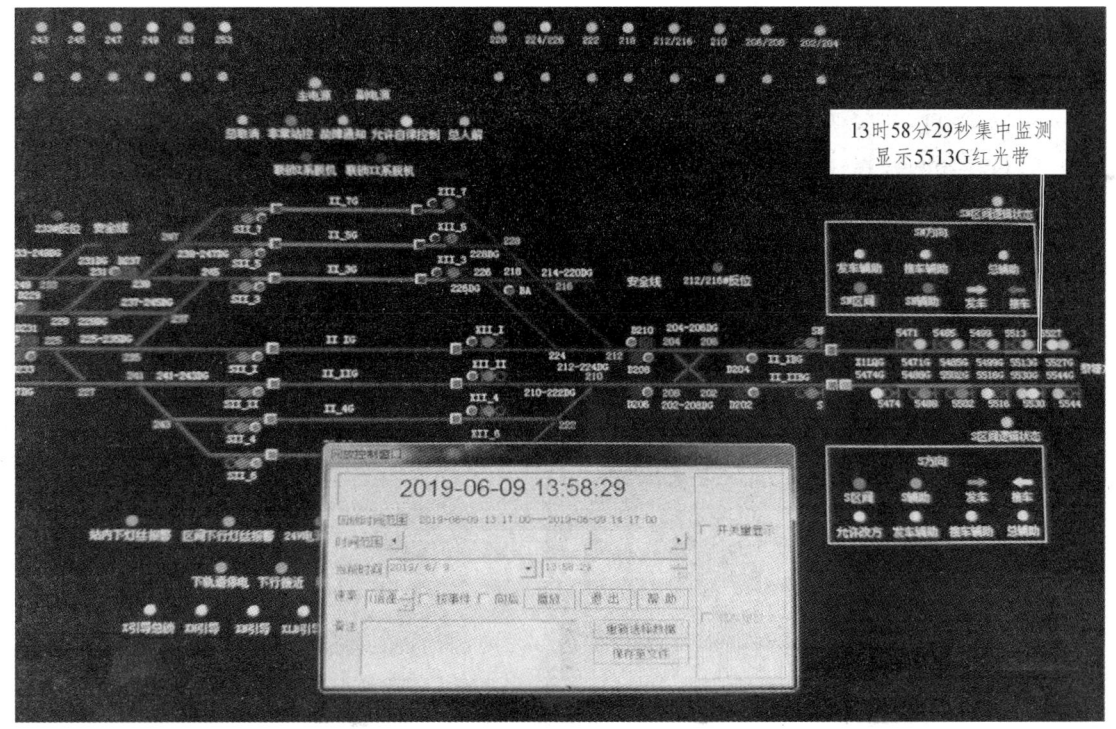

（a）

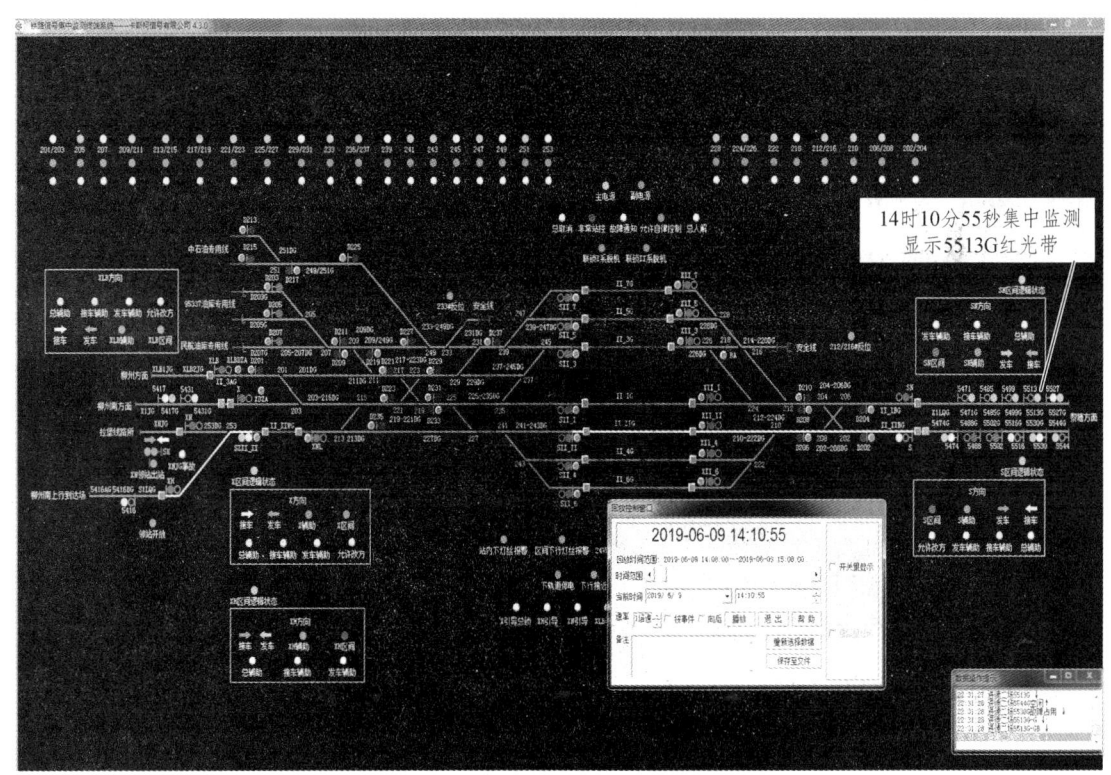

（b）

图 11 集中监测显示 5513G 红光带

（2）13 时 58 分 29 秒，5513G 轨出 1、5527G 轨出 2 电压平稳无变化，说明 GPC 显示红光带是错误显示，如图 12 所示。

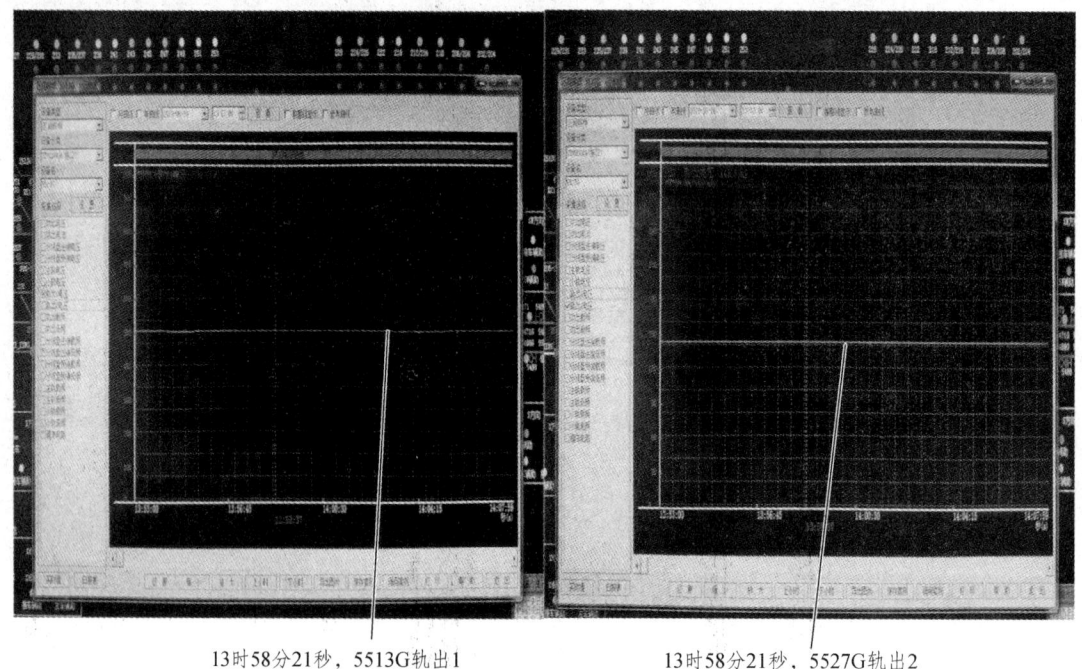

13时58分21秒，5513G 轨出1　　　　　13时58分21秒，5527G 轨出2
电压为502.6 MV，平稳无变化　　　　电压为143.30 MV，平稳无变化

图 12　5513G 轨出 1、5527G 轨出 2 电压平稳

（3）14 时 10 分 56 秒，5513G 轨出 1、5527G 轨出 2 电压平稳无变化，说明 GPC 显示红光带是错误显示，如图 13 所示。

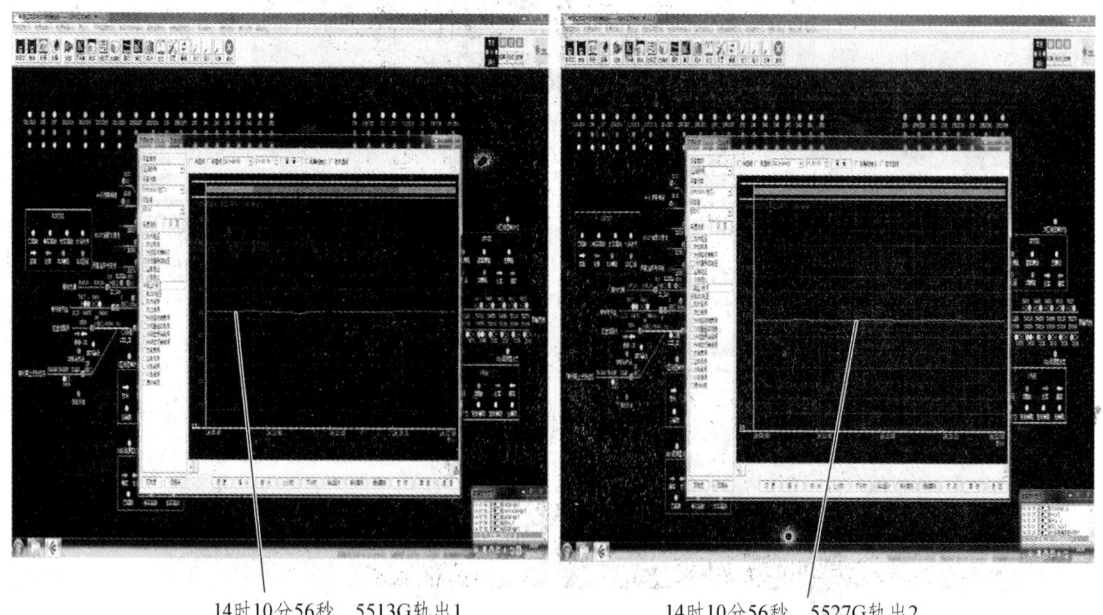

14时10分56秒，5513G 轨出1　　　　　14时10分56秒，5527G 轨出2
电压为502.6 MV，平稳无变化　　　　电压为143.30 MV，平稳无变化

图 13　5513G 轨出 1、5527G 轨出 2 电压平稳

3. 设备调查情况

（1）TDCS 与联锁系统通信原理分析（见图 14）。

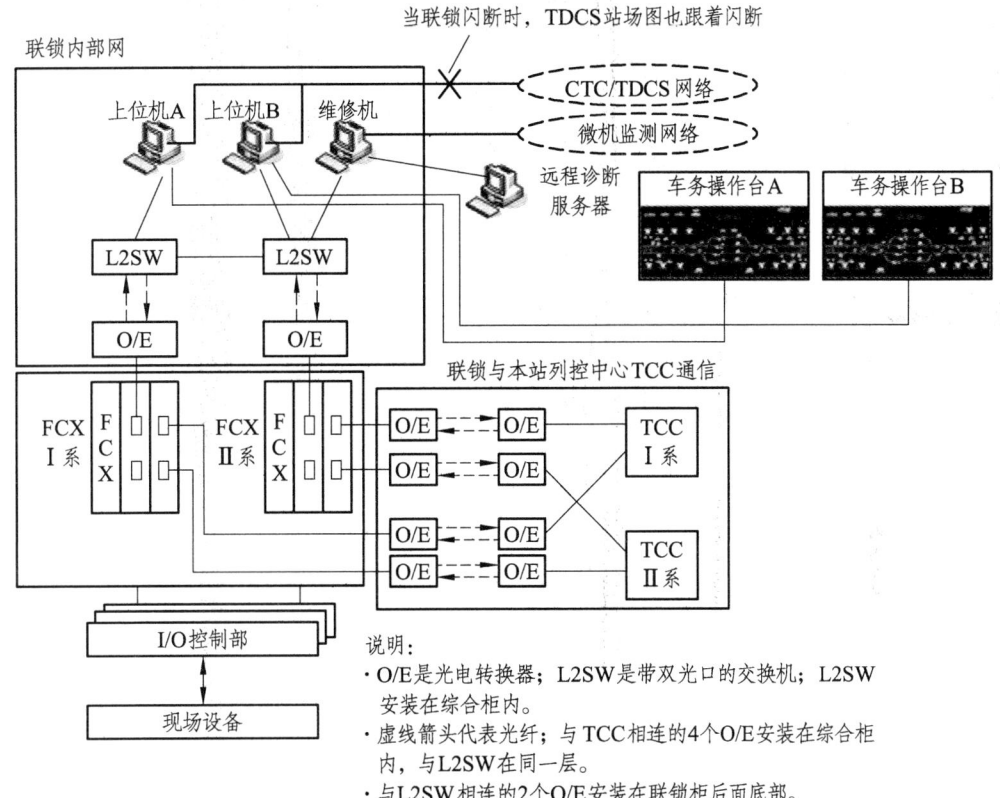

图 14　TDCS 与联锁系统通信原理分析

（2）设备情况：联锁设备型号**，厂家**；光交换机型号**。上道日期：**年**月。

（3）维护情况：最近一次检修时间：**年**月**日，检修人***，检修时设备正常。最近一次巡视时间：**年**月**日，巡视人***，巡视时设备正常。

三、应急处置情况

电务处置流程如图 15 所示。

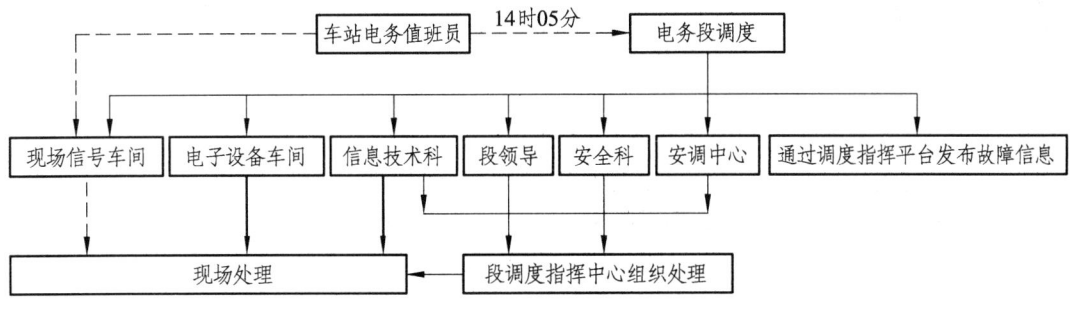

图 15　电务处置流程

14 时 10 分，信息科主管工程师 E、电子设备车间干部 F、工长 G 等人在赶往 M 站配合处理计算机联锁故障的路上，接到段调度通知 M 站 TDCS 故障。

14 时 25 分，到达 M 站，查看监测报警信息发现计算机联锁 Ⅰ 、Ⅱ 系有大量脱机报警信息。

14 时 30 分，查看计算机联锁系统维修机发现联锁 Ⅰ 、Ⅱ 系与控显 A、B 机间通信不畅出现闪断报警。

14 时 32 分，查看 TDCS 维修机日志，发现 TDCS 接收不到联锁控显 A、B 机发送的站场信息。

14 时 33 分，检查发现 TDCS-A、B 机自动来回切机。TDCS 3.0 维修机日志如图 16 所示。

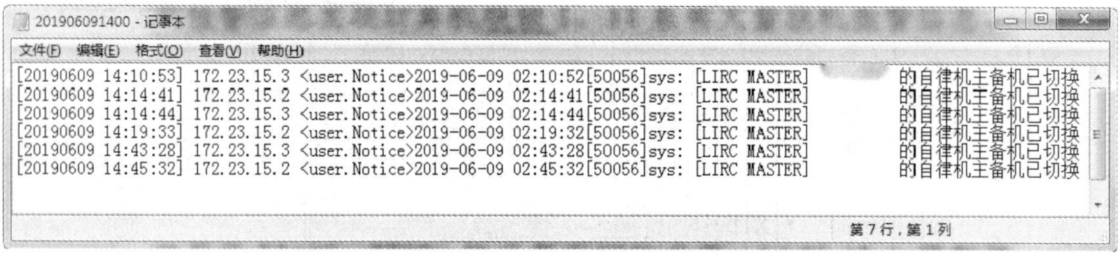

201906091400 - 记事本

文件(F) 编辑(E) 格式(O) 查看(V) 帮助(H)

```
[20190609 14:10:53] 172.23.15.3 <user.Notice>2019-06-09 02:10:52[50056]sys: [LIRC MASTER]    的自律机主备机已切换
[20190609 14:14:41] 172.23.15.2 <user.Notice>2019-06-09 02:14:41[50056]sys: [LIRC MASTER]    的自律机主备机已切换
[20190609 14:14:44] 172.23.15.3 <user.Notice>2019-06-09 02:14:44[50056]sys: [LIRC MASTER]    的自律机主备机已切换
[20190609 14:19:33] 172.23.15.2 <user.Notice>2019-06-09 02:19:32[50056]sys: [LIRC MASTER]    的自律机主备机已切换
[20190609 14:43:28] 172.23.15.3 <user.Notice>2019-06-09 02:43:28[50056]sys: [LIRC MASTER]    的自律机主备机已切换
[20190609 14:45:32] 172.23.15.2 <user.Notice>2019-06-09 02:45:32[50056]sys: [LIRC MASTER]    的自律机主备机已切换
```

第 7 行，第 1 列

图 16　TDCS 3.0 维修机日志

14 时 34 分，初步判断 TDCS 站场图上 5513G 闪红光带的原因是 TDCS-A、B 机自动来回切机造成错误显示。

14 时 36 分，将检查情况及应急处置方案（将 TDCS 固定在 A 机使用）汇报段调度、主管副段长、信息科值班干部。

14 时 40 分，段调度和主管副段长进行研判后同意现场应急处置方案。

14 时 45 分，将 TDCS 切换开关切换至 A 机使用，观察 10 分钟 TDCS 闪红光带现象未再发生，14 时 59 分销记，恢复 TDCS 设备正常使用。

四、故障原因分析

经上述综合分析，某线某台调监错误显示 M 站至 N 站间 5513G 红光带，故障原因是计算机联锁系统光交换机运行不稳定，造成计算机联锁系统 Ⅰ 、Ⅱ 系与控显 A、B 机间通信不畅出现闪断，导致 TDCS 和调监（GPC 终端）灰屏并错误显示红光带故障。

五、故障定性定责

根据《铁路行车设备故障调查处理办法》《铁路电务安全规则》等相关规定，该故障定性为电务 TDCS 设备故障（G13 类），故障原因为外电网电源瞬间停电来电造成计算机联锁系统交换机运行不稳定，通信堵塞，导致 TDCS-A、B 机自动来回切机造成错误显示。该故障是其他部门影响造成，建议不列电务段责任。

六、故障整改措施

加强对联锁、TDCS 设备巡视工作。电子车间、工区按要求查看网络通道、状态指示灯、软件程序等是否正常，发现异常及时汇报技术科和安全生产中心研判处置。

单位名称：**电务段

****年**月**日

附件　"运统-46"电务登记格式

1.《行车设备检查登记簿》设备故障登记格式

X时X分，X线X站（X站至X站间上、下行线）XXX故障，设备修复前，XXX信号设备停用，进行故障处理，需XXX（行车限制条件）。

电务段：*

2.红光带故障电务确认行车限制条件登记格式（应急处置，见表3和表4）

表3　红光带故障暂不能修复电务"运统-46"登记格式（参考）

月日	时分	检查试验结果，所发现的不良及破损程度
		（1）_____线_____站（_____道_____轨道区段）至_____站间上（下）行线闭塞分区轨道电路（闪现）红光带故障为_____原因导致，人员、机具已撤离（至安全地带），故障恢复前，按信号机故障办理行车；_____线_____站至_____站间上（下）行线扣停列车，须逐列确认列车至前方站空闲后，逐列恢复运行至前方站，确认区间空闲后，改按站间掌握行车。_____进站信号机引导（凭调度命令）接车；_____出站信号机引导（凭调度命令）发车。 （2）故障闭塞分区通过信号机（标志牌）号码及里程： 闭塞分区号码：_____，里程：____km____m至____km____m <div align="right">电务：</div> ____时____分发布调度命令____号，自____时____分开通 <div align="right">车站值班员（列车调度员）：</div>
注：多个分区同时出现红光带时，将分区名称全部填写，里程须涵盖红光带闭塞分区	

表4　红光带故障电务修复设备"运统-46"销记格式（参考）

月日	时分	消除不良及破损的时分及盖章
		破损及不良的原因，采用何种办法进行修理的。工作人员及车站值班员盖章
		_____线_____站（_____道_____轨道区段）至_____站间上（下）行线闭塞分区轨道电路（闪现）红光带故障为_____原因导致，现设备已修复，人员、机具已撤离（至安全地带），恢复正常使用 <div align="right">电务：</div> ____时____分发布调度命令____号，自____时____分开通 <div align="right">车站值班员（列车调度员）：</div>
注：红光带故障修复后，填记交车站值班员（列车调度员）签认、粘贴	

项目一　铁路车站联锁基本概念

【项目描述】

本项目的内容是车站信号自动控制的重要基础，主要介绍车站信号设备平面布置图的识读，涉及所标明的主要内容、信号设备编号、车站联锁的相关概念、车站联锁的主要设备、车站联锁进路控制的过程步骤以及车站联锁表编制内容和方法等内容。学好本项目是理解掌握后续内容的前提条件，也是培养职业素养的基础。

【岗位技能要求】

（1）能识读车站信号设备平面布置图。
（2）能对车站信号设备平面布置图所体现的内容进行分类，对设备进行编号。
（3）能根据车站信号设备平面布置图核对现场相关信号设备。
（4）能准确说明车站联锁的概念、内涵及联锁关系。
（5）能准确说明进路的划分、概念以及进路控制全过程。
（6）能准确说明车站联锁设备的组成。
（7）会编制联锁表。
（8）能参与电务故障应急处理过程。

【岗位职业守则】

（1）遵守法律、法规和有关规定。
（2）爱岗敬业，具有高度的责任心。
（3）严格执行工作程序、工作规范、工作技术标准和安全操作规程。
（4）工作认真负责，具有高度责任感和良好的团队合作精神。
（5）刻苦学习、钻研业务，努力提高技能水平和职业素质。
（6）多看一眼，安全保险；多防一步，少出事故。

【教学目标】

（1）掌握车站信号平面布置图的识读。
（2）掌握车站信号设备平面布置图的主要内容、设备编号方法。
（3）掌握车站信号自动控制联锁设备的组成及作用。

（4）掌握车站信号自动控制联锁的概念及专业术语。
（5）掌握车站信号联锁表的编制内容及方法。
（6）了解电务故障处理流程。

任务一　车站信号设备平面布置图识读

【工作任务】

（1）能识读车站信号设备平面布置图。
（2）能对车站信号设备平面布置图所体现的内容进行分类，并对设备进行编号。
（3）能根据车站信号设备平面布置图核对现场相关信号设备。
（4）通过学习交流，完成派工单任务（见表 1-1-1 和表 1-1-2）。

表 1-1-1　派工单 001

专业班级		姓名		学号		分数	
作业内容						完成情况说明	
完成以下站场设备编号的遗漏之处，含道岔、信号机、轨道电路名称，以及信号机灯光配列。 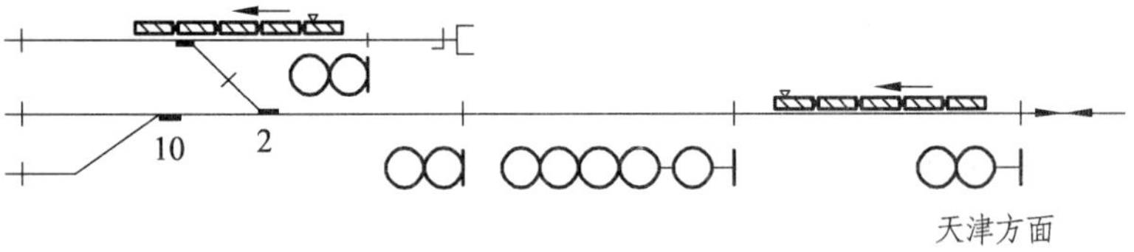							
注意事项							
（1）工作准备方面：
（2）工作要求方面：
（3）查阅资料方面：
（4）其他注意事项：							
存在问题描述							
理论联系实际							
本次作业内容与"企业案例"是否有相同、相近或相关联之处？请说明							

表 1-1-2　派工单 002

专业班级		姓名		学号		分数	
作业内容						完成情况说明	

根据本单位实训基地设备情况，以车站信号设备平面布置图为依据，到车站现场指认相关设备，教师抽查评分。

信号机	名称	安装位置	灯位排列	主副丝转换
道岔	名称	安装位置	定位、反位	转辙机型号
轨道电路	名称	安装位置	送端、受端	制式
电缆箱盒	名称	安装位置	坐标	用途
（超限）绝缘节	道岔双跳线			

注意事项

（1）工作准备方面：
（2）工作要求方面：
（3）安全风险方面：
（4）查阅资料方面：
（5）其他注意事项：

存在问题描述

理论联系实际

本次作业内容与"企业案例"是否有相同、相近或相关联之处？请说明

【知识链接】

车站信号设备平面布置图是根据站场线路图绘制的，是编制联锁表的主要依据、设计联锁电路的基础、工程施工的重要依据。如图 1-1-1 所示，车站信号设备平面布置图标明了信号机、道岔的名称编号和设置位置；划分了轨道电路区段；反映了站场线路的布置、股道编号及有效长、线间距和接发车方向；确定了信号楼位置和集中联锁区的范围。部分平面图还标明桥涵、隧道、道口、站台以及超过 6‰ 下坡道时的换算坡度数等信息。

一、信号机

（一）列车信号机

车站信号平面布置图

（1）进站信号机：设置于接车进路始端的接车口，防护接车进路（防护车站），如 X、X_F。
（2）出站信号机：设置于发车进路始端的股道上，防护发车进路（防护区间），如 S_{II}、S_4。
（3）预告信号机：设置于主体信号机前方，预告主体信号机的显示，如 YX_D。

（二）调车信号机

（1）进站内方带调车信号机：设置于进站信号机内方 50~400 m 处，防护调车进路，如 D_1、D_3。
（2）出站兼调车信号机：设置于股道头部的出站信号机兼作调车信号机，如 S_{II}、S_4。
（3）尽头式调车信号机：设置于牵出线、专用线、机待线等向咽喉区调车时作为起始的信号机，如 D_2。
（4）咽喉区调车信号机：根据调车作业需要设置于咽喉区的调车信号机，分为单置、并置、差置三种。
① 单置：同一坐标处仅设置一架信号机，其相邻均为道岔区段，如 D_{11}、D_{13}。
② 并置：同一坐标处在线路两侧并列设置有两架背向信号机，其相邻均为道岔区段，如 D_7、D_9。
③ 差置：不同坐标处设置有两架背向信号机，其任一内方为道岔区段且两信号机之间有一个不小于 50 m 的无岔区段，如 D_5、D_{15}。

二、轨道电路区段

为了准确反映机车车辆位置、提高作业效率，将轨道电路划分为许多区段，用来反映进路和接近区段是否空闲。在平面图中用钢轨绝缘划分轨道电路并标出无岔区段轨道电路名称。

距站房中心距离/m	
信号机	YX$_D$ 2074；X、X$_F$ 899；X$_D$、D$_1$、D$_3$ 864、849；D$_5$ 777；D$_7$、D$_9$、D$_{11}$ 757；D$_{13}$ 642；D$_{15}$ 621；S$_5$、S$_I$ 558、545；S$_{III}$ 524；S$_{II}$、S$_4$ 453；D$_{18}$、X$_5$ 458；D$_{16}$、X$_{III}$、X$_I$ 517、532、545；X$_{II}$、X$_4$、D$_{14}$ 571、589；D$_{10}$、D$_{12}$ 642；D$_6$、D$_8$ 757；D$_4$ 801；D$_2$ 858；S、S$_F$ 875
道岔#	1、5 846；3、7 760；9、13 754；11、15 645；17、21 639、626；23 613；19 553；27、25 547、527；站房中心 0；22 514；20 520；18 600；14、16 639；8、12 645；6、10 754；4 760；2 855

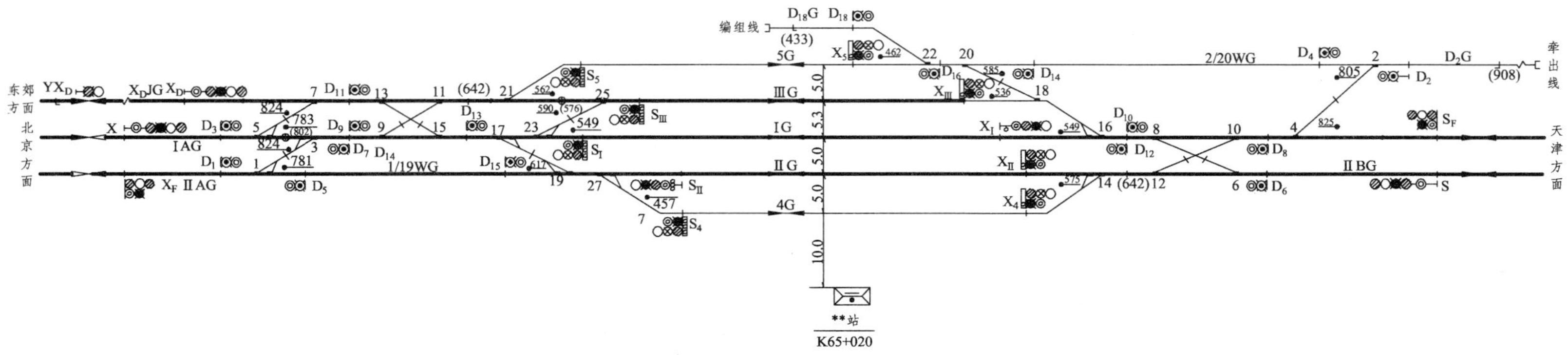

股道有效长度表

股道编号	线路类别	起止点 起	起止点 止	股道有效长/m 上行	股道有效长/m 下行
IG	正线	S$_I$	警冲标	1 094	
		X$_I$	警冲标		1 094
IIG	正线	S$_{II}$	警冲标	1 028	
		X$_{II}$	警冲标		1 028
IIIG	正线	S$_{III}$	警冲标	1 060	
		X$_{III}$	S$_{III}$		1 056
4G	站线	S$_4$	警冲标	1 028	
		X$_4$	警冲标		1 028
5G	站线	S$_5$	警冲标	1 020	
		X$_5$	警冲标		1 020

道岔类型表

类型	辙叉号	道岔编号#	道岔图号	转辙设备型号	备注
50 kg/m	1/9	2, 22		ZD6-D	
60 kg/m	1/12	7, 11, 13, 21, 25, 18, 20		ZD6-D	
60 kg/m 提速	1/12	9, 15, 4, 6, 8, 10, 12		S700K	固定辙叉
60 kg/m 提速	1/12	1, 3, 5, 17, 19, 23, 27, 14, 16		S700K	可动心轨

设计者		×××设计院 ×××工程竣工图 ×××站信号平面布置图	图号	
复核者			比例尺	——
设计负责人			日期	
			第 张 共 张	

图 1-1-1　车站信号设备平面布置图

（一）轨道电路区段的命名

（1）道岔区段：用道岔号码加 DG 表示。只有一组道岔命名，如 5DG；有两组道岔命名，如 9-15DG；有三组道岔命名：最小道岔编号-最大道岔编号 DG。

（2）无岔区段：差置信号机之间的无岔区段以差置信号机两端的道岔编号用分数形式加 WG 表示，如 1/19WG。

（3）接近区段：尽头型信号机外方的接近区段用该信号机加 G 表示，如 D_2G。

（4）股道：用股道号码加 G 表示。正线用罗马数字，如ⅠG、ⅡG、ⅢG；侧线用阿拉伯数字，如 4G、5G。

（5）进站口及出站口的无岔区段：以直向开通的股道号码加咽喉区（下行为 A、上行为 B）及 G 表示，如ⅠAG、ⅡBG。

（二）划分原则

（1）信号机的前后应划分成不同区段。

（2）凡是能平行运行的进路，其间应设钢轨绝缘隔开，不应划为一个轨道电路区段。

（3）在同一轨道电路区段内，道岔数目最多不得超过三组，复式交分道岔不得超过两组。

（4）在大站上，由于作业繁忙，为了使道岔区段及时解锁，为立即办理新的进路准备好条件，要将轨道电路区段适当划短，以提高咽喉区的通过能力。

（5）在集中区与非集中区分界处信号机的外方应划分该信号机的接近区段，该处钢轨绝缘与其他钢轨绝缘在图纸上画法不同。

（6）侵（超）限绝缘是指设在岔后的钢轨绝缘距警冲标小于 3.5 m 的绝缘，在图纸上用圆圈标明，以便设计电路时采取安全措施。

三、道　岔

（一）转辙机类型

每组道岔均应设转辙机，图 1-1-1 所示的站场平面图中，$7^\#$、$13^\#$、$11^\#$、$21^\#$、$25^\#$、$18^\#$、$20^\#$、$22^\#$、$2^\#$ 共九组道岔采用 ZD6-D 电动转辙机，一个牵引点；其他道岔均采用 S700K 电动转辙机，尖轨和可动心轨均为两个牵引点。

双线区段下行和上行的正线上面道岔均为 $12^\#$ 提速道岔，采用钩式外锁闭装置；其中固定辙叉和可动心轨两种类型画法不同，如 $15^\#$、$19^\#$。

（二）道岔编号

（1）下行（X）咽喉由站外往站内顺序编号，采用单数，每组双动道岔连续编号。

（2）上行（S）咽喉由站外往站内顺序编号，采用双数，每组双动道岔连续编号。

（三）有关道岔的概念认知

联锁道岔

（1）道岔定位：道岔经常开通的位置。
（2）道岔反位：排列进路时临时改变的位置。
（3）道岔四开：既不在定位也不在反位或不满足密贴标准。
（4）联锁道岔：在车站联锁区范围内参与联锁的道岔。
（5）道岔开通位置：道岔的尖轨与基本轨密贴后道岔所开通的线路方向。
（6）单动道岔：动作和位置与其他道岔无关，如 $21^{\#}$、$22^{\#}$。
（7）双动道岔：动作和位置与其他道岔有关，如 $(1/3)^{\#}$、$(5/7)^{\#}$。
（8）八字一笔：撇字形的双动道岔，如 $(1/3)^{\#}$、$(5/7)^{\#}$。
（9）八字二笔：捺字形的双动道岔，如 $(13/15)^{\#}$、$(17/19)^{\#}$。
（10）对向道岔：列车迎着道岔尖轨运行时。
（11）顺向道岔：列车顺着道岔岔尖运行时。

四、站场线路

举例站场是一个双线双向自动闭塞车站，并有单线区段在下行咽喉与车站接轨。

Ⅰ股道和Ⅱ股道分别为双线区段下行和上行的正线，Ⅲ股道为单线区段的正线，其余股道为站线。

发车口和股道均以箭头标明接发车方向，实心为正方向，空心为反方向。

股道有效长度表、道岔类型表注明了本站股道数量、股道有效长以及道岔类型、图号等信息。

任务二 铁路车站联锁基本知识

【工作任务】

（1）能准确说明车站联锁的概念、内涵及联锁关系。
（2）能准确说明进路的划分及概念。
（3）能准确说明进路控制全过程。
（4）能准确说明车站联锁设备的组成。
（5）会编制联锁表。
（6）通过学习交流，完成派工单任务（见表1-2-1）。

表 1-2-1　派工单 003

专业班级		姓名		学号		分数	
作业内容						完成情况说明	
根据所学知识，完成联锁表编制，表格详见表 1-2-2。							

方向	进路	排列进路方式按下按钮	确定运行方向道岔	信号机		表示器	道岔	敌对信号机	轨道区段	迎面进路		其他联锁	进路号码
				名称	显示					列车	调车		

注意事项
（1）工作准备方面：
（2）工作要求方面：
（3）查阅资料方面：
（4）其他注意事项：

存在问题描述

理论联系实际
本次作业内容与"企业案例"是否有相同、相近或相关联之处？请说明

表 1-2-2 举例站联锁表（部分）

方向		进路	进路方式	排列进路按下按钮	确定运行方向道岔	信号机名称	信号机显示	表示器	道岔	敌对信号机	轨道区段	沟通进路 列车	沟通进路 调车	其他联锁	进路号码
天津方面	正方向接车	至Ⅰ股道													1
		至Ⅱ股道													2
		至Ⅲ股道													3
		至4股道													4
		至5股道													5
	正方向发车	由Ⅰ股道													6
		由Ⅱ股道													7
		由Ⅲ股道													8
		由4股道													9
		由5股道													10
	反方向接车	至Ⅰ股道													11
		至Ⅱ股道													12
		至Ⅲ股道													13
		至4股道													14
		至5股道													15
	反方向发车	由Ⅰ股道													16
		由Ⅱ股道													17
		由Ⅲ股道													18
		由4股道													19
		由5股道													20

列车进路

续表

方向	进路		进路方式	排列进路按下按钮	确定运行方向道岔	信号机名称	信号机显示	表示器	道岔	敌对信号机	轨道区段	迎面进路列车	迎面进路调车	其他联锁	进路号码
调车进路	由	X_{1D}	至 D_2													21
		X_{IID}	至 D_2													22
		X_{IIID}	至 D_2													23
		X_{4D}	至 D_2													24
		X_{5D}	至 D_2													25
		D_2	至 I 股道													26
			至 II 股道													27
			至 III 股道													28
			至 4 股道													29
			至 5 股道													30
示例		X_F	至 II 股道	1	X_{FLA}、S_{IILA}	1	X_F	U		1/3、17/19、27	D_1、D_5、D_{15}、S_{II}	IIAG、1DG、1/19WG、19-27DG、IIG	IIG	IIG		
		X_F	至 II 股道	2	X_{FLA}、D_{7A} 或 D_{9A} 或 D_{13A}、S_{IILA}	(1)	XF	U		(1/3)、9/11、13/15、(17/19)、{23/25}、27	D_1、D_7、D_9、D_{13}、S_{II}	IIAG、1DG、3DG、5DG、9-15DG、17-23DG、19-27DG、IIG	IIG	IIG		

【知识链接】

一、联　锁

（一）联锁概念与条件

1. 联锁概念

机车车辆在站内运行，总是由某一指定地点运行到另一指定地点，在两点间运行的路径称作进路。进路范围包括始端、终端以及进路内的道岔、轨道区段。

在车站范围内办理一条进路，可能存在若干条彼此交叉相互妨碍的进路，若同时办理必然要危及行车安全。机车车辆在进路上运行沿途要经过若干道岔，一旦道岔位置和状态不对或发生变化，也会直接影响行车的安全。

为了保证机车车辆在其进路上运行的安全，需要采取相应的技术措施，即机车车辆在驶入进路之前：① 必须确保进路处于空闲状态；② 必须确保进路上的道岔位置正确而且被锁在规定的位置上，防止由于振动或扳动道岔而使运行中的机车车辆脱轨；③ 必须确保其他机车车辆不会从正面、侧面和尾部闯入进路而造成撞车事故。

满足以上三个条件后才允许进路开通，防护该进路的信号机才有开放的可能。此外，还必须解决对已开通的进路在什么条件下可以解锁的问题，为办理另一进路创造条件。

综上所述，通过一定的技术方法，使进路、道岔、信号机之间按一定程序、一定条件建立起既相互联系又相互制约的关系，这种关系即为联锁。铁路联锁的作用类似于公路交通的交通规则。

2. 联锁条件

联锁的三项基本条件：进路空闲；道岔位置正确并锁闭；没有办理敌对进路，并且将敌对进路锁闭。

（二）进路划分

车站的技术作业可分为列车作业和调车作业两类。列车作业主要是指列车的接车和发车作业；调车作业是指车辆的解体和编组，摘挂车辆，机车车辆转线、转场及机车出入库等。

按作业性质，进路大体上可分为列车进路和调车进路两类。

1. 列车进路

（1）接车进路：列车进站所经由的路径，如 X 至 I G 接车。

（2）发车进路：列车由车站发往区间所经由的路径，如 I G 至 S_F 发车。

（3）通过进路：列车由车站通过所经过的正线接车进路和正线同方向发车进路组成的进路。如北京方面经 I G 向天津方面通过，由 X 至 I G 接车进路和 I G 至 S_F 发车进路组成。

（4）转场进路：列车由车站的一车场开往另一车场所经由的路径。

2. 调车进路

（1）按方向划分。

① 接车方向进路：供由站外往站内方向调车的进路，如 D_3 至 D_9。

② 发车方向进路：供由站内往站外方向调车的进路，如 D_7 至 D_3。

（2）按长短划分。

① 短调车进路：一条进路上只需要开放一架调车信号机的调车进路（又称单元调车进路），如 D_3 至 D_9。

② 长调车进路：一条进路上需要开放两架或以上调车信号机的调车进路，如 D_3 至 ⅠG。

（三）基本进路和变通进路

（1）基本进路：始端和终端两点之间距离最近、对其他进路作业影响最小的进路，如 X_D 接车至ⅢG，经过（13/15）#、（23/25）#双动道岔定位。

（2）变通进路：始端和终端两点之间除基本进路以外的进路（又称迂回进路），如 X_D 接车至ⅢG，经过（13/15）#、（23/25）#双动道岔反位。

（四）平行进路和敌对进路

（1）平行进路。如果两条进路没有任何共用路段，彼此互不妨碍，同时办理同时建立不会危及行车安全的任意进路，称作平行进路，如 D_3 至ⅠG 与 D_{11} 至ⅢG。

（2）敌对进路。如果两条进路既有共用路段又对共用道岔位置要求相同，在这种情况下，不可能借助道岔位置防止它们同时建立，同时办理同时建立会危及行车安全的任意进路，称作敌对进路，如 D_3 至ⅠG 与 D_3 至 D_9。

（3）抵触进路。如果两条进路具有共用路段又都经由某一道岔，但该道岔的位置要求不相同（一进路建立后，另一条进路由于道岔位置要求不符合则不能建立），这类进路存在相互妨碍但用道岔位置能够区分的进路，称作抵触进路。如 D_3 至 D_9 与 D_3 至 D_{11}。

（五）进路的始端和终端

确定各种进路的始端和终端，就是确定进路的范围，即确定信号机防护的范围。一架信号机同时可防护几条进路，可以作为几条进路的始端。

（1）列车进路的始端是防护本进路的信号机，终端一般是出站信号机、进站信号机、站界（LZA）等。

（2）调车进路的始端是防护本进路的信号机，终端一般是咽喉区调车信号机、出站兼调车信号机、进站带调车信号机、尽头式调车信号机以及调车终端（DZA）等。

二、联锁设备

（一）联锁设备的功能与分类

1. 联锁设备的功能

车站联锁系统的功能主要表现在两个方面：一是控制道岔、进路和信号机；二是实现道岔、进路和信号机之间的联锁。将道岔、进路和信号机用电气方法在一起集中控制和监督，并实现它们之间的联锁关系的技术方法和设备称为电气集中联锁。当前广为使用的电气集中联锁包括继电集中联锁和计算机联锁。

2. 联锁设备的分类

（1）继电集中联锁：用继电器及其电路来进行控制并实现联锁的设备，如6502电气集中联锁。

（2）计算机联锁：以计算机为核心、继电电路辅助，来进行控制并实现联锁的设备，如DS6-K5B计算机联锁、TYJL-ADX计算机联锁。

（二）联锁设备组成及输入输出信息

1. 联锁设备组成

如图1-2-1所示，车站联锁设备主要由室外设备和室内设备两部分组成。室外设备包括色灯信号机、动力转辙机、轨道电路以及设备之间的连接电缆箱盒等；室内设备有控制台、联锁机构、电源屏以及室内外的分界点防雷分线柜等。

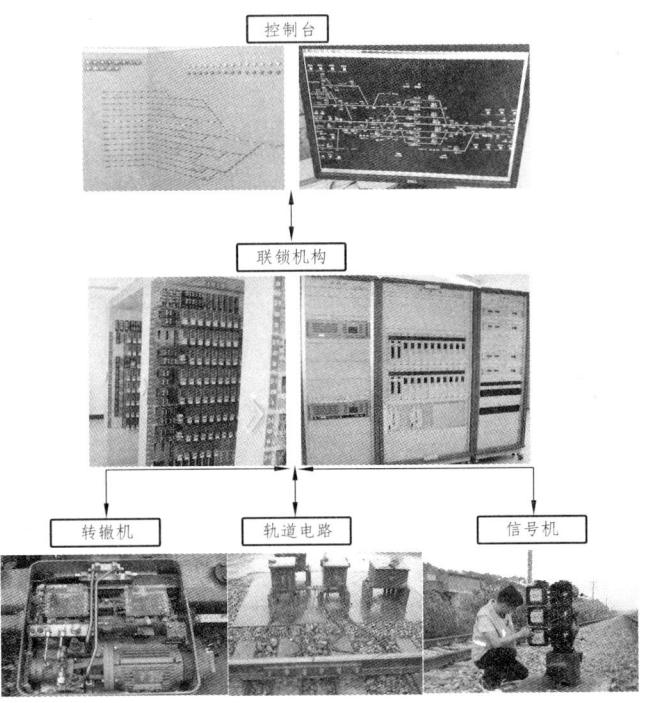

图1-2-1 车站联锁设备组成框图

联锁机构是联锁系统的核心部分，联锁机构与外部设备之间的联系线主要反映了它们之间的信息联系与流向。

2. 联锁机构输入输出信息

联锁机构输入信息包括来自控制台的操作信息，来自信号机控制环节的信号状态信息，来自动力转辙机的道岔状态信息以及轨道电路的状态信息。

联锁机构对这些信息进行逻辑运算加工处理，形成输出信息，包括使道岔转换的道岔控制信息，使信号机改变显示的信号控制信息，向行车人员及信号设备维护人员反映车站作业状况及信号设备状况的表示信息。

（三）联锁系统的基本技术

车站联锁设备对道岔、进路和信号机进行控制和监督，实际上就是对电动转辙机、轨道电路和色灯信号机进行控制和监督。

1. 信号机控制技术

色灯信号机是作为开闭信号显示用的执行机构，信号机的显示是作为列车是否可以驶入进路的凭证。

2. 道岔控制技术

电动转辙机是作为转换道岔用的执行机构，包括动力转辙机技术和道岔控制电路技术。动力转辙机是用于转换道岔的装置，其基本任务是转换道岔、锁闭道岔以及反映道岔的状态；道岔控制电路是控制动力转辙机动作的电路。

3. 进路空闲检测技术

轨道电路是监督进路及接近区段是否有车占用、传递行车信息的执行设备。检查进路空闲是控制道岔转换和开放信号一项重要的联锁条件。

4. 联锁技术

为了保证行车安全，道岔、进路和信号机的动作及建立必须遵循一定的条件和程序，称这些条件和程序为联锁，实现联锁的技术称为联锁技术。联锁技术是防止系统中任一环节故障以及人为操作和判断失误的情况下仍能保证行车安全的技术，是车站信号自动控制研究的主要内容。

5. 故障-安全技术

它是指系统发生故障时，其后果不应危及行车安全。如果道岔控制系统发生故障，道岔不应错误转换并锁在原来位置不动。如果信号机控制设备发生故障，应导致信号机关闭。总之，故障-安全原则在铁路信号领域里成为不可动摇的原则，是必须遵循的一个原则，其本质就是当器件、部件、电路或系统发生故障不致产生危险侧输出的技术。

三、进路控制

（一）进路控制概念

进路的概念和分类

进路控制是指一条进路从办理到自动选排出符合操纵意图的进路，并实现对进路的自动锁闭，列车或车列通过进路时，随着占用出清能够实现逐段自动解锁的全过程。这个过程是信号、道岔和进路之间的联锁过程，反映了联锁的时序逻辑关系，可分成进路建立和进路解锁两个阶段。分析进路控制过程的目的：一是整个控制过程都体现了一个安全要求；二是反映了联锁的时序逻辑关系。无论是列车进路还是调车进路，它们的控制过程基本上是一样的。

进路建立阶段是指从车站操作人员办理进路到防护该进路的信号机开放。它是以联锁的时序逻辑为依据，反映对采集的各种信息进行加工处理及传递的层次，以及规定了不同层次应完成的基本功能。

进路解锁阶段是指从列车或车列驶入进路到出清进路中全部道岔区段的全过程，或指操作人员人工解除已建立的进路。进路解锁是指对已建立的进路要进行解除锁闭，其中包括解除对道岔和敌对进路的锁闭。

（二）进路控制过程

如图 1-2-2 所示为进路控制过程框图。

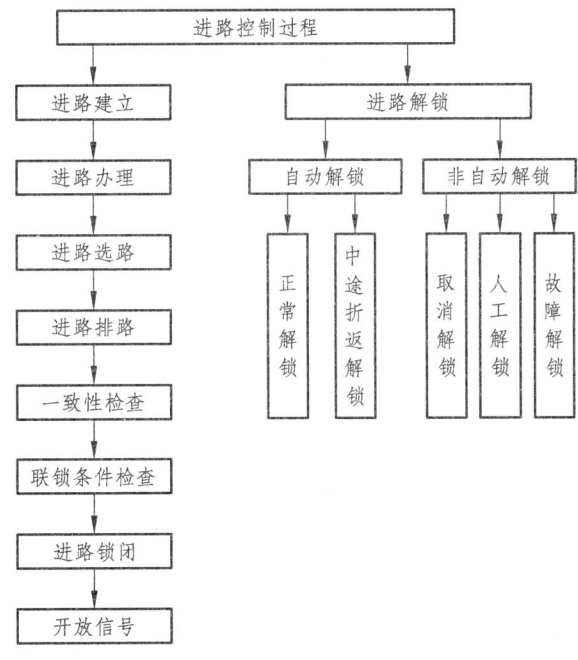

图 1-2-2　进路控制过程框图

（1）进路办理：按规定按下进路按钮，确定进路的范围、性质、方向及特征。

（2）进路选路：自动选出相应进路和及有关道岔，并确定其符合进路开通的位置。

（3）进路排路：检查有关道岔的实际位置是否符合进路要求，不符合即转换道岔。

（4）一致性检查：即选排一致性检查，检查有关道岔位置是否已符合进路要求，为锁闭道岔做准备。

（5）联锁条件检查：检查三项基本联锁条件，为锁闭进路做准备。

（6）进路锁闭：将道岔和敌对进路锁闭，使道岔不能转换、敌对进路不能建立，为开放信号创造条件。

（7）开放信号：重新检查三项基本联锁条件、检查进路锁闭情况后，开放防护该进路的信号机，指示列车或车列驶入进路。在开放信号期间需不间断地检查进路空闲和道岔状态，一旦出现有非法车辆进入进路或者道岔位置发生变化等危及行车安全的因素，信号应立即关闭；当列车一旦驶入进路时，信号立即自动关闭；考虑调车作业一般有机车推送运行，规定当车列全部进入进路后调车信号才关闭。

（8）进路解锁：对已建立的进路进行解除锁闭，包括解除道岔和敌对进路的锁闭。

进路的锁闭和解锁是一个问题的两个方面，两者比较起来，进路解锁尤为重要。如果进路因故不锁闭，信号就不开放，这是安全的；如果信号开放后，在列车或车列已接近进路或正在进路中运行时出现错误解锁，意味着进路上的道岔可以转换、敌对进路可建立，这是非常危险的，将危及行车安全。因此，对进路解锁的重点是防止错误解锁。

根据列车或车列是否驶入进路为界，解锁的条件和时机也不同，进路解锁分为五种方式，即取消解锁、人工解锁、正常解锁、调车中途折返解锁以及故障解锁。

① 列车或车列未驶入进路的解锁方式。

a. 取消解锁。在进路锁闭后，信号因故未开放或者信号已经开放而接近区段无车，操作人员办理取消手续解锁进路。

b. 人工解锁。信号开放后，接近区段有车，根据需要允许操作人员办理人工解锁手续经过延时以后解锁进路。延迟时间是司机看到禁止信号后采取制动措施能够使车停下来所需要的时间，只有停车后再使进路解锁是安全的。从信号关闭时算起，对于接车进路和正线发车进路，规定延迟时间为 3 min，对于侧线发车进路和调车进路，规定延迟时间为 30 s。

② 列车或车列驶入进路的解锁方式。

a. 正常解锁，指列车或车列通过进路中的道岔区段后，进路即自动解锁，它分为一次解锁和逐段解锁两种形式。一次解锁指列车或车列出清进路中全部道岔区段后，各个道岔区段同时解锁；逐段解锁指列车或车列每驶过一段道岔区段，各道岔区段逐段自动解锁。逐段解锁形式有利于提高线路的利用率。

b. 调车中途折返解锁，是调车进路的一种自动解锁方式。当进行转线调车作业时，有牵出作业和折返作业，对应有牵出进路和折返进路。为提高调车作业效率，当调车车列驶入牵出进路后，在牵出的中途根据折返进路的信号开放而返回。由于车列没有完全通过牵出进路上的道岔区段而中途折返导致牵出进路上的部分道岔区段不能按正常解锁方式解锁，因此需要用一种不同的解锁方式，使牵出进路上未能正常解锁的区段予以自动解锁，这种不同的自动解锁方式称为调车中途折返解锁。

c. 故障解锁。列车或车列通过进路，满足"三点检查"后各道岔区段应自动解锁；因轨道电路故障破坏了"三点检查"自动解锁的条件，使进路因故障不能自动解锁，故需操作人员介入使进路解锁。故障解锁以道岔区段为实施对象。

四、联锁表编制

（一）联锁图表

联锁图表是车站联锁设备间联锁关系的说明，采用图和表的形式表示；由信号平面布置图和联锁表组成，主要说明车站信号设备之间的联锁关系，显示进路、道岔、信号机及轨道电路区段之间的基本联锁内容。

1. 信号平面布置图

信号平面布置图包含线路布置及编号；道岔、信号机、信号表示器、轨道电路区段（侵限绝缘区段）等设备及编号；线路机车的运行方向；信号楼的中心公里标及有关联锁设备距信号楼的距离；下坡道的换算坡度数。

2. 联锁表

联锁表是表明车站各个信号设备间相互制约关系的表格。

（二）联锁表编制

1. 编制内容

根据信号平面布置图的展示，以进路为主体，把排列进路顺序按压的按钮、防护该进路的信号机的名称及显示、进路要求检查和锁闭的道岔编号及位置、进路应检查的轨道电路区段名称、敌对的信号填写清楚，如表1-2-2所示。

2. 编制方法

（1）方向栏：记载进路性质（列车、调车）和方向（接车、发车）。

（2）进路栏：记载车站范围全部进路的名称，包括列车进路到达哪一股道、由哪一股道发车、调车作业的起止点。

（3）进路方式栏：只有基本进路，不用填写；有变通进路，基本进路填写1，变通进路填写2；如果有多条变通进路，顺排2、3…。

（4）排列进路按下按钮。

基本进路：顺序填写进路始端按钮名称、进路终端按钮名称。

变通进路：顺序填写进路始端按钮名称、进路变通按钮名称、进路终端按钮名称。

（5）确定运行方向道岔栏：只有基本进路，不用填写；有变通进路，基本进路与变通进路都要填写关键的对象道岔位置。道岔在定位：直接填写道岔号码N；道岔在反位：在道岔号码外添加小括号，即（N）。

（6）信号机栏：记载防护进路的信号机编号及显示。如 X 行进站信号机显示两个黄灯：X、UU。

（7）表示器栏：如果有表示器，则记载防护进路的表示器编号及显示。如Ⅱ道往东郊方向发车：右-B。

（8）道岔栏：顺序填写进路中所包括的全部道岔以及带动道岔、防护道岔的编号和位置。

道岔在定位：直接填写道岔号码 N。道岔在反位：在道岔号码外添加小括号，即（N）。

带动道岔：带动到定位或带动到反位，在定位或反位道岔符号外加一个大括号，即 {N}、{（N）}。

防护道岔：防护到定位或反位，在定位或反位道岔符号外加一个中括号，即[N]、[（N）]。

防护道岔与带动道岔

（9）敌对信号栏：填写排列进路时全部敌对信号，包括条件敌对。

（10）轨道区段栏：顺序填写排列进路时所有需要检查区段空闲的轨道区段名称，包括带有侵限绝缘时与之相邻轨道区段名称。

如图 1-2-3 所示，当建立 C→B 的进路时，1DG 和 3DG 是进路内的区段，必须填写在轨道区段栏内，当 7# 道岔在定位时，如果 7DG 有车占用，将影响 C→B 进路的安全，所以在排列 C→B 进路时要有条件地检查 7DG，记作<7>7DG。

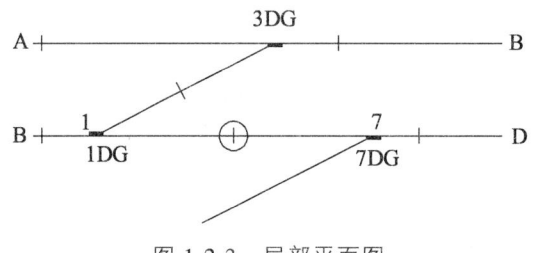

图 1-2-3　局部平面图

（11）迎面进路栏：填写同一个到发线上对向列车和调车进路的敌对关系，有敌对关系的填写股道号码。

（12）其他联锁：如果有其他联锁，则标注其他联锁。如Ⅱ道往东郊方向发车：BS。

（13）进路号码：填写将各条进路顺序编码后的顺序号。

3．联锁表编制注意事项

（1）在编制联锁表时要顺序填写各条进路，编写的顺序是先编写列车进路，再编写调车进路。在编写列车进路和调车进路时的顺序是先编写左咽喉，再编写右咽喉。

（2）对于防护几条进路的信号机，要将这几条进路连续编写在一起。

（3）特别要注意检查带动道岔、防护道岔、条件敌对、侵限绝缘的编写，防止出现遗漏。

（4）迎面进路涉及对方咽喉的敌对进路，只有向股道调车或接车时才有迎面进路。

（5）对于调车进路终端，同方向的单置调车信号机可以作为同方向调车进路的终端。

（6）单置调车信号机不能做反方向调车进路的终端。

（7）并置和差置进路的终端是同方向的调车信号机时，进路的终端按钮是反方向调车信号机的按钮；尽头型的调车信号机可以做反方向的进路终端。

思考题

（1）车站信号设备平面布置图主要标明哪几个方面的内容？

（2）分别说明车站信号设备平面布置图上信号机、道岔以及轨道电路等信号设备的编号方法。

（3）举例站场车站信号设备平面布置图上行咽喉信号设备识读。

（4）列举任意四股道铁路车站平面图（双向自动闭塞），独立完成相关信号设备编号。

（5）简要介绍车站信号自动控制联锁的含义。

（6）车站信号自动控制联锁的三项基本条件是什么？

（7）什么是"故障-安全"技术？

（8）车站信号自动控制联锁设备有哪些？

（9）简要介绍车站信号自动控制进路控制的概念。

（10）举例说明列车进路控制从进路办理到自动解锁的全过程。

（11）铁路信号系统如何保证在车站行驶或停靠的列车（或车列）不会正面或侧面相撞、追尾、挤岔？

（12）联锁控制哪些基础信号设备？什么是进路？

（13）6502 电气集中联锁系统有哪些设备？

（14）计算机联锁设备的结构是什么样的？分别有什么功能？

（15）简要说明联锁表的编制内容及编制方法。

（16）根据个人情况，完成举例站联锁表编制（部分或者全部）。

项目二　继电集中联锁

【项目描述】

本项目主要介绍 6502 电气集中电路组成、电路结构以及电路工作原理，包括 1~15 网络线电路动作程序，电气集中设备组成、操作办理、继电器组合，以及 DCJ、FCJ、JXJ、FKJ、LKJ、KJ、XJJ、QJJ、GJJ、XJ、LJ、SJ、CJ 等继电器电路工作原理。通过控制台的操作办理，借助信号集中监测设备，利用电务维修机测试数据并根据报警信息和指示灯的显示判断系统运行状态及一般故障，培养系统标准化操作、标准化检修、常见故障处理方法的能力及职业素养。学好本项目有利于加深对联锁概念的理解，有利于提高电路的分析能力，有利于提升专业核心能力，有利于增强市场竞争力。

【岗位技能要求】

（1）能标准化操作与运用 6502 电气集中联锁设备。
（2）能识读 6502 电气集中网络线原理图。
（3）能根据 6502 电气集中网络线原理图找到实物联锁设备对应的位置（点）。
（4）能测试、分析 6502 电气集中联锁设备电气特性。
（5）能在《行车信号设备检查登记簿》上登、销记。
（6）能对 6502 电气集中联锁设备进行常见故障分析与处理。
（7）能参与电务故障应急处理过程。

【岗位职业守则】

（1）遵守法律、法规和有关规定。
（2）严格执行工作程序、工作规范、工作技术标准和安全操作规程。
（3）工作认真负责，具有高度的责任感和良好的团队合作精神。
（4）爱护设备及工具、仪器、仪表。
（5）着装整洁，符合规定。
（6）保持工作环境清洁有序，文明生产。
（7）刻苦学习、钻研业务，努力提高技能水平和职业素质。
（8）在岗一分钟，安全 60 秒。
（9）多看一眼，多问一句，多测一点，多练一招。

【教学目标】

（1）掌握6502电气集中设备的操作办理方法。
（2）掌握6502电气集中设备的组成及作用。
（3）掌握6502电气集中网络线的结构和动作程序。
（4）掌握6502电气集中选岔电路的工作原理。
（5）掌握6502电气集中开始继电器（KJ）电路的工作原理。
（6）掌握6502电气集中选择组电路开路故障分析处理。
（7）掌握6502电气集中信号检查继电器（XJJ）电路的工作原理。
（8）了解6502电气集中9~15网络线电路的工作原理。
（9）了解电务故障处理流程。

任务一　6502电气集中概述

【工作任务】

（1）会说明6502电气集中电路的组成及作用。
（2）会说明6502电气集中电路的动作流程。
（3）会说明6502电气集中设备的组成及作用。
（4）能分析6502电气集中电路动作与进路控制的对应关系。
（5）能标准化操作与运用6502电气集中联锁设备。
（6）会对6502电气集中继电器组合进行分类和选用。
（7）会对6502电气集中继电器组合及组合架进行编号。
（8）通过学习交流，完成派工单任务（见表2-1-1）。

【知识链接】

　　6502电气集中电路由15条网络线组成，分为选择组电路和执行组电路。全站的道岔、进路和信号机都由信号楼集中控制和监督，其联锁关系由继电路实现。通过在控制台的操作，就能自动选出有关进路，进路上的道岔有规律地转换到规定位置，防护进路的信号机自动开放。受运行中列车或调车车列的控制，信号机自动关闭，进路自动解锁，为重新办理进路准备好条件。

　　优点：网络线采用站场型结构，电路直观、形象，规律性强；相同用途的继电器可以接在同一条网络线上，不需要反复检查同样的条件，这样既简化了电路，又减少了继电器的接点；使电路动作清晰、规律性强、安全程度高，有利于组合定型化、标准化。

表 2-1-1 派工单 004

专业班级		姓名		学号		分数	
作业内容						**完成情况说明**	

以举例站下行正方向接车至Ⅱ道基本进路为例，完成下表"控制监督对象""电路动作步骤"栏对应内容的填写。

X→ⅡG进路控制与电路动作步骤一览表

序号	进路控制	控制监督对象	电路动作步骤
1	进路办理	始/终端按钮名称：	继电器名称：
2	进路选路	道岔名称及位置： 信号点名称：	按动作先后顺序填写网络线及继电器名称：
3	进路排路	道岔名称及转换位置：	道岔控制电路
4	选排一致	道岔 DCJ、FCJ、DBJ、FBJ 状态：	网络线及继电器名称：
5	联锁条件	三项基本联锁条件对应设备名称：	网络线及继电器名称：
6	进路锁闭	锁闭对象名称：	9、10 线 QJJ、GJJ 以及 SJ、1LJ、2LJ
7	开放信号	开放信号机名称及灯位、颜色：	网络线及继电器名称：
8	进路占用	区段占用顺序：	各区段轨道继电器名称：
9	进路解锁	区段解锁顺序：	12、13 网络线 1LJ、2LJ
10	状态表示	锁闭区段光带颜色： 解锁区段光带颜色：	14、15 网络线

注意事项
（1）工作准备方面： （2）工作要求方面： （3）查阅资料方面： （4）其他注意事项：

存在问题描述

理论联系实际
本次作业内容与"企业案例"是否有相同、相近或相关联之处？请说明

一、6502 电气集中 15 条网络线

（一）选择组电路

6502 电气集中电路结构

选择组电路由 1~7 网络线组成，分为记录电路、选岔电路和开始继电器电路三部分，完成从进路办理到进路中的道岔位置选出的整个过程。

1. 记录电路

记录电路由按钮继电器电路和方向继电器电路组成，用于记录车站值班员按下按钮的动作，记录进路的性质和运行方向。进路的性质是指列车进路和调车进路；运行方向是指接车方向和发车方向。

2. 选岔电路

选岔电路由 1~6 网络线组成，所以又称为六线制选岔网络。其主要作用是按照车站值班员的意图，经操纵后选出道岔的位置。

（1）第 1、2 线为"八"字形第一笔双动道岔反位操纵继电器 FCJ 的网络线。

（2）第 3、4 线为"八"字形第二笔双动道岔反位操纵继电器 FCJ 的网络线。

（3）第 5、6 线为双动道岔定位操纵继电器 DCJ（1DCJ、2DCJ）、单动道岔定位操纵继电器 DCJ 和反位操纵继电器 FCJ，以及选信号点的进路选择继电器 JXJ 用的网络线。

3. 开始继电器电路

第 7 线是开始继电器 KJ 的励磁网络线，检查进路的选排一致性。当信号开放后，FKJ 落下，用 KJ 的前接点继续记录进路的始端，一直到进路解锁后为止。

（二）执行组电路

执行组电路由 8~15 网络线以及单元控制电路组成，完成从道岔转换、联锁条件检查、进路锁闭、开放信号，一直到进路使用、进路解锁的整个过程，并给出相应的状态表示。

（1）第 8 线为信号检查继电器 XJJ 的励磁网络线，用来预先检查信号开放的可能性，当满足进路道岔位置正确、进路空闲、没有建立敌对进路这三项基本联锁条件时，才能锁闭进路和开放信号。

（2）第 9 线为区段检查继电器 QJJ 和股道检查继电器 GJJ 的励磁网络线。设有 Q 组合的轨道电路区段，均设有一个区段检查继电器 QJJ，当检查了本区段空闲后，本区段的 QJJ 方能吸起，实现区段锁闭。向股道建立进路时，GJJ 吸起，用它锁闭另一咽喉的迎面敌对进路。

第 10 线是 QJJ 的自闭网络线。通过信号继电器 XJ 的励磁条件，使 QJJ 自闭，用来防止进路迎面错误解锁。

（3）第 11 线为信号继电器 XJ 的励磁网络线。当全面检查了开放信号的联锁条件后，使 XJ 吸起，接通信号机点灯电路，开放信号。

（4）第 12、13 线为解锁网络线，对称地接有两个进路继电器 1LJ 和 2LJ，用来实现进路

锁闭，完成进路的正常解锁、取消、人工解锁、调车中途返回解锁、故障解锁等任务。

（5）第 14、15 线是控制台光带表示灯用的网络线。14 线用于控制白光带，15 线用于控制红光带。

执行组电路除了上述 8 条网络线以外，还有道岔控制电路、信号机点灯电路、取消继电器电路、接近预告继电器电路、照查继电器电路、锁闭继电器电路以及各种表示灯电路、报警电路等。

二、6502 电气集中电路动作概述

（一）电路动作步骤

6502 电气集中电路结构严密，虽然电路复杂，但是电路动作层次分明、清晰，规律性很强，主要动作步骤如表 2-1-2 所示。

表 2-1-2　6502 电气集中进路控制与电路动作步骤一览表

序号	进路控制	控制监督对象	电路动作步骤
1	进路办理	始端 A+（变通 A）+终端 A	记录电路 AJ、FJ
2	进路选路	道岔位置+信号点	1~6 线选岔网络线 DCJ、FCJ、JXJ
3	进路排路	道岔转换：定→反或反→定	道岔控制电路
4	选排一致	DCJ 与 DBJ、FCJ 与 FBJ 一致	7 线 KJ 网络线
5	联锁条件	三项基本联锁条件	8 线 XJJ 网络线
6	进路锁闭	道岔锁闭→区段锁闭→进路锁闭	9、10 线 QJJ、GJJ 以及 SJ、1LJ、2LJ
7	开放信号	提供准确的行车凭证（命令）	11 线 XJ 网络线信号机点灯电路
8	进路占用	接近→占用→出清	轨道电路 GJ
9	进路解锁	出清区段→道岔解锁→区段解锁→进路解锁	12、13 网络线 1LJ、2LJ
10	状态表示	锁闭与解锁（区段光带）表示灯	14、15 网络线

（二）电路动作程序

6502 电气集中电路主要动作程序如图 2-1-1 所示。

（三）网络线动作流程

如图 2-1-2 所示为 6502 电气集中 15 条网络线动作流程图。

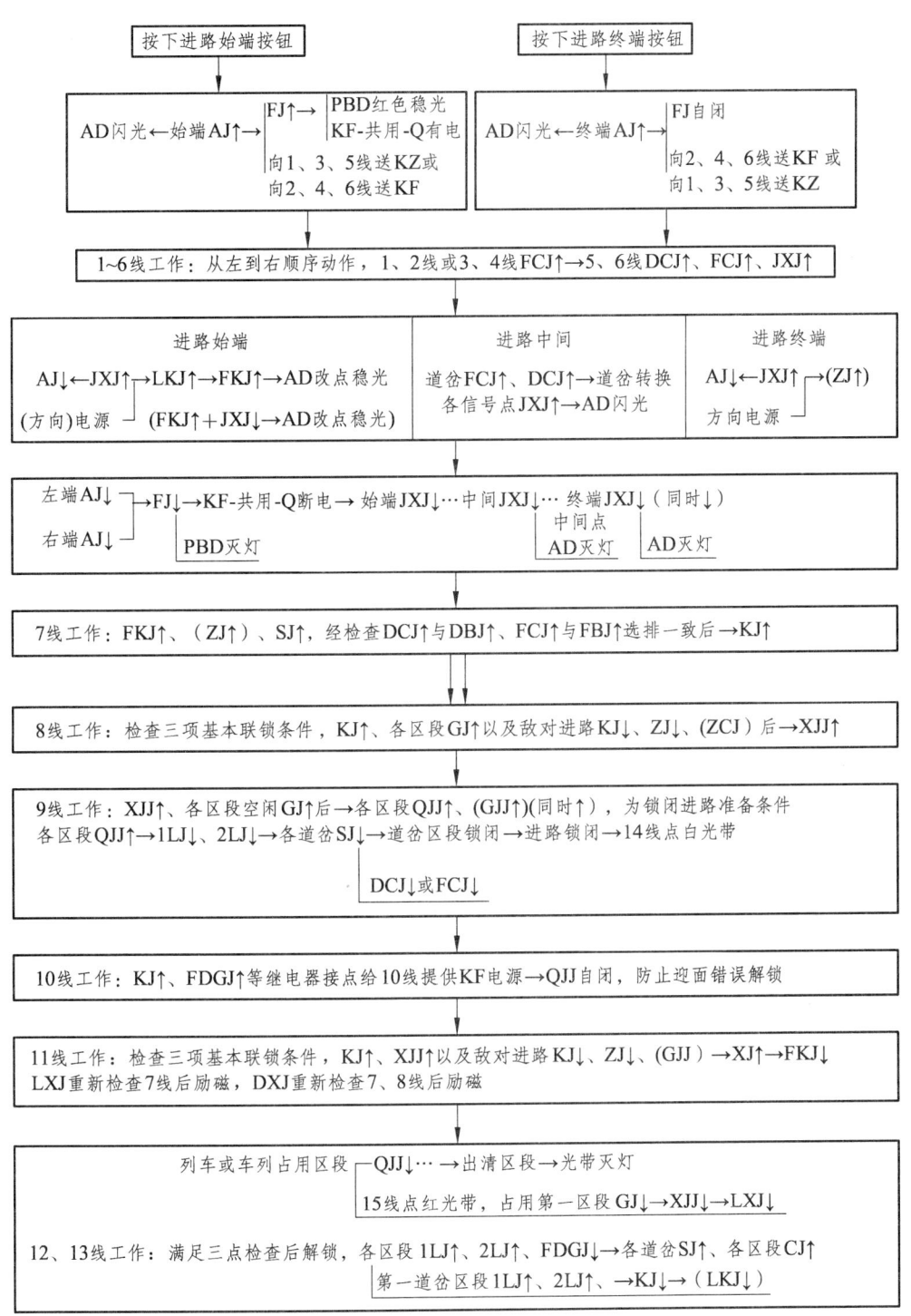

图 2-1-1　6502 电气集中电路动作程序

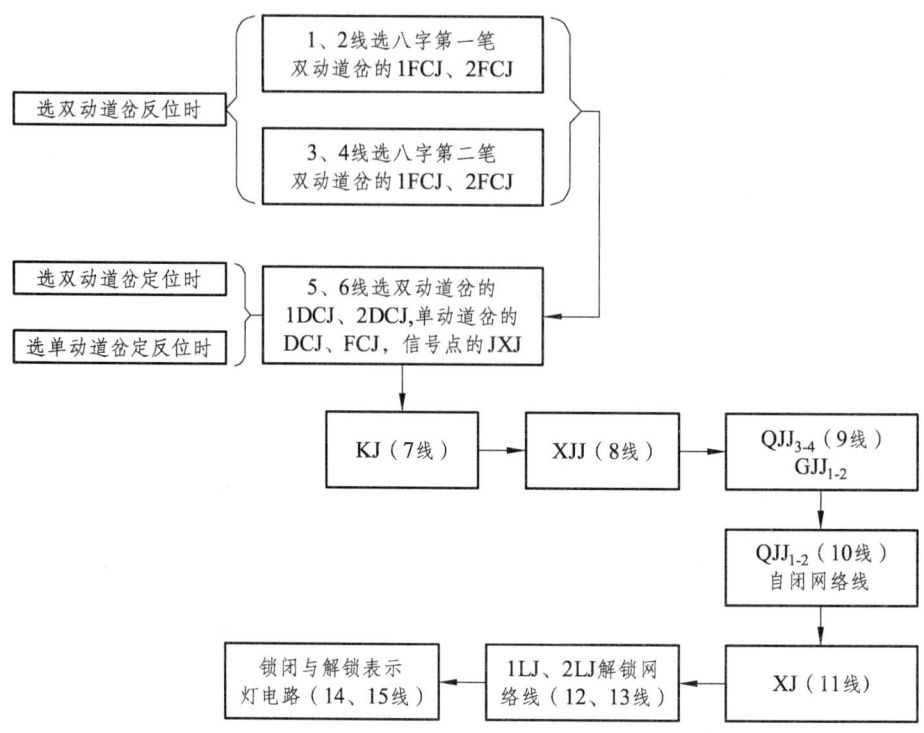

图 2-1-2　6502 电气集中 15 条网络线动作顺序流程图

（1）选岔电路工作（1~6 线）：1、2 线或者 3、4 线先工作，5、6 线后工作；如果进路没有经过双动道岔反位，则 1、2、3、4 线均不需要工作，直接 5、6 线工作。

（2）KJ 励磁（7 线）：检查选排一致性。

（3）XJJ 励磁（8 线）：检查三项基本联锁条件。

（4）QJJ 励磁（9 线）：检查区段空闲，为锁闭进路做准备。

GJJ 励磁（9 线）：锁闭另一咽喉的迎面敌对进路。

（5）QJJ 自闭（10 线）：防止进路迎面错误解锁。

（6）XJ 励磁（11 线）：接通信号机点灯电路。

（7）1LJ、2LJ（12、13 线）：1LJ、2LJ 落下锁闭进路，励磁解锁进路。

（8）光带表示（14、15 线）：反映进路锁闭与解锁的状态信息。

三、6502 电气集中设备组成

6502 电气集中由室内设备、室外设备组成。室内设有控制台、故障解锁按钮盘、继电器组合及组合架、电源屏以及分线盘等设备；室外设有色灯信号机、电动转辙机、轨道电路、电缆线路及电缆连接箱盒等设备。

电气集中车站设备组成与功能

（一）设备组成

如图 2-1-3 所示为 6502 电气集中设备组成框图。

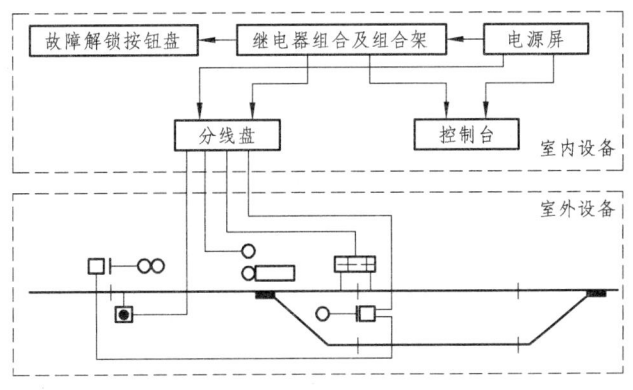

图 2-1-3　6502 电气集中设备组成框图

（二）室内设备

1. 控制台

如图 2-1-4 所示为控制台，它是办理进路、控制监督信号设备，用于分析判断控制系统故障范围。

 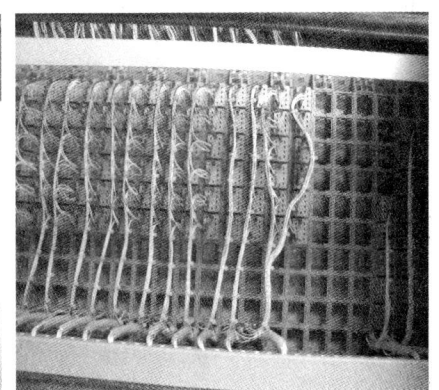

图 2-1-4　控制台

2. 故障解锁按钮盘

如图 2-1-5 所示为故障解锁按钮盘，其功能为故障解锁、关闭信号。

 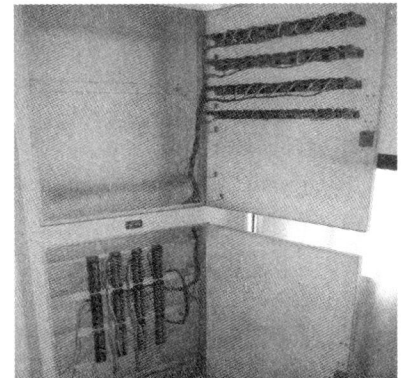

图 2-1-5　故障解锁按钮盘

3. 继电器组合及组合架

如图 2-1-6 所示为继电器组合及组合架，实现电气集中联锁功能。

图 2-1-6　继电器组合及组合架

4. 电源屏

电源屏不间断地给设备提供各种交直流电源，如图 2-1-7 所示。

图 2-1-7　电源屏

5. 分线盘

室内室外联系导线汇接于分线盘，如图 2-1-8 所示。

图 2-1-8　分线盘

（三）室外设备

（1）信号机（见图 2-1-9），其作用在于防护进路，给出各种信号显示，指示列车运行或调车作业。

（2）转辙机，其作用在于转换、锁闭、监督道岔及故障报警。

（3）轨道电路，用于监督线路是否完整、区段是否空闲，并传递行车信息。

（4）电缆和箱盒设备（见图 2-1-10），其作用在于设备连接、传递信息。

图 2-1-9　信号机

图 2-1-10　电缆和箱盒设备

四、6502 电气集中操作办理

（一）控制台盘面布置

控制台设有光带构成的与站场形状相似的车站线路模型，用于表示进路的开通位置及列车和调车车列的运行占用状况（见图 2-1-11）。当进路排出且锁闭后，进路点亮一条白光带，该光带由各个轨道区段组成；机车车辆占用各区段时，光带由白变红，出清时则红光带熄灭。

电气集中控制台的常用操作

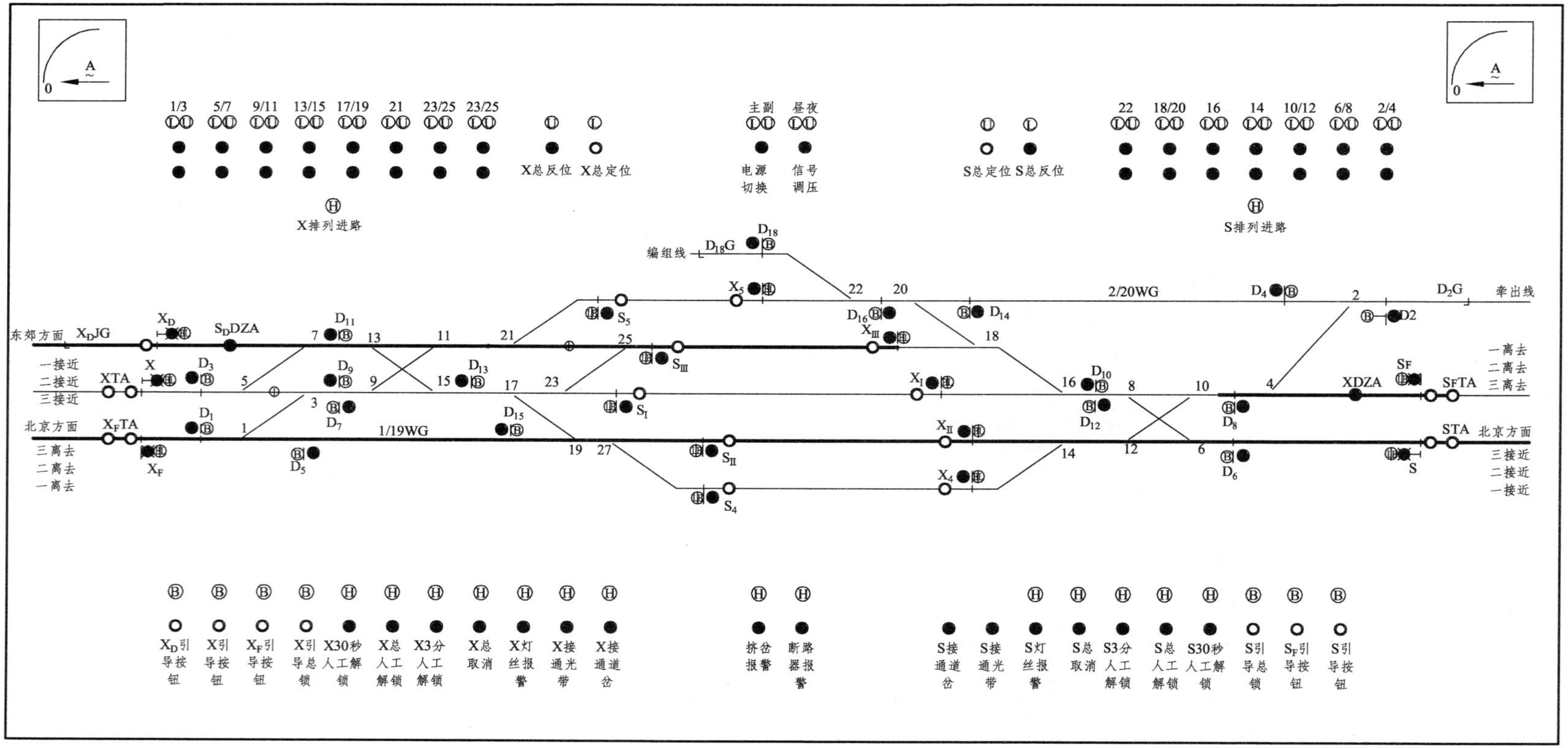

图 2-1-11 控制台盘面布置示意图

1. 各种用途的按钮

（1）进路按钮，设置在进路的始端和终端，采用二位自复式，用来排列、取消进路，重复开放信号等。列车进路按钮设置在线路中间，为绿色带灯；调车进路按钮设置在线路旁边或中间，为白色带灯。

（2）道岔按钮：ZDA（总定位按钮）、ZFA（总反位按钮），每个咽喉各设一套在控制台上方；CA（单独操纵按钮）、SA（单独锁闭单锁），每组道岔设一套在控制台上方。

单独操纵道岔至定位：同时按压该道岔 CA 和 ZDA，反之亦然；单独锁闭道岔，按下（拉出）该组道岔的单独锁闭按钮。单锁按钮采用非自复式按钮。

（3）ZQA（总取消按钮）和 ZRA（总人工解锁按钮）。每个咽喉分别设置 ZQA 和 ZRA，采用二位自复式按钮，ZRA 需登记破封。

① 取消进路：接近区段无车占用时，同时按压 ZQA 和进路始端进路按钮。

② 人工解锁进路：接近区段有车占用时，同时按压 ZRA 和进路始端进路按钮。

（4）YA（引导按钮）和 YZSA（引导总锁闭按钮）。每架进站信号机设一个 YA，带铅封的二位自复式按钮；每个咽喉设一个 YZSA，带铅封的二位非自复式按钮。

① 办理进路式引导接车：按压该 YA。

② 办理全咽喉总锁闭引导接车：先按压 YZSA，再按压该 YA。

（5）其他用途的按钮：接通光带按钮，接通道岔按钮，切断挤岔按钮，电源切换按钮，移频报警按钮，断路器报警按钮，灯丝断丝报警按钮，与半闭、自闭相关的按钮，与场联、机务相关的按钮等。

2. 各种用途的表示灯

反映道岔位置的道岔定、反位表示灯，反映信号开放状态的信号机复示器，反映进路开通方向的光带，反映按钮状态的按钮表示灯，反映排路情况的进路排列表示灯，以及与半闭、自闭相关的表示灯、报警表示灯等。

3. 报警电铃和电流表

道岔挤岔报警电铃，主灯丝断丝报警电铃，主副电源切换电铃，列车接近电铃，半闭电铃；道岔动作电流表。

（二）进路按钮的配置

1. 配置原则

（1）对应每一条进路始端设有信号机处均分别设一个进路按钮。

（2）进路终端即使没有信号机，也对应应设一进路按钮。若既为列车进路终端，也为调车进路终端，要各设一个列车进路按钮和调车进路按钮。

（3）进路始端按钮可作同性质进路终端按钮。

（4）有通过进路时，在进站信号机处设一通过按钮。

（5）在变通进路中没有调车按钮作变通按钮时，需设变通按钮。

2. 配置方法

（1）列车进路按钮的配置方法。

① 每架进站信号机设一个列车进路按钮，设在控制台线路中间，绿色；有通过进路时，在线路中间设一个通过按钮，绿色；进站内方带调车时再设一个调车按钮，设在控制台线路旁边，白色。

② 每架出站信号机设一个列车进路按钮，设在控制台线路中间，绿色；兼作调车时再设一个调车按钮，设在控制台线路旁边，白色。

③ 出站口没有列车信号机时，设一个列车终端按钮。

（2）调车进路按钮的配置方法。

① 每架调车信号机处设一个调车按钮。

② 调车进路的终端没有信号机时需设一个调车终端按钮，如 S_DDZA、XDZA。

（3）变通按钮的配置方法。

变通进路：在进路的始端与终端之间有几条路径时，通常把一条路径最短、道岔数最少、影响其他进路最小的规定为基本进路，其余的路径称为变通进路。

① 列车变通进路上的任何调车按钮可兼作变通按钮。

② 调车变通进路上的反向单置调车按钮可兼作变通按钮。

③ 变通进路上没有调车按钮时，在控制台变通进路处设置变通按钮 BA，既可作列车变通按钮也可作调车变通按钮，设在线路中间，绿色。

（三）进路操作方法

进路的办理与解锁操作

1. 列车进路的办理

（1）接车进路：先按进路始端按钮后按进路终端按钮。

（2）发车进路：先按进路始端按钮后按进路终端按钮。

（3）通过进路：一次性办理，先按通过按钮后按通过进路终端按钮；分段办理，先办理正线发车进路后办理接车进路。

（4）开放引导信号。

① 进路式引导：进站信号机故障，先将道岔单独操纵到位（或反排进路），然后按压 YA，开放引导信号；接车进路第一段轨道电路故障，先将道岔单独操纵到位，然后一直按压 YA 开放引导信号，直到列车第一轮对进入进站信号机内为止。

② 全咽喉总锁闭式引导：道岔失去表示引导进路接车，先将道岔单独操纵到位，然后按 YZSA，再按压 YA，开放引导信号。

2. 调车进路的办理

（1）选排以并置（或差置）调车信号机为阻拦信号的调车进路：按进路始端按钮后按进路终端反方向调车按钮，这样操作是由电路结构决定的。

（2）选排以单置调车信号机为阻拦信号时的调车进路：按进路始端按钮后按同向单置调车按钮；单置调车按钮不能作为反向调车进路的终端按钮。

（3）选排以股道、牵出线、专用线、接发车口为进路终端：按进路始端按钮后按股道头部的调车按钮，或牵出线、专用线、接发车口的反向调车按钮或调车终端按钮。

（4）长调车进路：一条进路上需要开放两架或以上调车信号机的调车进路。

① 一次性办理：按长调车进路的始端按钮后按长调车进路最后的终端按钮。

② 分段办理：先办理最远的进路，然后办理最近的进路。

3. 变通进路的办理

（1）列车变通进路的办理：始端进路按钮→变通进路按钮→终端进路按钮。

（2）调车变通进路的办理。

① 调车变通进路上有专设的变通按钮 BA 时，按正常办理：始端进路按钮→变通进路按钮→终端进路按钮。

② 调车变通进路上有反向单置调车按钮时，将反向单置调车按钮作为变通按钮。

③ 调车变通进路上没有变通按钮 BA 和反向单置调车按钮时，按分段办理方法。

4. 取消进路

接近区段一般是指信号机前方的区段，其长度由列车或调车车列的运行速度决定。

（1）接近区段无车：同时按压进路始端 A 和 ZQA，信号立即关闭，进路立即解锁。

（2）接近区段有车：同时按压进路始端 A 和 ZRA，信号立即关闭，进路需延时解锁，接车进路和正线发车进路延时 3 min，站线发车和调车进路延时 30 s。

（3）故障解锁：同时按压 ZRA 和人工解锁按钮盘上对应道岔区段的 SGA。

5. 其他操纵方法

（1）单独操纵道岔：定位向反位转，同时按压该道岔 CA 和 ZFA；反位向定位转，同时按压该道岔 CA 和 ZDA。

（2）接通光带：按压 TGA。

（3）接通道岔：按压 TCA。

（4）挤岔：挤岔时，报警电铃鸣响，红灯亮，按压 JCA，电铃停，道岔恢复后，电铃再次鸣响，红灯灭，拉出 JCA，电铃停。

五、6502 电气集中继电器组合及组合架

（一）继电器组合类型

继电器组合类型及组合类型的选用

将完成规定功能的基本电路单元称为继电器组合，简称组合。采用定型组合的形式设计电路，不仅简化了设计，加快了设计过程，而且组合可在工厂预制，极大地缩短了施工工期。

根据联锁关系、控制电路、电路环节不完全一样以及受到组合容量的限制等条件，6502 电气集中的定型组合分为信号组合、道岔组合和区段组合三类基本组合，共 12 种定型组合。每个组合不超过 10 个继电器，其中 10 种定型组合共演变成 50 种组合类型图，用于拼贴站场

型组合连接图。连接图的组合排列顺序实际上是代表两组合电路环节的衔接顺序,组合与设备位置一一对应,不能任意颠倒。

凡是根据工程实际需要增设的继电器,都可以纳入零散组合,零散组合里的电路需要根据具体情况另行设计,属于非定型组合。

1. 信号组合类型

(1)组合类型:列车信号主组合(LXZ)、一方向列车信号辅助组合(1LXF)、二方向列车信号辅助组合(2LXF)、引导信号组合(YX)、调车信号组合(DX)、调车信号辅助组合(DXF)。以上这些信号组合的用法如图 2-1-12 所示。

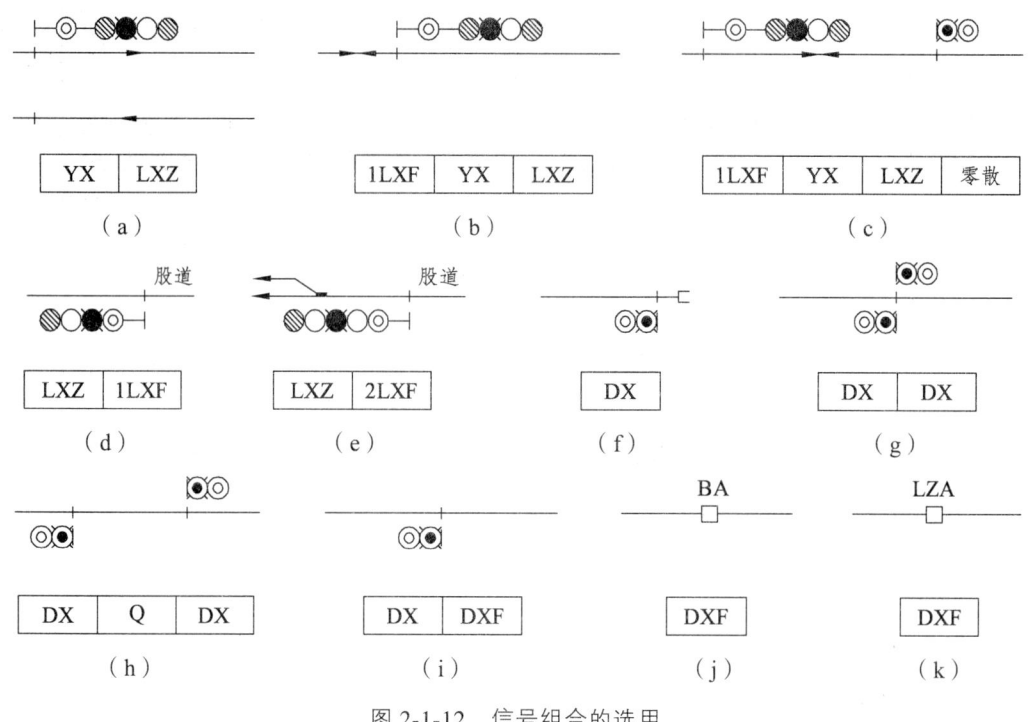

图 2-1-12　信号组合的选用

(2)组合选用实例。

如图 2-1-12(a)和(b)所示,单线进站信号机与复线进站信号机用的组合不同,这是因为单线进站信号机处既是接车口又是发车口,而复线只是接车口的缘故。

如图 2-1-12(b)和(c)所示,根据在进站信号机内方有没有无岔区段和同方向的调车信号机,它们所用的组合也不同,有无岔区段和同方向的调车信号机时,多用一个零散组合(L)。

如图 2-1-12(d)和(e)所示,图 2-1-12(d)是一个发车方向用的出站信号机。图 2-1-12(e)是两个发车方向用的出站信号机(根据信号显示可以看出来),所以它们用的辅助组合不同,前者用 1LXF,后者用 2LXF。

如图 2-1-12(f)、(g)、(h)、(i)所示,尽头线调车信号机、并置调车信号机、差置调车信号机,每架调车信号机只用一个 DX 组合;单置调车信号机除用一个 DX 组合外、还多用半个 DXF 组合(两个 DXF 占用一个组合位置);变通按钮(BA)用半个 DXF 组合,列车终端按钮(LZA)用半个 DXF 组合。

2. 道岔组合类型

（1）组合类型：单动道岔组合（DD）、双动道岔主组合（SDZ）和双动道岔辅助组合（SDF）。

（2）组合选用实例。

如图 2-1-13 所示，单动道岔用一个 DD 组合，双动道岔用一个 SDZ 组合和半个 SDF 组合。如图 2-1-13（b）和（c）所示为同一组双动道岔，共用一个 SDZ 组合和半个 SDF 组合，而不是分别各用一个。之所以分别用两个方框表示，是为了与实际电路图纸相对应（SDZ 和 SDF 各用两张电路图纸组成）。

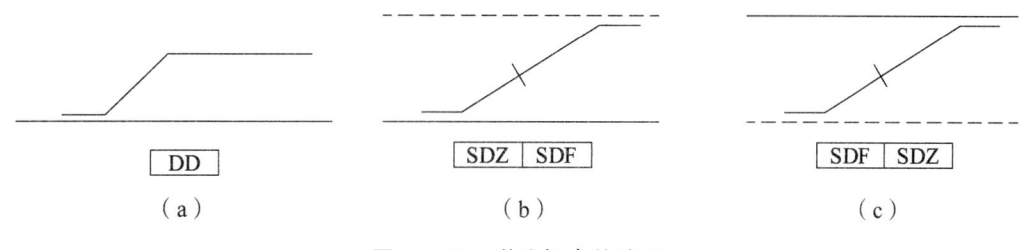

图 2-1-13 道岔组合的选用

3. 区段组合类型

区段组合（Q）：每个道岔区段要用一个区段组合，必须设在对应区段的关键部位，即利用该区段排列任何进路都必须经过的地方。凡是列车经由的无岔区段也需要用一个区段组合，即为了在排列列车进路时也使这段光带点灯。

对于交叉渡线，为了能将区段组合设在关键部位，电路上必须将道岔组合换位，如图 2-1-14 所示。

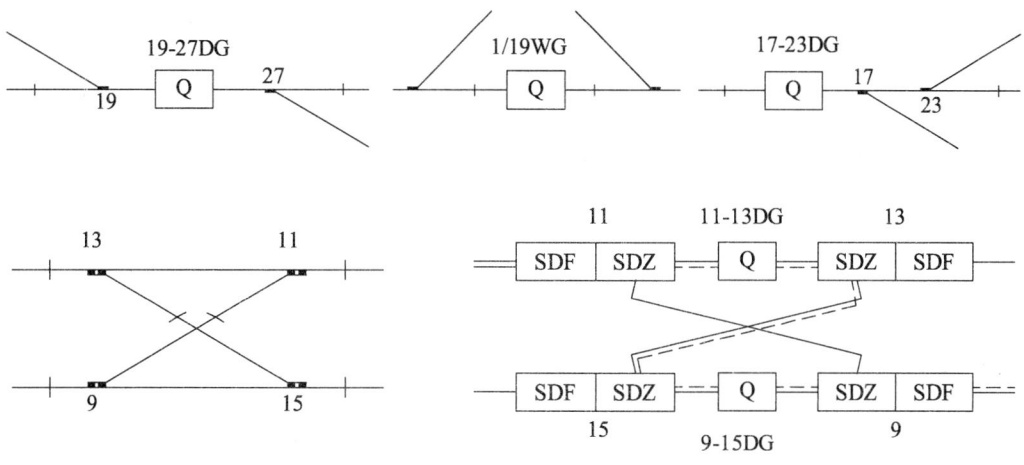

图 2-1-14 区段组合的设置

4. 其他组合类型

（1）F、DY：方向组合（F）和电源组合（DY）对应每个咽喉应各设一套，主要完成确定进路的性质和方向、控制方向电源等功能，与车站信号平面布置图无关。

（2）零散组合（L）：根据站场具体情况设计的一些非定型组合，也有与区间信号设备和其他设备相联系用的零散组合。

（二）继电器组合架

1. 组合架

每架分 11 层，1～10 层每层放一个组合、11 层（零层）为电源端子板和零层端子板（也有把零层放在组合架的最下层的情况）；组合架上部安装走线架。

组合架的编号：习惯上从进门处开始从前往后数为 1 排、2 排、3 排……，每排从左向右数为 1 架、2 架、3 架……，每架从下向上数为 1 层、2 层、3 层……10 层、零层。

2. 继电器组合

每个组合包括两块侧面端子板和 10 个继电器插座板。每块侧面端子板有 3 列共 54 个接线端子，从左向右数为 01、02、03、04、05、06 列，每列从上往下为 1～18；继电器从左向右数为第 1 个、第 2 个、第 3 个……第 10 个继电器，如图 2-1-15 所示。

图 2-1-15　继电器组合

任务二　6502 电气集中选择组电路

【工作任务】

（1）能识读 6502 电气集中 1～7 网络线及局部电路原理图。

（2）能根据原理图找到实物联锁设备对应的位置（点）。

（3）能测试、分析 6502 电气集中 1～7 网络线电气特性。

（4）能在《行车信号设备检查登记簿》上登、销记。

（5）能对 6502 电气集中 1～7 网络线进行常见故障分析与处理。

（6）能参与电务故障应急处理过程。

（7）通过学习交流，完成派工单任务（见表 2-2-1 和表 2-2-2）。

表 2-2-1　派工单 005

专业班级		姓名		学号		分数	
作业内容							完成情况说明

根据"派工单 004",在"6502 电气集中电路图册"上手画下行正方向接车至Ⅱ道基本进路所有 DCJ、FCJ、JXJ、KJ 的励磁电路、自闭电路。

X→ⅡG 进路控制与电路动作步骤一览表

序号	进路控制	控制监督对象	电路动作步骤
1	进路办理	始/终端按钮名称：	继电器名称：
2	进路选路	道岔名称及位置： 信号点名称：	按动作先后顺序填写网络线及继电器名称：
3	进路排路	道岔名称及转换位置：	道岔控制电路
4	选排一致	道岔 DCJ、FCJ、DBJ、FBJ 状态：	网络线及继电器名称：

注意事项

（1）工作准备方面：
（2）工作要求方面：
（3）查阅资料方面：
（4）其他注意事项：

存在问题描述

理论联系实际

本次作业内容与"企业案例"是否有相同、相近或相关联之处？请说明

表 2-2-2 派工单 006

专业班级		姓名		学号		分数	
作业内容						完成情况说明	
根据"派工单 004",排列 X 至 ⅡG 列车进路后,进路排列表示灯 LPBD 亮红灯后不灭灯,XAD 由闪绿灯变为亮稳定绿灯,9/11 道岔位置表示灯由亮黄灯改为亮绿灯,$S_{Ⅱ}AD$ 闪绿灯后不灭灯,进路上的所有区段不亮白光带。判断分析故障范围,说明故障查找方法							
注意事项							
（1）工作准备方面： （2）工作要求方面： （3）安全风险方面： （4）查阅资料方面： （5）其他注意事项：							
存在问题描述							
理论联系实际							
本次作业内容与"项目二案例一"是否有相同、相近或相关联之处？请说明							

【知识链接】

一、方向继电器及按钮继电器电路

方向继电器和按钮继电器电路组成了 6502 电气集中选择组电路的记录电路，如图 2-2-1 所示。

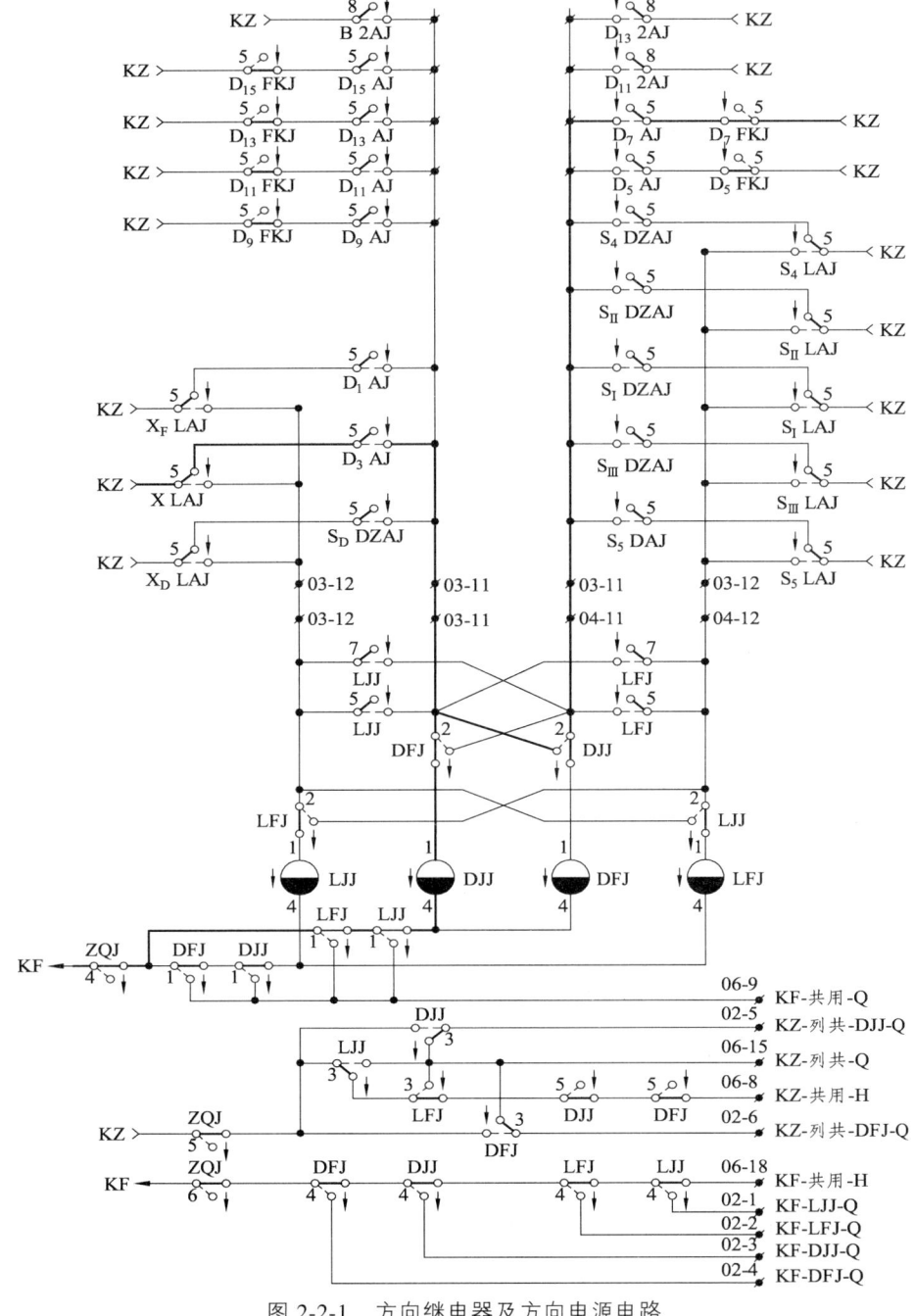

图 2-2-1　方向继电器及方向电源电路

1. 作用与设置

（1）作用：记录进路的方向和性质。

（2）设置：每个咽喉区设四个方向继电器，分别是 LJJ（列车接车）、LFJ（列车发车）、DJJ（调车接车）、DFJ（调车发车）。

2. 电路技术要求

（1）用始端按钮的按钮继电器前接点接通对应的方向继电器的励磁电路来记录进路的方向和性质。

（2）方向继电器在整个选路过程中都要参与工作，在进路选出之前，必须保持在吸起状态，并要求同一咽喉同一时间只能选一条进路，四个方向继电器同时只准许一个吸起（同运行方向、同性质的进路能同时选是例外）。

（3）为了不影响连续选其他进路，在所要选的进路全部选出后，应及时使方向继电器自动复原；如果因故进路不能正常选出时，则应能够使其人工复原。

（4）在办理取消进路和人工解锁进路、重复开放信号时，不应使方向继电器空动。

3. 电路工作原理

（1）励磁电路：始端按钮前接点接通励磁电路。

（2）自闭电路：终端按钮前接点接通自闭电路；如办理变通进路，还要经过有关的 DAJ（或 2AJ）前接点条件增加两条（或一条）自闭电路。

（3）自动复原：进路选出后按钮继电器复原，使方向继电器自动复原。

（4）人工复原：用 ZQJ41-42 接点切断方向继电器电路，使其人工复原。

例如，办理 D_3 至 D_9 的调车进路：先按下 $D_3A→D_3AJ↑$，接通 DJJ 的励磁电路 KZ-LAJ$_{51-53}$-AJ$_{51-52}$-DFJ$_{21-23}$-DJJ$_{1-4}$-LJJ$_{13-11}$-LFJ$_{13-11}$-ZQJ$_{43-41}$-KF；后按下 $D_7A→D_7AJ↑$，接通自闭电路 KZ-FKJ$_{51-53}$-AJ$_{51-52}$-DJJ$_{21-22}$-DFJ$_{21-23}$-DJJ$_{1-4}$-LJJ$_{13-11}$-LFJ$_{13-11}$-ZQJ$_{43-41}$-KF。

4. 方向电源

方向电源是通过方向继电器接点作为控制电路条件而供出的电源，共有 10 种。

（1）KF-共用-Q：经任一方向继电器的前接点所供出的负电源。

（2）KF-共用-H：经四个方向继电器和 ZQJ 的后接点供出的负电源。

（3）KF-LJJ-Q：经 LJJ 前接点供出的负电源。

（4）KF-LFJ-Q：经 LFJ 前接点供出的负电源。

（5）KF-DJJ-Q：经 DJJ 前接点供出的负电源。

（6）KF-DFJ-Q：经 DFJ 前接点供出的负电源。

（7）KZ-列共-Q：经由 LJJ 或 LFJ 前接点供出的正电源。

（8）KZ-共用-H：经四个方向继电器和 ZQJ 的后接点供出的负电源。

（9）KZ-列共-DJJ-Q：经 LJJ、LFJ 或 DJJ 前接点供出的正电源。

（10）KZ-列共-DFJ-Q：经 LJJ、LFJ 或 DFJ 前接点供出的正电源。

方向电源

二、按钮继电器电路

（一）作用与设置

1. 作　用

（1）用来记录按下按钮的动作。
（2）在选路时接通方向继电器的励磁电路和自闭电路，并向选岔网络供电。
（3）重复开放信号、取消进路、人工解锁进路时，始端按钮都要参与工作。

2. 设　置

（1）一般对应每个进路按钮设置一个 AJ。
（2）对应每个单置调车进路按钮设置 1AJ、AJ、2AJ 三个按钮继电器。
（3）对应每个变通按钮设置 1AJ、2AJ 两个按钮继电器。

（二）电路工作原理

1. 尽头线调车按钮继电器电路（见图 2-2-2）

（1）按压 A→AJ↑，而后自闭。
（2）在本信号点选出后，JXJ↑→AJ↓。

尽头线调车按钮
继电器电路

按钮继电器和进路选择继电器的逻辑关系：AJ↑→JXJ↑，JXJ↑→AJ↓，为了使 JXJ 能可靠地吸起，AJ 要采用缓放型继电器。

（3）信号开放后，由于某种原因关闭了信号，这时进路仍处在锁闭状态，只要按压进路始端按钮，信号就会重复开放。重复开放信号，FKJ↑→AJ↓。
（4）取消或人工解锁进路，同时按 ZQA 或 ZRA 和进路始端 A，QJ↑→AJ↓。

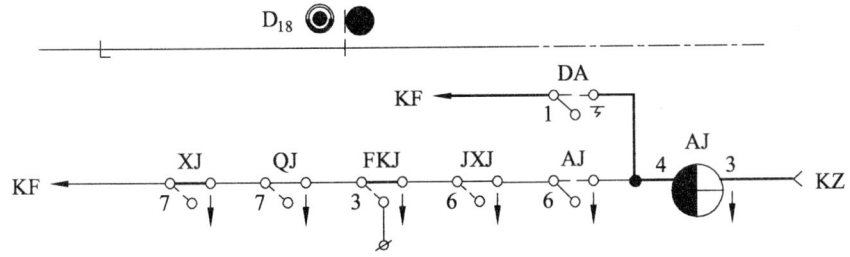

图 2-2-2　尽头线调车按钮继电器电路图

2. 出站兼调车、进站带调车按钮继电器电路（见图 2-2-3）

原理同上，设有 LAJ 和 DAJ，其 3-4 为励磁线圈、1-2 为自闭线圈。

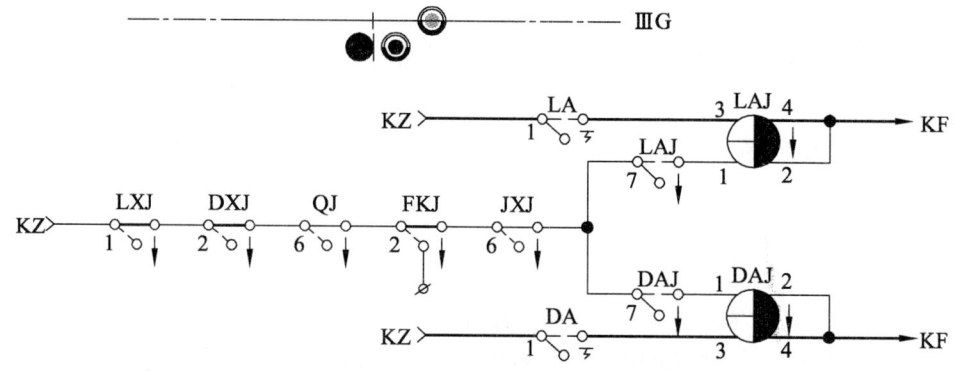

图 2-2-3　出站兼调车、进站带调车按钮继电器电路图

3. 并置和差置调车按钮继电器电路（见图 2-2-4）

（1）其 3-4 线圈为励磁和自闭电路用，与尽头线调车按钮继电器电路相同。

（2）其 1-2 线圈是为了列车进路的变通按钮而设置的。并置和差置调车信号机的两个进路按钮，其中任一个都可兼作列车进路变通按钮，要求按压其中任一个按钮时都必须把另外一个 AJ 带动吸起，以便两个 AJ 都吸起，参与选路工作。

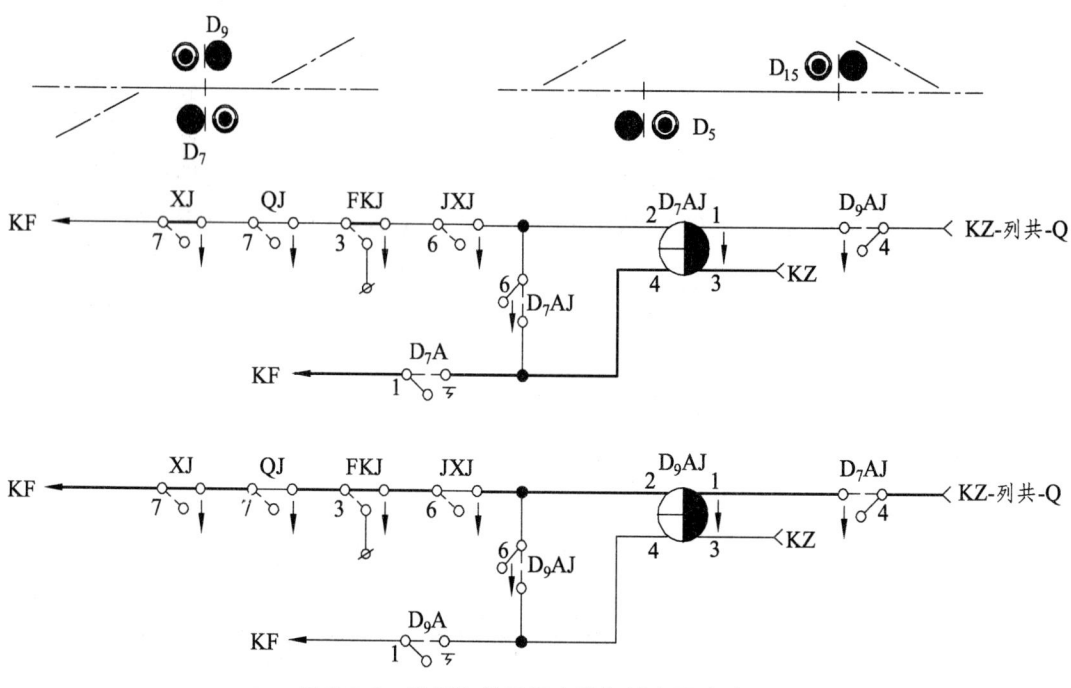

图 2-2-4　并置和差置调车按钮继电器电路图

4. 单置调车按钮继电器电路（见图 2-2-5）

（1）设置：单置调车信号机设三个按钮继电器，分别为 1AJ、AJ 和 2AJ。其中 1AJ 是按钮接点的复示继电器，AJ 是进路始端按钮继电器，2AJ 是进路终端按钮继电器。AJ 设在 DX 组合里，1AJ、2AJ 设在 DXF 组合里。平时这三个按钮继电器均处于落下状态，当办理进路时则互相配合完成记录进路的始端、终端和变通的三种作用。

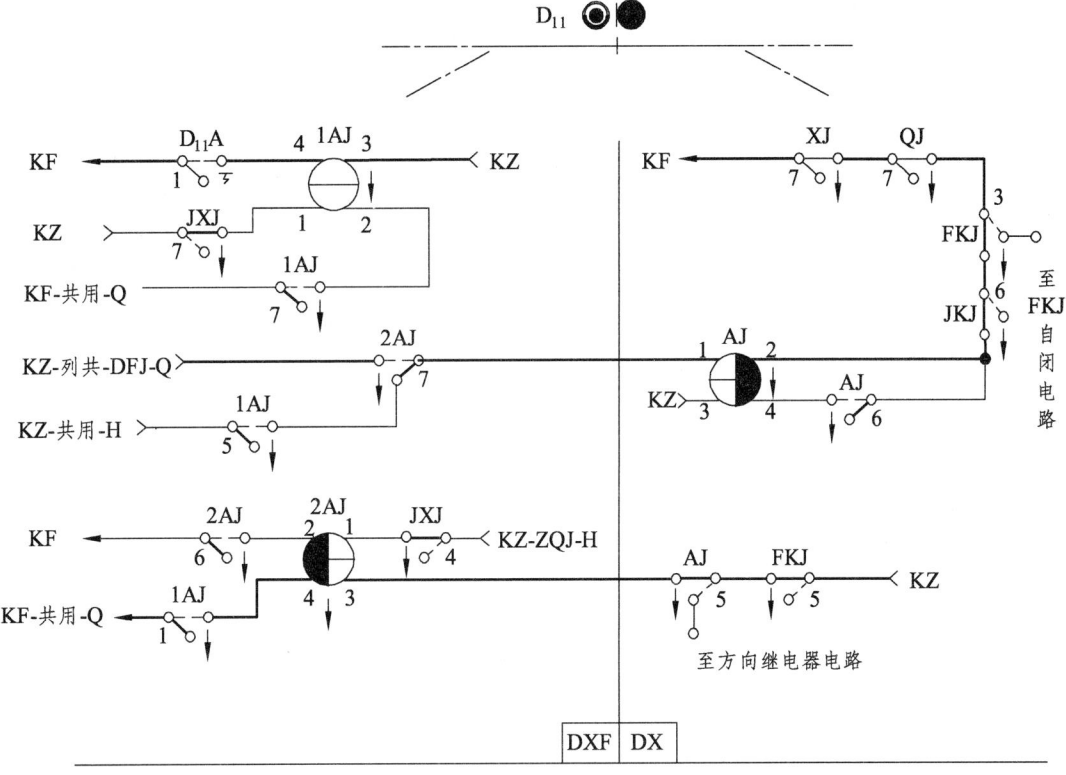

图 2-2-5 单置调车按钮继电器电路

（2）三个按钮继电器的工作原理。

① 作始端按钮使用时，1AJ↑→AJ↑。

先按压 $D_{11}A→1AJ↑$励磁。

AJ 励磁电路 KZ-共用-H→$1AJ_{51-52}$→$2AJ_{73-71}$→AJ_{1-2}→JXJ_{63-61}→FKJ_{33-31}→QJ_{73-71}→XJ_{73-71}→KF。

AJ 自闭电路 KZ→AJ_{3-4}→AJ_{62-61}→JXJ_{63-61}→FKJ_{33-31}→QJ_{73-71}→XJ_{73-71}→KF。

复原电路：当 D_{11} 信号点被选出，$D_{11}JXJ↑$（DX）→$D_{11}AJ↓$；

$D_{11}JXJ↑$（DXF）→$D_{11}1AJ↓$。

② 作终端按钮使用时，1AJ↑→2AJ↑。

后按压 $D_{11}A→1AJ↑$励磁。

2AJ 励磁电路 KF-共用-Q→$1AJ_{11-12}$→$2AJ_{4-3}$→AJ_{53-51}→FKJ_{53-51}→KZ。

2AJ 自闭电路 KF→$2AJ_{61-62}$→$2AJ_{2-1}$→JXJ_{43-41}→KZ—ZQJ—H。

复原电路：当 D_{11} 信号点被选出，$D_{11}JXJ↑$（DXF）→$D_{11}1AJ↓$；

$D_{11}JXJ↑$（DXF）→$D_{11}2AJ↓$。

③ 作变通按钮使用时，1AJ↑→2AJ↑→AJ↑。

按压 $D_{11}A→1AJ↑$励磁。

2AJ 励磁电路 KF-共用-Q→$1AJ_{11-12}$→$2AJ_{3-4}$→AJ_{53-51}→FKJ_{53-51}→KZ。

AJ 励磁电路 KZ-列共-DFJ-Q→$2AJ_{72-71}$→AJ_{1-2}→JXJ_{63-61}→FKJ_{33-31}→QJ_{73-71}→XJ_{73-71}→KF。

电路复原：当 D_{11} 信号点被选出，$D_{11}JXJ\uparrow$（DXF）→1AJ↓、2AJ↓；
$$D_{11}JXJ\uparrow（DX）→AJ↓。$$

三、选岔电路

按照车站值班员的意图，经操纵后选出道岔的位置，同时选出进路的始端、终端、中间信号点的位置。

选岔电路

（一）作　用

（1）根据记录电路的命令使进路中的定位操纵继电器 DCJ 或反位操纵继电器 FCJ 励磁，从而选出进路中的各道岔位置。

（2）通过始端的开始继电器 KJ 和终端继电器 ZJ 来确定进路的始端和终端，直到进路解锁为止。

（二）原　理

1. 1、2 网络线

（1）作用：用于"八"字形第一笔（撇形）双动道岔反位操纵继电器 FCJ 的网络线。

（2）设置：每组双动道岔设两个 FCJ，编号方法是面对图纸，靠近道岔左边的编为 1FCJ，靠近道岔右边的编为 2FCJ。

（3）电路原理（见图 2-2-6）。

例 2-1　以办理 $D_3\to D_{11}$ 调车进路为例。

按压始端 $D_3A \to D_3AJ\uparrow \to$

按压终端 $D_{11}A \to D_{11}1AJ\uparrow \to D_{11}2AJ\uparrow \to$ | 5/7 1FCJ↑→ 5/7 2FCJ↑。

当 5/7 1SJ↓→ 5/7 1FCJ↓；当 5/7 2SJ↓→5/7 2FCJ↓。

2. 3、4 网络线

（1）作用：用于"八"字形第二笔（捺形）双动道岔反位操纵继电器 FCJ 的网络线。

（2）设置：每组双动道岔设两个 FCJ，编号方法是面对图纸，靠近道岔左边的编为 1FCJ，靠近道岔右边的编为 2FCJ。

（3）电路原理。

例 2-2　以办理 $D_{11}\to D_{13}$ 调车进路为例。

按压始端 $D_{11}A \to D_{11}1AJ\uparrow \to D_{11}AJ\uparrow \to$

按压终端 $D_{13}A \to D_{13}1AJ\uparrow \to D_{13}2AJ\uparrow \to$ | 13/15 1FCJ↑→13/15 2FCJ↑。

当 13/15 1SJ↓→ 13/15 1FCJ↓；当 13/15 2SJ↓→13/15 2FCJ↓。

3. 5、6 网络线

(1) 作用：用于双动道岔定位操纵继电器 DCJ、单动道岔定位操纵继电器 DCJ 和反位操纵继电器 FCJ，以及各信号点的进路选择继电器 JXJ 用的网络线。

(2) 设置：每组双动道岔设两个 DCJ，编号方法是面对图纸，靠近道岔左边的编为 1DCJ，靠近道岔右边的编为 2DCJ；每组单动道岔设一个 DCJ、一个 FCJ；每一个信号点均设置进路选择继电器 JXJ。信号点包括信号机以及终端按钮（LZA、DZA）、变通按钮（BA）等，一个信号点一般设置一个 JXJ；进站带调车共用一个 JXJ，出站兼调车共用一个 JXJ，单置调车信号机设置两个 JXJ。

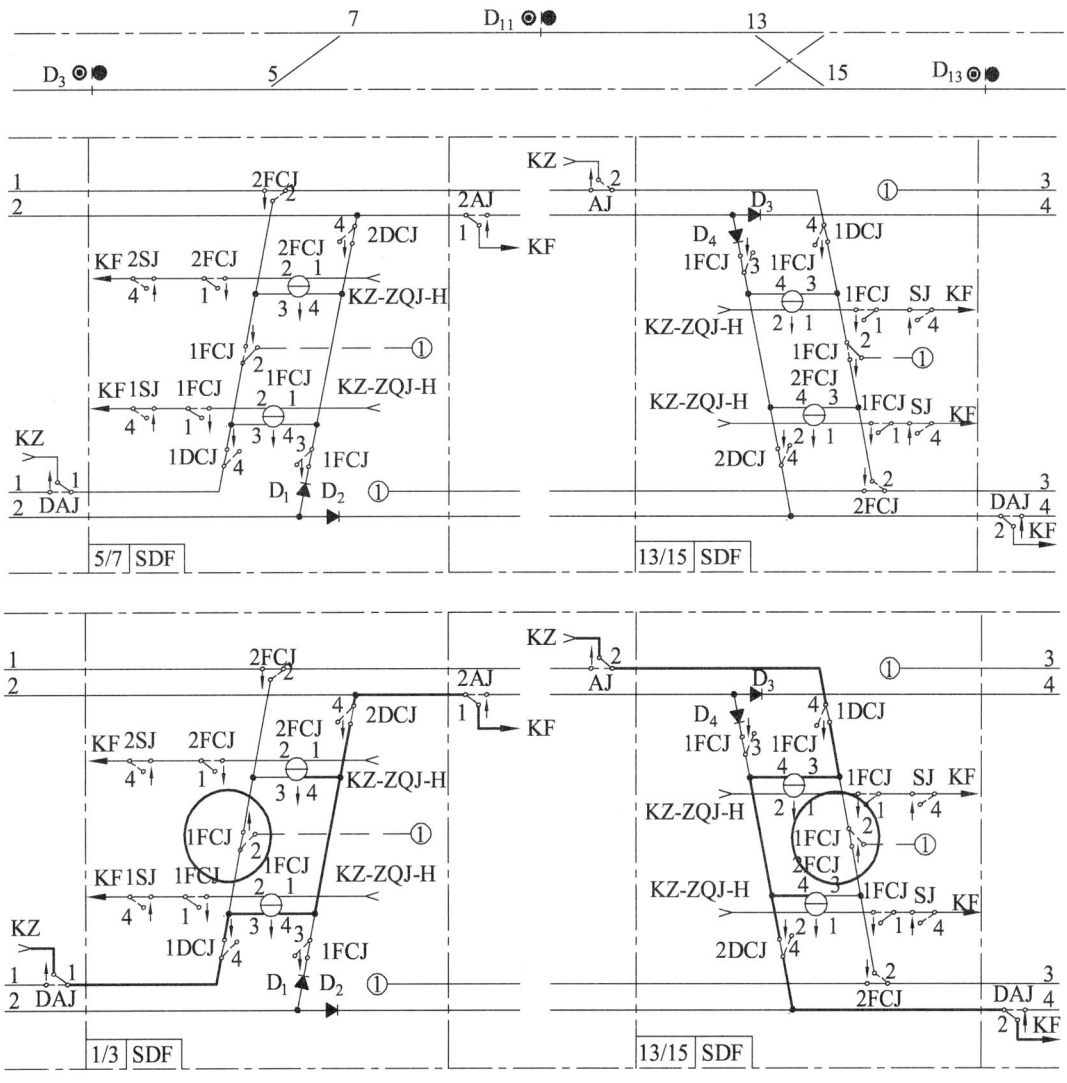

图 2-2-6 1、2 线或 3、4 线工作实例

(3) 电路原理（见图 2-2-7 和图 2-2-8）。以办理 $D_3 \to D_9$ 为例。

按压始端 $D_3A \to D_3AJ\uparrow \to$ | $D_3JXJ\uparrow \to 5/7$ $1DCJ\uparrow \to 1/3$ $2DCJ\uparrow \to D_7JXJ\uparrow$。
按压终端 $D_7A \to D_7AJ\uparrow \to$

当 KF-共用-Q 断电时→D3JXJ↓、D7JXJ↓（同时落下）；当 5/7 1SJ↓→5/7 1DCJ↓；当 1/3 2SJ↓→1/3 2DCJ↓。

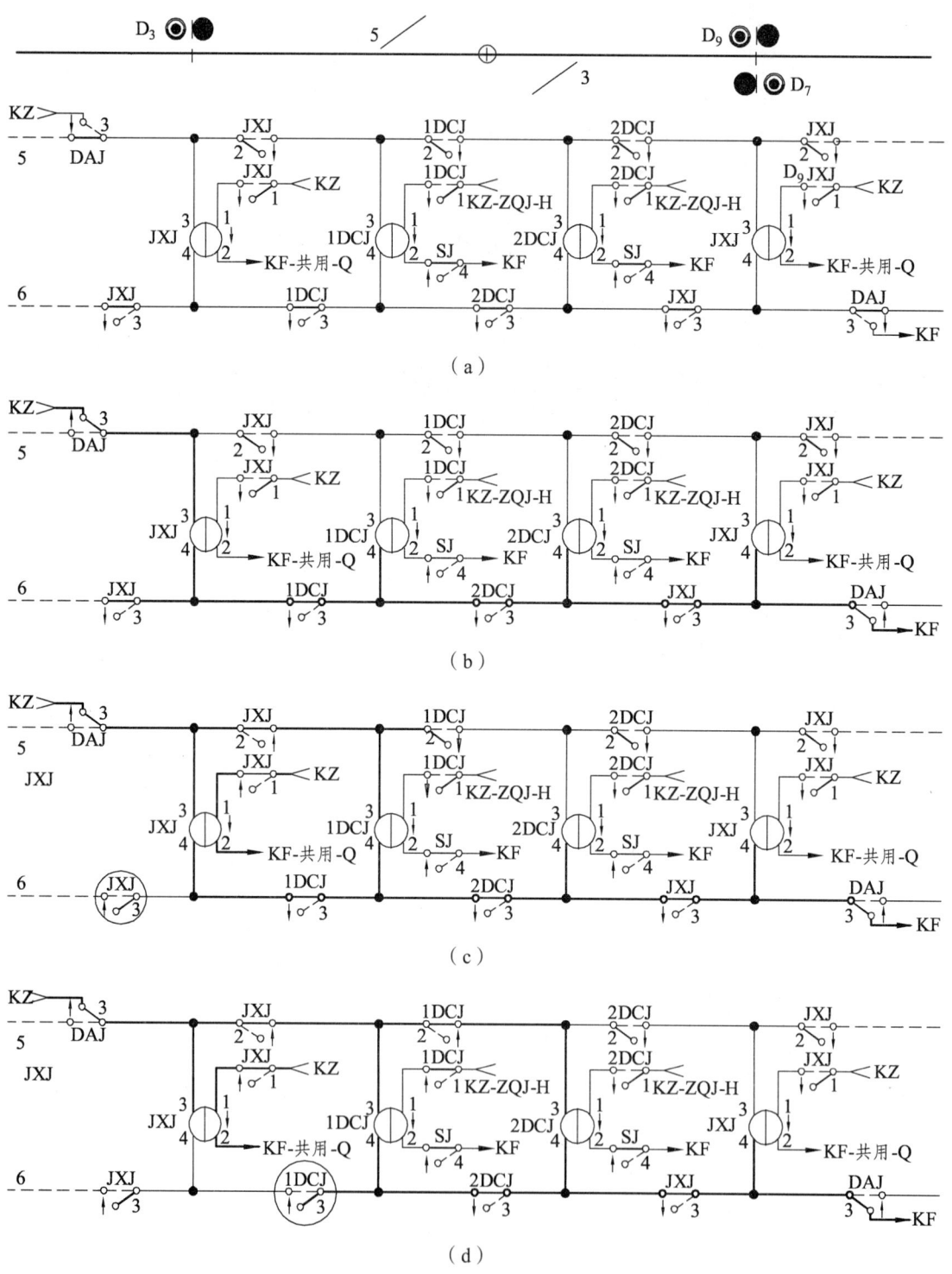

图 2-2-7　5、6 线工作实例（并联传递电路工作实例）

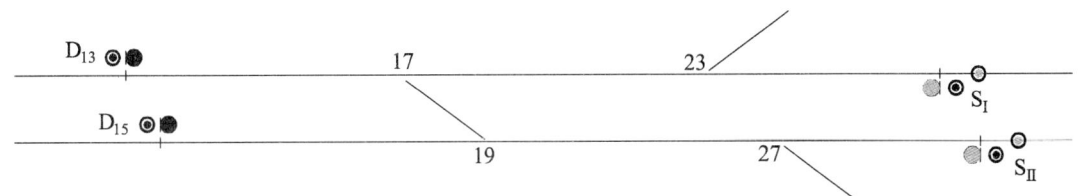

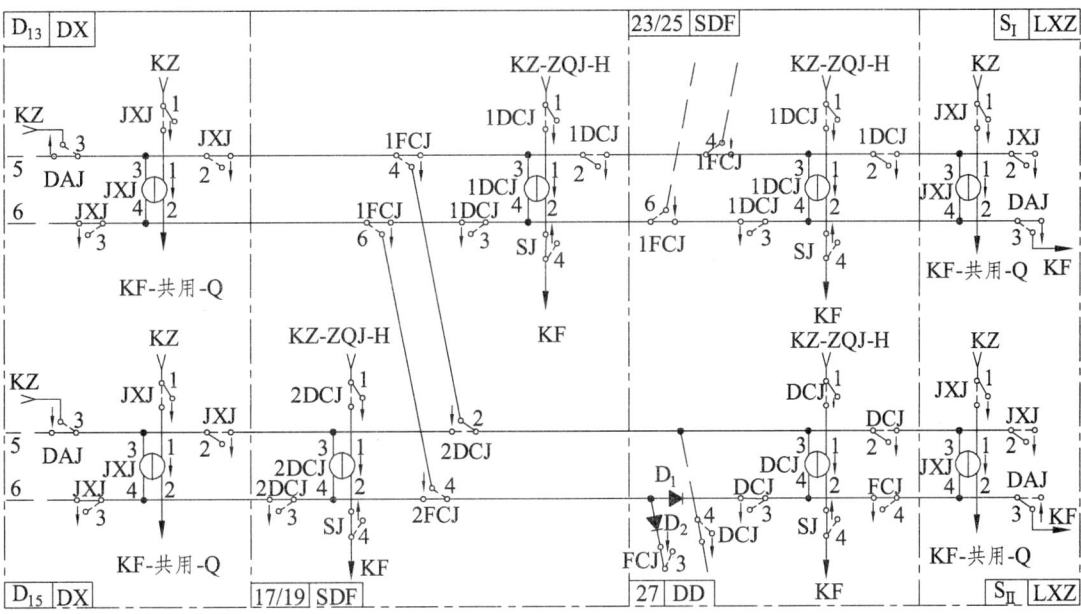

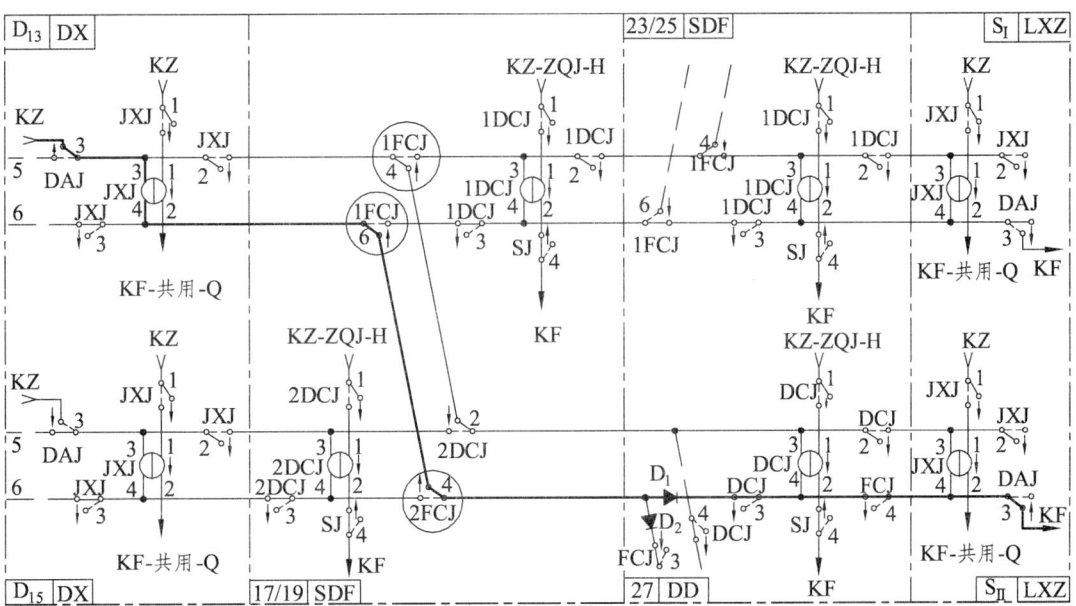

图 2-2-8　1、2 线或 3、4 线先工作再到 5、6 线工作实例

（三）选岔网络1~6线送电规律

（1）无论选排进路的性质和方向如何，1、3、5线的KZ电源总是从左向右顺序传递接通的，一直传递到所选进路的右端。

（2）2、4、6线KF电源并不是传递式的，一开始就直接送到进路的左端，然后随着道岔操纵继电器的动作，依次切断左端的KF电源。

（四）选岔网络1~6线继电器动作规律

（1）不论进路的运行方向如何，在每一对选岔网络线中，道岔操纵继电器、进路选择继电器总是从左向右顺序传递动作。

（2）在选经由双动道岔反位的进路时，总是首先选出双动道岔反位，然后才能选出双动道岔定位、单动道岔定反位以及各信号点，即1、2线或3、4线先工作再到5、6线工作。

（五）6502电气集中选岔电路采用并联传递选岔电路

（1）并联传递电路：由左向右顺序传递励磁电路；进路的始端与终端按钮继电器吸起后给选岔电路供电，左端送KZ，右端送KF；KZ从左向右顺序传递，KF一直送到最左端，然后从左向右依次切断，每个继电器并联在KZ与KF之间。

（2）并联传递选岔电路的优点：可用最右端的进路选择继电器的吸起条件，证明进路全部选出；道岔的顺序选出、顺序启动，对降低道岔电源的输出电流峰值有利；不论并联多少个继电器，同时由网络线供电的只有两个继电器，这样可使继电器端电压基本不变，不影响继电器的动作时间，能保证电路稳定可靠工作。

四、开始继电器电路

（一）辅助开始继电器电路FKJ

在始端信号点被选出后到信号开放前这段时间内，由FKJ来接续记录始端按钮继电器和方向继电器的工作，即记录进路的始端；同时防止自动重复开放信号。

列调共用的辅助开始
继电器FKJ电路

1. 列车与调车共用的FKJ电路

（1）设置：出站兼调车、进站信号机内同方向的调车信号机，其列车与调车可以共设一个FKJ，放在LXZ组合内。

（2）工作原理（见图2-2-9）。

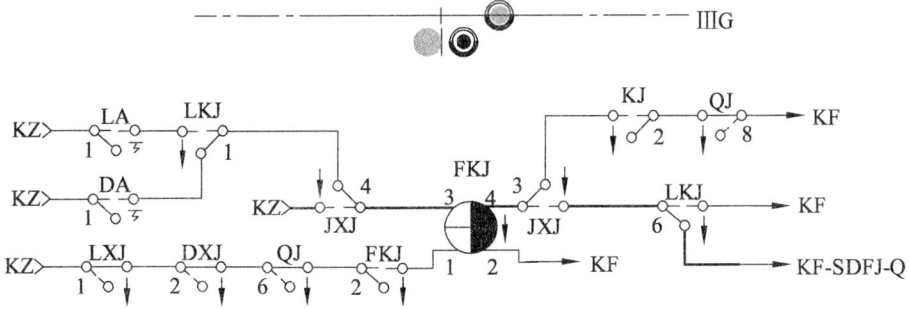

图 2-2-9 列车兼调车信号点的 FKJ 电路

① 其 3-4 为励磁线圈，$KZ \to JXJ_{42-41} \to FKJ_{3-4} \to JXJ_{31-32} \to \begin{vmatrix} LKJ_{61-62} \to KF \\ LKJ_{61-63}KF\text{-}SDFJ\text{-}Q \end{vmatrix}$。

② 其 1-2 为自闭线圈，$KZ \to LXJ_{11-3} \to DXJ_{21-23} \to QJ_{61-63} \to FKJ_{21-22} \to FKJ_{1-2} \to KF$。

③ 信号开放后因故障关闭，需重复开放信号，只需按压进路的始端按钮，使 FKJ↑。其励磁电路为 $KZ \to \begin{vmatrix} LA \to LKJ_{12-11} \\ DA \to LKJ_{13-11} \end{vmatrix} \to JXJ_{43-41} \to FKJ_{3-4} \to KJ_{22-21} \to QJ_{83-81} \to KF$。

④ 失磁时机：当进路选出后，JXJ（和 DFJ）很快会复原而切断 FKJ_{3-4} 线圈励磁电路；当信号开放后，用 LXJ 第 1 组前接点或 DXJ 第 2 组前接点断开 FKJ_{1-2} 自闭电路使 FKJ↓。

⑤ FKJ 与 XJ 逻辑关系：FKJ↑→XJ↑，XJ↑→FKJ↓。

为了使 XJ 能可靠地励磁吸起，故 FKJ 必须采用缓放型继电器。

2. 尽头线、并置、差置调车信号机用的 FKJ 电路

（1）设置：尽头线、并置、差置调车信号，每架信号机设一个 FKJ，放在 DX 组合内。

（2）工作原理（见图 2-2-10）。

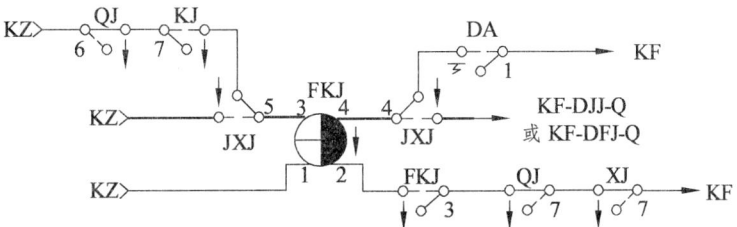

图 2-2-10 尽头线、差置、并置调车信号机用 FKJ 电路

① 其 3-4 线圈为励磁电路，$KZ \to JXJ_{52-51} \to FKJ_{3-4} \to JXJ_{41-42} \to KF\text{-}DJJ\text{-}Q$（或 $KF\text{-}DFJ\text{-}Q$）。

② 其 1-2 线圈为自闭电路，$KZ \to FKJ_{1-2} \to FKJ_{32-31} \to QJ_{73-71} \to XJ_{73-71} \to KF$。

③ 当信号开放，因故障关闭后，需要再次重复开放信号，这时只需按压进路的始端按钮，使 FKJ↑。其电路为 $KZ \to QJ_{61-63} \to KJ_{71-72} \to JXJ_{53-51} \to FKJ_{3-4} \to JXJ_{41-43} \to DA_{11-12} \to KF$。

④ 失磁时机：当进路选出后，JXJ 和 DFJ 很快会复原而切断 FKJ_{3-4} 线圈励磁电路；当信号开放后，用 XJ 第 7 组前接点断开 FKJ_{1-2} 自闭电路，使 FKJ↓。

3. 单置调车信号机用的 FKJ 电路

（1）设置：每架单置调车信号机设一个 FKJ，放在 DX 组合内。

（2）工作原理（见图 2-2-11）：同上面电路类似，不详细阐述。

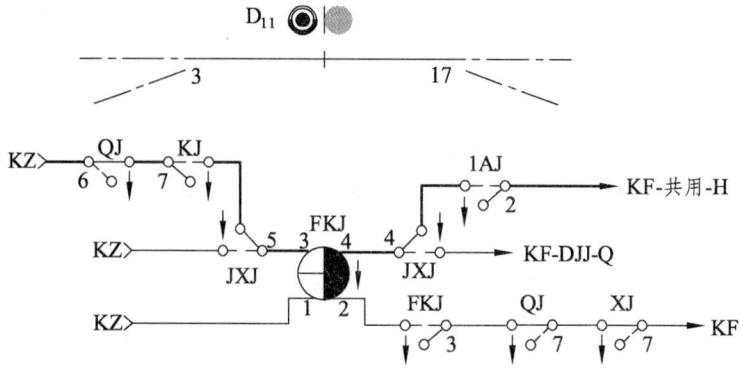

图 2-2-11　单置调车信号机用 FKJ 电路

（二）LKJ 电路

1. 设置及作用

凡是列车和调车共用一个 FKJ 的信号机处，都要增设一个 LKJ，用以区分列车进路和调车进路。

2. 电路原理（见图 2-2-12）

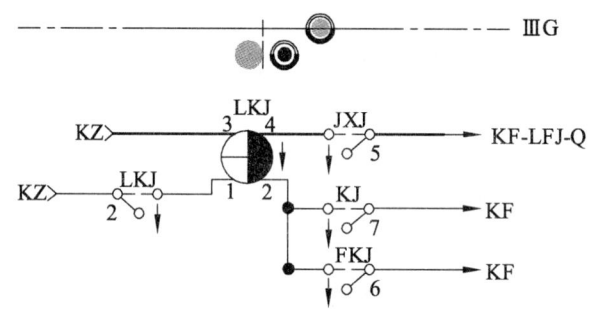

图 2-2-12　LJK 电路

例 2-3　以办理Ⅲ道向北京方向发车为例。

（1）励磁电路 $\begin{array}{l} S_{Ⅲ}JXJ\uparrow \rightarrow \\ KF\text{-}LFJ\text{-}Q\text{有电} \rightarrow \end{array} \bigg| S_{Ⅲ}LKJ\uparrow$。

（2）自闭电路。

① 当 $S_{Ⅲ}FKJ\uparrow$，用 $FKJ_{61\text{-}62}$ 构成 $S_{Ⅲ}LKJ$ 的第一条自闭电路。这条自闭电路的作用是防止 LKJ 提前失磁落下。

② 当 $S_{Ⅲ}KJ\uparrow$，用 $KJ_{71\text{-}72}$ 接点构成 $S_{Ⅲ}LKJ$ 的第二条自闭电路。这条自闭电路的作用是在后面的解锁电路中要用 LKJ 来区分列车进路和调车进路的解锁条件，所以要求进路解锁前 LKJ 要保持吸起状态。

（3）复原时机：当 $S_{Ⅲ}$ 发车进路解锁，$S_{Ⅲ}KJ\downarrow \rightarrow S_{Ⅲ}LKJ$ 缓放↓。

（三）ZJ 电路

对应每条调车进路的终端处应设一个 ZJ，用以记录调车进路的终端位置。

1. 单置、并置、尽头式调车信号机的 ZJ 电路（见图 2-2-13）

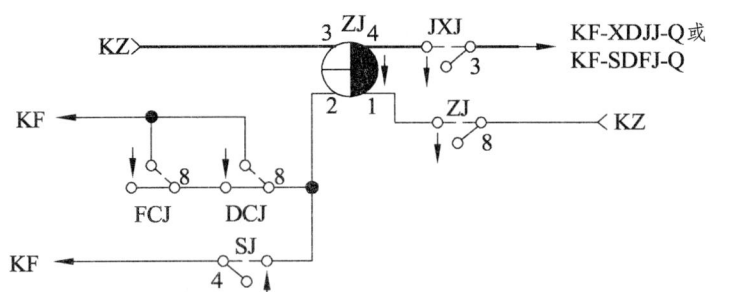

终端继电器电路原理

图 2-2-13 尽头线、并置、单置调车信号机的 ZJ 电路

（1）通过 3-4 线圈励磁：当进路选出，JXJ↑，配合方向电源有电，使 ZJ 励磁。KZ→ZJ_{3-4}→JXJ_{32-31}→KF-XDJJ-Q（或 KF-SDFJ-Q）。

（2）通过 1-2 线圈自闭。

① 第一自闭：KZ→ZJ_{81-82}→ZJ_{1-2}→DCJ_{81-82}（或 FCJ_{81-82}）→KF。

② 第二自闭：KZ→ZJ_{81-82}→ZJ_{1-2}→SJ_{43-41}→KF。

（3）失磁时机：当进路最末一道岔区段解锁后，SJ↑而使 ZJ↓。

（4）ZJ 采用缓放的原因。

由于在 SJ 转换过程中，ZJ 有一瞬间断电时间，为了使 ZJ 可靠吸起，故 ZJ 采用缓放型继电器。

2. 差置调车信号机的 ZJ 电路（见图 2-2-14）

（1）通过 3-4 线圈励磁：KZ→$D_{15}ZJ_{81-83}$→$1/19\ 2LJ_{62-61}$→D_5ZJ_{3-4}→JXJ_{32-31}→KF-XDJJ-Q。

（2）1-2 自闭电路、失磁时机同其他调车终端继电器电路。

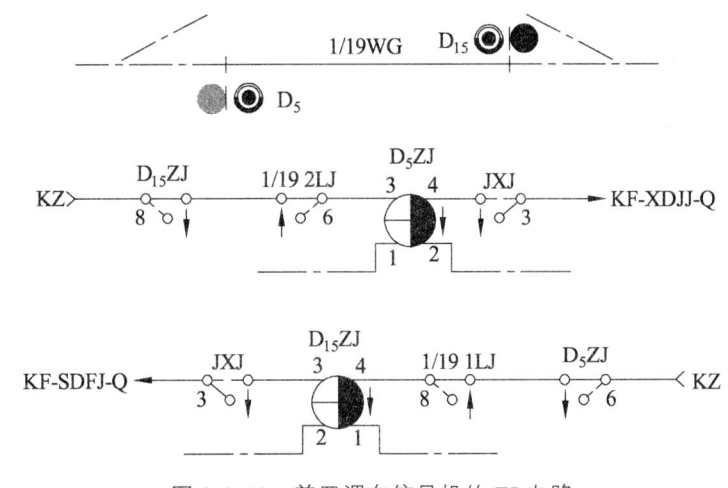

图 2-2-14 差置调车信号机的 ZJ 电路

（3）特点。

① 接入 $D_{15}ZJ_{81-83}$ 是为了保证调车进路两端不能同时向无岔区段调车。

② 接入 1/19 $2LJ_{62-61}$ 是为了防止列车追尾事故。

（四）KJ 电路

1. 设置及作用（见图 2-2-15）

凡是进路始端部位都要相应地设置一个开始继电器 KJ，进路性质不同而始端部位相同的列车信号机和调车信号机可共设一个 KJ。

用 KJ 接续记录进路的始端、检查进路选排的一致性，用 KJ 接点作为电路的区分条件。

2. 开始继电器电路原理

（1）7 线的结构和所检查的条件。

① 检查进路选排一致性的条件：用进路上各组道岔的 DCJ 和 DBJ 或 FCJ 和 FBJ 的前接点相串联来实现。

② 检查进路解锁的条件：用进路上各组道岔的 SJ 前接点来验证。

（2）KJ 电路原理。

① 列车与调车共用的 KJ 电路。

a. 励磁电路：通过 3-4 线圈励磁，由网络线终端提供 KZ 电源，网络线始端局部提供 KF 电源。KJ 吸起后，使 XJJ↑-QJJ↑-各区段 1LJ↓和 2LJ↓-各道岔 SJ↓-各道岔 DCJ↓或 FCJ↓。

由于 SJ 失磁落下，将 7 线 KJ 励磁电路切断，为保证 KJ 从进路锁闭到进路解锁这段时间内保持吸起状态而继续记录进路的始端，所以 KJ 必须具有自闭电路。

b. 自闭电路：通过 1-2 线圈自闭。

$$KZ \rightarrow \begin{vmatrix} QJJ_{41-42} \\ 2LJ_{41-43} \\ 1LJ_{41-43} \end{vmatrix} \rightarrow KJ_{1-2} \rightarrow KJ_{82-81} \rightarrow KF。$$

c. 失磁时机：待进路内方第一道岔区段解锁后，使 KJ↓。

KJ 采用缓放的原因：为了防止在电源屏主、副电源切换过程中使 KJ 失磁落下而将已经开放的列车信号关闭，所以 KJ 采用缓放型继电器。

例 2-4 以办理 X 至 IG 的接车进路为例。

励磁电路：KZ→S_I FKJ_{73-71}→23/25 DCJ_{51-52}→23/25 $1SJ_{22-21}$→23/25 $DBJF_{21-22}$→23/25 $1SJ_{11-12}$→17/19 DCJ_{51-52}→17/19 $1SJ_{22-21}$→17/19 $DBJF_{21-22}$→17/19 $1SJ_{11-12}$→$D_{13}FKJ_{71-73}$→ZJ_{73-71}→$\boxed{9/11^{\#}}$→$\boxed{13/15^{\#}}$→$\boxed{D_9}$→$\boxed{D_7}$→$\boxed{1/3^{\#}}$→$\boxed{5/7^{\#}}$→$XFKJ_{71-72}$→XKJ_{3-4}→JXJ_{73-71}→KF。

自闭电路：通过 1-2 线圈自闭。

先构成第一自闭电路：KZ→5DG QJJ_{41-42}→X KJ_{1-2}→X KJ_{82-81}→KF。

当进路锁闭，通过进路内方第一道岔区段的 1LJ↓、2LJ↓落下接点，构成第二、第三条自闭电路：KZ→5DG $1LJ_{41-42}$ 或 $2LJ_{41-42}$→X KJ_{1-2}→X KJ_{82-81}→KF。

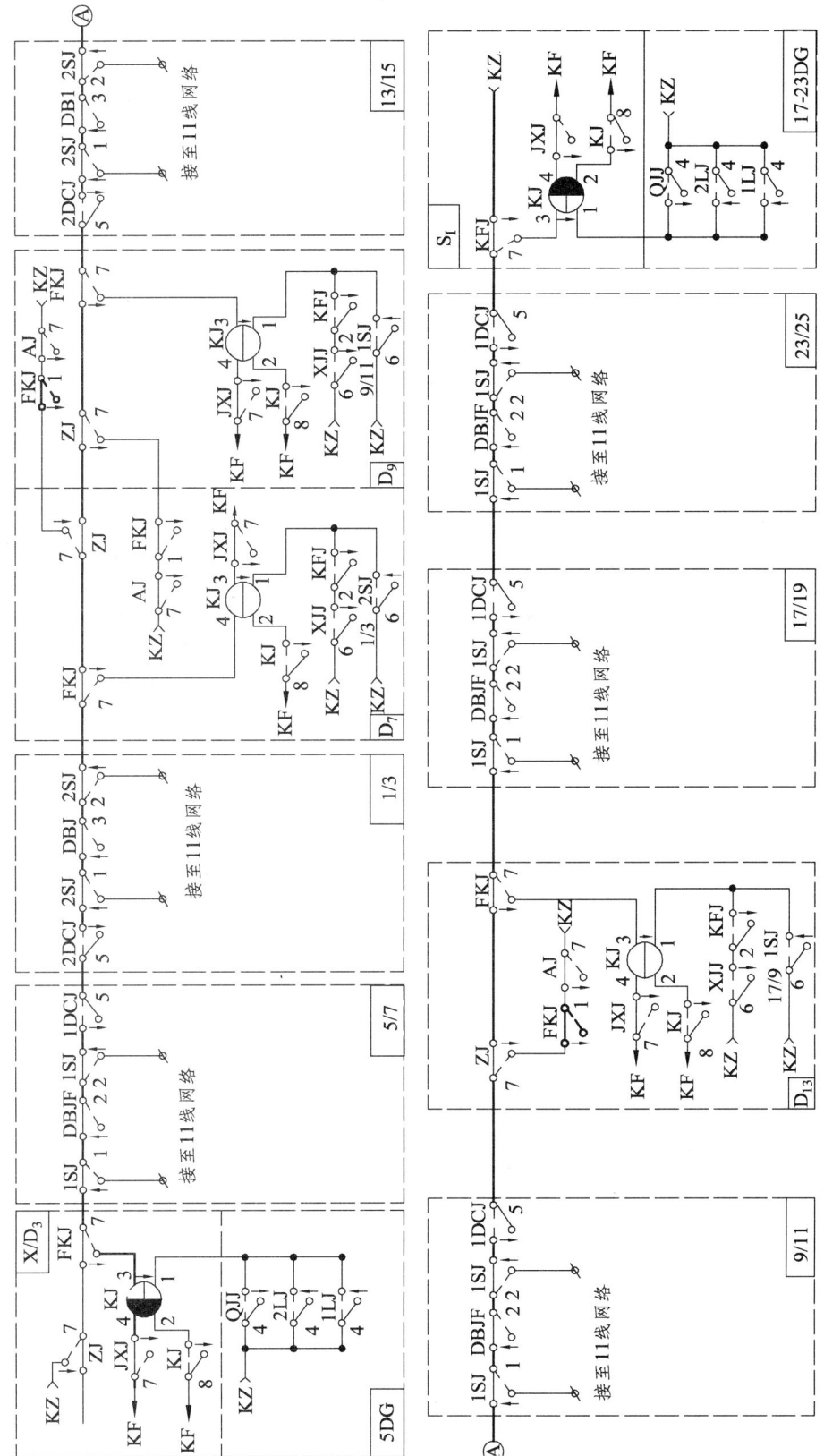

图 2-2-15 7线网络及 KJ 电路

失磁时机：列车占用 5DG→5DG QJJ↓，待 5DG（进路内方第一道岔区段）解锁后，5DG 1LJ↓、2LJ↓→KJ↓。

② 调车专用的 KJ 电路。

调车专用 KJ 与列调共用的 KJ 的不同点：调车专用的 KJ 励磁电路的 KZ 电源必须经由调车进路终端处的 ZJ 前接点提供；KJ 的 1-2 线圈自闭电路接入的控制条件是 FKJ 和 XJJ 前接点串联支路与 SJ 后接点相并联。

3. 长调车进路中采取信号机由远至近顺序开放的措施

在 KJ 电路中采取了如下两个措施。

（1）在每架调车信号机的 KJ_{3-4} 线圈励磁电路中均是经由本架信号机的 JXJ 第 7 组后接点取得 KF 电源。

（2）在每架调车信号机的 KJ_{3-4} 线圈励磁电路中都是通过前一架调车信号机的 FKJ 后接点接通 KZ 电源。即只有前一架调车信号机开放后，本架信号机才能开放，利用此措施达到由远至近开放信号的目的。

例 2-5 以办理 D_3 至ⅠG 的长调车进路为例。

选路完成以后 D_3JXJ↑、D_9JXJ↑、D_{13}JXJ↑，D_{13}XJ↑→D_{13}FKJ↓→给 D_9KJ 提供 KZ 电源，D_9XJ↑→D_9FKJ↓→给 D_3KJ 提供 KZ 电源。

长调车进路信号机由远及近开放信号

五、6502 电气集中选择组电路维护

（一）组合架分线盘检修

1. 目　的

掌握室内组合架、分线盘、移频架检修作业标准、工作要求，达到组合架、分线盘、移频架检修对信号维修人员岗位的工作要求，通过维修确保在一定的时间周期内，组合架各项性能符合行车安全的要求。

2. 适用范围

车站与区间信号工岗位。

3. 作业内容

（1）观察检查各种器材运用的状态，无异常现象，器材安装牢靠，插接良好。

（2）检查各种熔断器、阻容元件、防雷元件无过热现象。

（3）各种标牌齐全，防松措施良好。

（4）清扫室内环境卫生。

（5）逐台检查各种器材类型是否正确，有无超期，内部是否有异物，继电器接点状态是否良好。

（6）清扫检查组合架、综合架、走线架、分线盘及电缆沟槽。

（7）检查测试地线，不良者检修。
（8）检查测试防雷元件，不良者更换。
（9）检查整修防尘、防鼠设施。
（10）进行Ⅰ级测试并做记录。
（11）阻容元件、二极管检查、测试，不良者更换。
（12）双熔丝转换及熔丝容量核对，插座检查。
（13）绝缘不良，查找并处理。
（14）按周期更换器材。

4. 作业材料、工具（见表2-2-3）

表2-2-3　工具材料一览表

序号	名　　称	规格型号	单位	数量	备　注
1	对讲机		部	1	
2	毛刷		把	1	
3	活扳手	250 mm、300 mm	把	各1	
4	钢丝钳	200 mm	把	1	
5	尖嘴钳		把	1	
6	万可端子专用螺丝刀		把	1	
7	套筒	4 mm、5 mm、6 mm、8 mm	把	各1	
8	螺丝刀（一字）	75 mm、150 mm	把	各1	
9	螺丝刀（十字）	75 mm、150 mm	把	各1	
10	白布			若干	
11	常用小材料	螺母M4、M5、M6	个	各5	
12	电烙铁	50 W	把	1	

5. 检修作业程序（见表2-2-4）

表2-2-4　检修作业一览表

阶段	步骤	项　目	内容、要求及标准
天窗点前作业	1	监测数据分析	工作前，调阅微机监测，分析设备的运用状态
	2	登记	根据《电务段营业线施工及安全管理实施细则》文件要求，驻站联络员在天窗开始前40分钟，在天窗修专用"运统-46"上按照路局162号文件的登记格式和规定时间进行登记
	3	设置防护	按《电务劳动安全守则实施细则》规定，指派驻站联络员和现场防护员进行防护
	4	现场联系	与电务驻站联络员联系，互试电话，确认作业地点、设备编号及工作内容

续表

阶段	步骤	项 目	内容、要求及标准
天窗点内作业	1	组合架、分线盘检修	（1）观察检查各种器材运用的状态，器材类型正确，器材无超期，内部无异物，继电器接点接触良好，器材安装牢靠，插接良好。 （2）检查各种熔断器、阻容元件、防雷元件无过热现象。（3）各种标牌齐全，防松措施良好。 （4）清扫检查组合架、走线架、分线盘及电缆沟、室内环境卫生。 （5）检查测试地线，不良者检修。 （6）检查测试防雷元件，不良者更换。 （7）检查整修防尘、防鼠设施。 （8）阻容元件、二极管检查、测试，不良者更换。 （9）双熔丝转换及熔丝容量核对，插座检查。 （10）绝缘不良，查找并处理。 （11）按周期更换器材。 （12）进行一级测试并做记录
	2	复查销记	（1）复查各部良好，作业工具、材料未遗漏。 （2）现场防护员与驻站联络员相互确认设备正常，驻站联络员在"运统-46"上按标准格式进行销记
	3	清扫	（1）清扫室内环境卫生。 （2）清扫检查组合架、走线架、分线盘及电缆沟槽
天窗点后作业	1	问题处理	发现一时不能克服的设备故障时，记录在《设备缺点待修记录本》上，并向工长汇报

6. 作业安全风险防控措施

（1）严格执行七严禁、三不动、三不离等安全规章制度。

（2）测试工作要正确使用仪表。

（3）作业时，工具使用要注意，不要引起短路。

（4）开放信号后严禁检修各种电气设备端子。

（5）室内正工作中的电烙铁要合理放置，不要烫伤电线。

（6）机械室内站立、行走、弯腰时，必须小心，不要碰到室内继电器等设备。

6502电气集中网络线故障处理方法

选择组故障分析与处理

（二）选择组电路开路故障处理

1-6线为选岔电路，其任务是根据值班员的操作，记录操作命令，根据操作命令选择进路的全部路径，包括经过道岔的号码和位置、经过的信号点。选岔电路从左向右工作，以进路最右端信号点被选出作为整条进路被选出的标志。

（1）观察判断：观察控制台上相关表示灯的表示现象，初步判断故障可能的范围。

① 列车进路按钮表示灯闪绿光：说明该按钮被按压过，表示 LAJ 吸起。
② 出站兼调车或进站内方兼调车的调车按钮表示灯闪白灯：说明该调车按钮被按压过，表示 DAJ 吸起。
③ 单置调车按钮表示灯闪白灯：作终端表示 DXF 组合内的 1AJ 或 JXJ 吸起，作始端表示 DX 组合里的 AJ 或 JXJ 吸起。
④ 尽头式、差置或并置处调车进路按钮表示灯闪白灯：表示 AJ 或 JXJ 吸起。
⑤ 列车进路按钮表示灯亮稳定绿灯：说明该按钮作列车进路始端按钮，表示 LKJ 和 FKJ 均吸起。
⑥ 调车进路按钮表示灯亮稳定白灯：说明该按钮作调车进路始端按钮，表示 FKJ 吸起。
⑦ 进路排列表示灯亮红灯：表示 LJJ、LFJ、DJJ、DFJ 四个方向继电器中有一个方向继电器吸起。
⑧ 无论是列车进路还是调车进路，当进路按钮表示灯由闪光变为亮稳定灯光，终端按钮表示灯由闪光变为灭灯，排列进路表示灯由亮红灯变为灯灭，说明选岔电路工作正常，进路已经选出。

（2）试验分析：通过单独操纵道岔和排列与故障进路同始端不同终端进路、同终端不同始终进路以及中间重叠的短调车进路，进一步分析缩小故障范围。

（3）在组合连接图上查找出故障设备组合在组合架上的位置和在网络图上的位置。

（4）在网络图上走出故障的进路电路。

（5）借用电源用二分之一电压法沿着进路电路查找出故障点。

（6）注意事项：进路上有双动道岔反位时，注意先判断双动道岔反位是否已经选出。

案例一　选岔电路开路故障判断处理方法

若进路有一个信号点选出，KF 由 6 线从右至左送出，则说明 6 线正常，5 线有故障。5 线故障范围的确定可以根据进路中每个信号点的按钮亮灯情况来判断是否为某个信号点故障。若还要确定是否为进路中某个道岔是否选出的故障，可以把道岔单操至另一位置，再办理相应进路来确定是否为该道岔的选出故障。

若进路中没有一个信号点选出，进路中无双动反位，即排除 1、2 线和 3、4 线，这时可以初步判断为 6 线或 5 线最右端故障，则可以采用进路分段办理的方法缩小故障范围。若进路中含双动反位，则先要排除 1、2 线或 3、4 线故障，方法是将道岔单操至不同位置，观察是否能正常动作。若正常动作，说明 1、2 线或 3、4 线正常，则初步判断为 6 线或 5 线最右端故障；若不能正常动作，则该道岔的 1FCJ、2FCJ 的选出有故障。

案例二　7 网络线电路开路故障判断处理方法

KJ 设在进路的始端，KZ 电源由进路终端位置的 7 线电路提供，KF 由始端局部电路提供。故障现象：控制台上始端按钮灯亮稳光，进路上没光带点亮，排列进路表示灯灭灯。如何区分是局部电路还是 7 线故障？确定是否为网络线故障，可以采用办理与该进路有完全重叠的其他进路，若正常，则 7 线正常，故障在局部电路；否则就是 7 线故障，此时采用分段办理缩小范围。

任务三　6502电气集中执行组电路

【工作任务】

（1）能识读6502电气集中8～15网络线及局部电路原理图。
（2）能根据原理图找到实物联锁设备对应的位置（点）。
（3）能举例分析"三点检查"的内涵。
（4）能测试、分析6502电气集中8～15网络线的电气特性。
（5）能在《行车信号设备检查登记簿》上登、销记。
（6）能对6502电气集中8～15网络线进行常见故障分析与处理。
（7）能参与电务故障应急处理过程。
（8）通过学习交流，完成派工单任务（见表2-3-1和表2-3-2）。

表2-3-1　派工单007

专业班级		姓名		学号		分数	
作业内容						完成情况说明	
根据"派工单004"，在"6502电气集中电路图册"上手画下行正方向接车至Ⅱ道基本进路所有XJJ、QJJ、GJJ、XJ、SJ、1LJ、2LJJ的励磁电路、自闭电路。 X→ⅡG进路控制与电路动作步骤一览表							
序号	进路控制	控制监督对象		电路动作步骤			
5	联锁条件	三项基本联锁条件对应设备名称：		网络线及继电器名称：			
6	进路锁闭	锁闭对象名称：		9、10线QJJ、GJJ以及SJ、1LJ、2LJ			
7	开放信号	开放信号机名称及灯位、颜色：		网络线及继电器名称：			
8	进路占用	区段占用顺序：		各区段轨道继电器名称：			
9	进路解锁	区段解锁顺序：		12、13网络线 1LJ、2LJ			
10	状态表示	锁闭区段光带颜色：解锁区段光带颜色：		14、15网络线			
注意事项							
（1）工作准备方面： （2）工作要求方面： （3）查阅资料方面： （4）其他注意事项：							
存在问题描述							
理论联系实际							
本次作业内容与"企业案例"是否有相同、相近或相关联之处？请说明							

表 2-3-2　派工单 008

专业班级		姓名		学号		分数	
作业内容						**完成情况说明**	
根据"派工单 004"，排列 X 至 ⅡG 列车进路，按压进路始端 XLA 和进路终端 $S_{Ⅱ}LA$，进路始端 XLA 表示灯由闪绿灯变为亮稳定灯后不灭，终端 $S_{Ⅱ}LA$ 表示灯由闪绿灯后灭灯，中间信号点 $D_{13}A$ 表示灯由闪白灯变为灭灯，排列进路表示灯由亮红灯变为灭灯，进路均有白光带，信号不能开放。判断分析故障范围，说明故障查找方法							
注意事项							
（1）工作准备方面： （2）工作要求方面： （3）安全风险方面： （4）查阅资料方面： （5）其他注意事项：							
存在问题描述							
理论联系实际							
本次作业内容与"企业案例"是否有相同、相近或相关联之处？请说明							

【知识链接】

一、信号检查继电器电路

（一）设置与作用

在进路的始端部位，每架信号机处设置一个 XJJ，列车和调车的始端在一起时，可以共设一个 XJJ。

信号检查继电器电路

用以检查开放信号的三项基本联锁条件：进路空闲、道岔位置正确、敌对进路未建立。在取消进路或人工解锁时，用 XJJ 来检查列车或车列是否占用过进路；在调车进路的接近区段无车占用时，用 XJJ 来防止调车进路内轨道电路故障时，使进路错误解锁。

（二）第 8 网络线上的联锁条件

（1）进路上的各轨道电路区段空闲：用各轨道区段的 DGJ 前接点来实现。

（2）道岔位置正确：用进路始端 KJ 前接点来间接检查道岔位置正确。各道岔 DBJ 或 FBJ 接点主要是起区分进路的作用。

（3）敌对进路未建立：用敌对信号机的 KJ 后接点来实现本咽喉的敌对进路未建立，在 8 线上相当股道部位处串接对方咽喉的 ZCJ 前接点来实现对方咽喉的敌对进路未建立。

（4）检查超限绝缘条件。

（三）电路原理（见图 2-3-1）

（1）XJJ 通过 3-4 线圈励磁，局部供 KZ 电源，网络终端供 KF 电源。

（2）XJJ 励磁吸起后，通过 3-4 线圈自闭。

（3）失磁时机：当车压入进站信号机内方 IAG 时，使 XJJ 失磁落下。

（4）列调共用 XJJ 的七条局部电路。

① 建立进路时，XJJ 的励磁电路：$KZ \to LAJ_{61-63} \to DAJ_{61-63} \to FKJ_{11-12} \to QJ_{13-11} \to XJJ_{3-4} \to 8$ 线 $\to KF$。

② 当 LXJ 吸起后，XJJ 的列车保持电路：$KZ \to LXJ_{11-12} \to QJ_{13-11} \to XJJ_{3-4} \to 8$ 线 $\to KF$。

③ 当 DXJ 吸起后，XJJ 的调车自闭电路：$KZ \to XJJ_{11-12} \to DXJ_{11-12} \to QJ_{13-11} \to XJJ_{3-4} \to 8$ 线 $\to KF$。

④ 当办理取消时，XJJ 的吸起电路：$QJ\uparrow \to XJJ\downarrow$，而后再使 XJJ 吸起，$KZ \to JYJ_{12-11} \to QJ_{12-11} \to XJJ_{3-4} \to 8$ 线 $\to KF$。

⑤ 当办理人解时，XJJ 的吸起电路：$QJ\uparrow \to XJJ\downarrow$，而后再使 XJJ 吸起，$KZ\text{-}RJ\text{-}H \to JYJ_{13-11} \to QJ_{12-11} \to XJJ_{3-4} \to 8$ 线 $\to KF$。

⑥ 当办理人解时，XJJ 的自闭电路：$KZ \to LXJ_{11-13} \to DXJ_{21-23} \to QJ_{61-62} \to JYJ_{23-21} \to XJJ_{1-2} \to XJJ_{32-31} \to JYJ_{31-33} \to 8$ 线 $\to KF$。

⑦ 办理调车进路，XJJ 励磁吸起后，当接近区段无车时，可以构成 XJJ_{1-2} 线圈自闭电路：$KZ \to LKJ_{21-23} \to JYJ_{22-21} \to XJJ_{1-2} \to XJJ_{32-31} \to JYJ_{31-32} \to QJ_{53-51} \to JYJ_{51-52} \to KF$。

（5）XJJ_{1-2} 线圈自闭电路的作用。

它是专作防护调车进路错误解锁用的。当 XJJ 励磁吸起后，在接近区段无车占用的情况下，XJJ 有了 1-2 线圈自闭电路，XJJ 则不受 8 线的控制，即使进路内任一轨道区段人工短路，XJJ 仍能自闭吸起而切断其调车中途返回解锁电路，防止进路错误解锁。

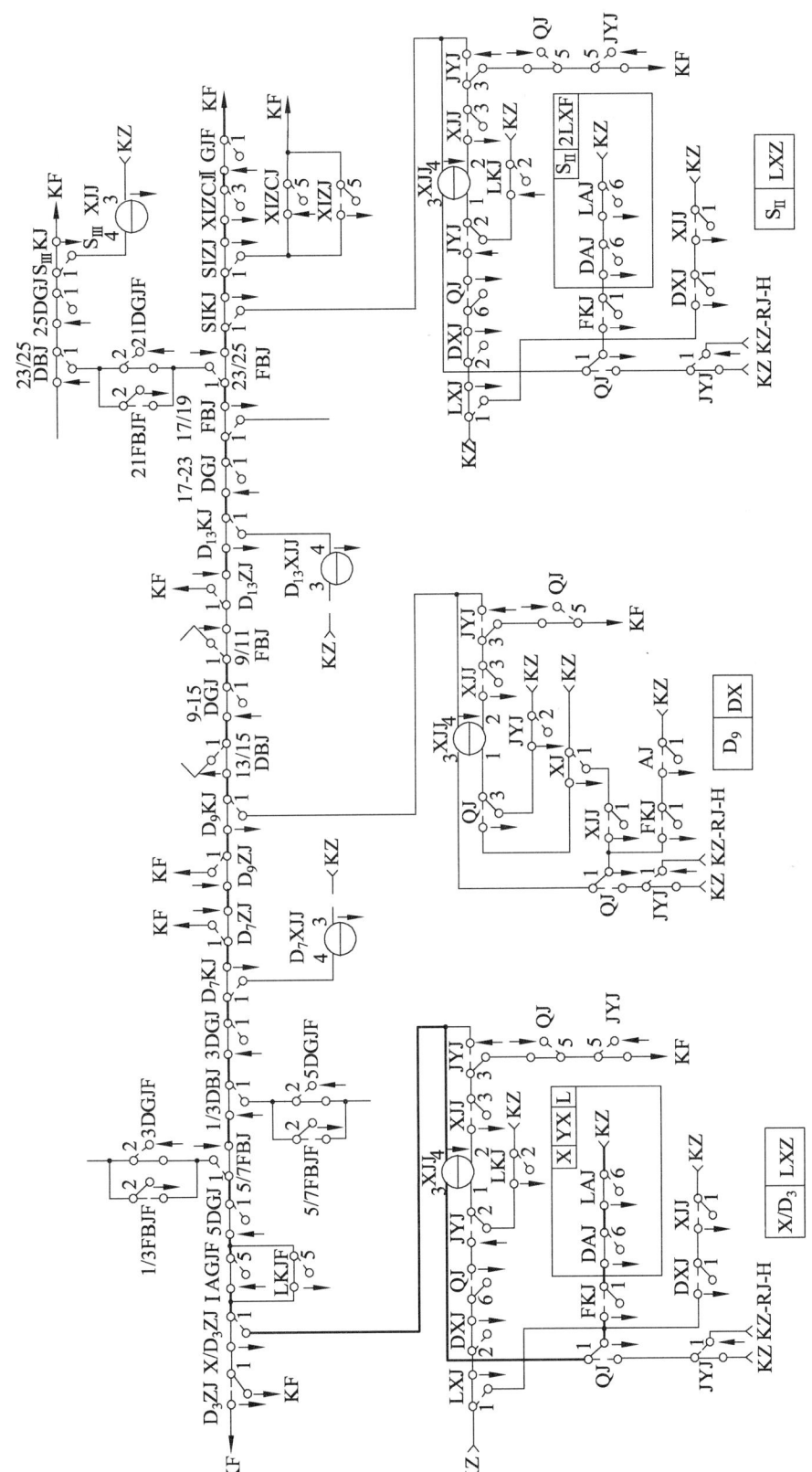

图 2-3-1 8线网络及 XJJ 局部电路

二、区段检查继电器和股道检查继电器电路

（一）QJJ 的设置与作用

对应每个道岔区段和列车进路所经过的差置调车信号机之间的无岔区段设置一个 QJJ。

为锁闭进路上的各组道岔和本咽喉的敌对进路准备条件；在进路解锁过程中，用 QJJ 落下来为进路解锁准备条件。

（二）GJJ 设置与作用

（1）对应每一股道两端的信号机要设置一个 GJJ，放在 1LXF 或 2LXF 组合内，当向股道排列进路时，为锁闭另一咽喉的敌对进路准备条件。

（2）对于单线进站信号机，也需设置一个 GJJ，放在 1LXF 内。在取消解锁或人解时，用 GJJ 吸起接通 13 线的解锁电源，以便进路解锁。

（3）在有两个发车方向的咽喉，其主要发车口处也设置一个 GJJ，放在 L 组合内，其作用是用 GJJ 前接点接通后续的信号辅助继电器 XFJ 和主信号继电器 ZXJ 电路，为开放向主要线路口发车信号电路用。

（三）第 9 网络线与 QJJ、GJJ 的励磁电路

电路如图 2-3-2 所示，其网络结构如下。

（1）由各组道岔的 DBJ 和 FBJ 第 2 组接点来区分进路，构成站场式网络。

（2）同一咽喉区的各个道岔区段的 QJJ_{3-4} 线圈和出站信号机处 GJJ_{1-2} 线圈均并接在第 9 网络线上。

（3）第 9 网络线的 KZ 电源是从进路始端部位经由 XJJ_{22} 送入的，送电方向由进路始端直至终端。

（四）第 9 网络线与 QJJ、GJJ 的失磁时机

（1）当车压入本区段时，本区段的 FDGJ↑，使本区段的 QJJ↓。

（2）当车压入进站信号机内方第一区段时，使 XJJ 失磁落下，从而使 GJJ↓。

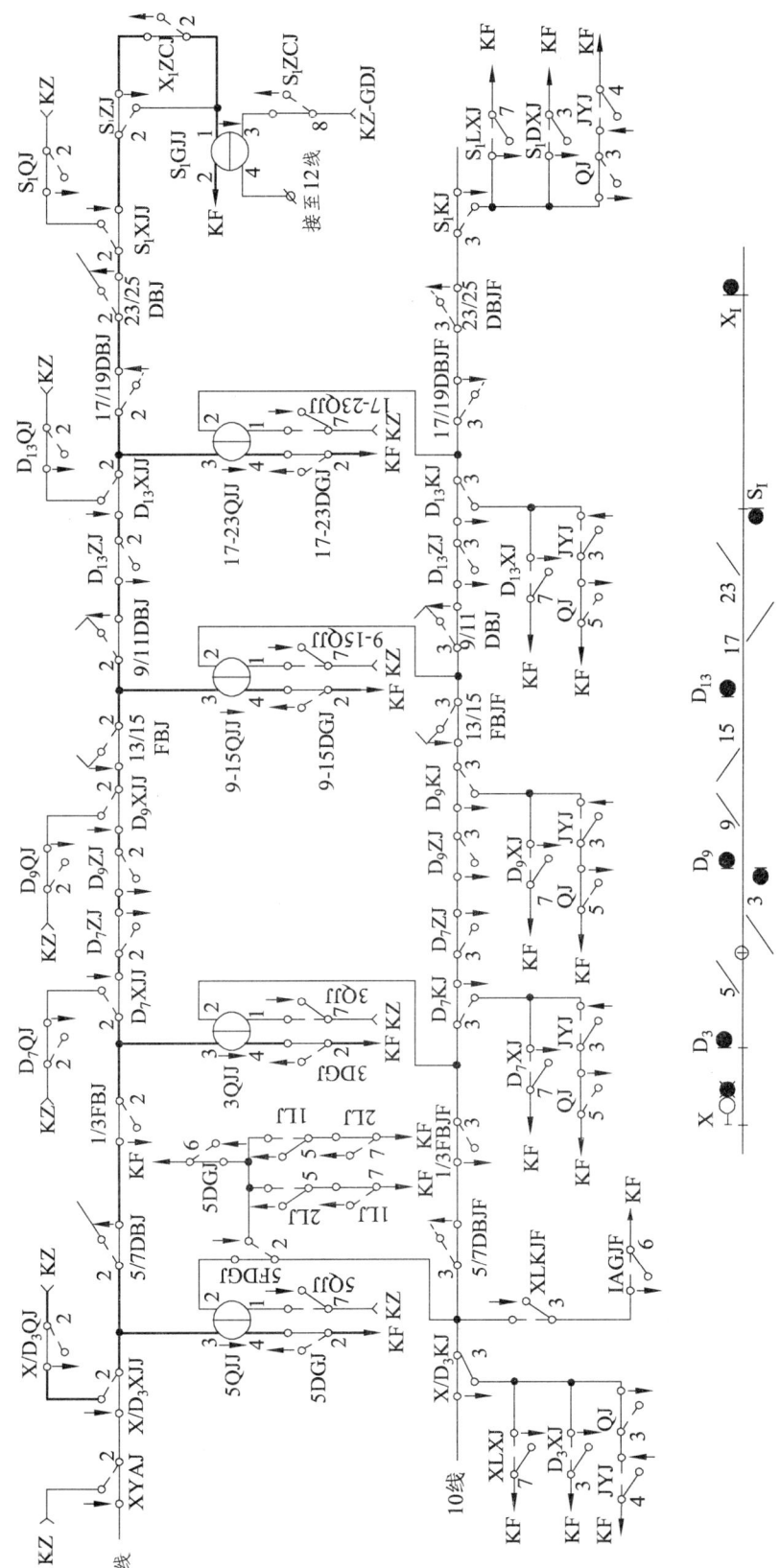

图 2-3-2 9、10 线网络

（五）第 10 网络线与 QJJ 的自闭电路

1. 作　用

对于 QJJ 仅有 9 线网络的励磁电路是不安全的。当车进入信号机内方时，XJJ 将随着 DGJ 的失磁而落下，于是进路中所有的 QJJ 将一起落下。对于车还未到达的运行前方各道岔区段来说，这些区段的 QJJ 落下，就意味着会提前解锁，是十分危险的。利用 10 线网络构成 QJJ 的自闭电路，就可以达到防止列车迎面错误解锁的目的。

2. 电路原理

从 9、10 线网络图可看出 10 线网络的结构如下。

（1）用 DBJF 或 FBJF 的接点区分网络的站场形状。

（2）本咽喉区的 QJJ_{1-2} 线圈都并接在 10 线网络上。

（3）由 10 线网络的进路始端部位经 KJ 第 3 组前接点接入 KF 电源，一直供电至进路终端。如果调车进路终端在咽喉中间，用 ZJ 第 3 组后接点断开网络。

（4）为防止迎面错误解锁，由车占用区段的轨道反复示继电器 FDGJ 前接点向 10 线网络分别接入 KF 电源。因为并接在 10 线网络上的 QJJ_{1-2} 线圈是由本身的第 7 组前接点接通电路的，所以把 10 线称为 QJJ 自闭用的网络线。QJJ 能否自闭，关键在于 10 线网络是否有电和车是否占用该区段。

三、信号继电器电路

（一）接近预告继电器电路

1. 设置与作用

对应每架信号机均要设置一个 JYJ，对于进站信号机内方设一无岔区段和同方向调车信号机时，可共设一个 JYJ。列车信号机的 JYJ 放在 LXZ 内，调车信号机的 JYJ 放在 DX 内。

JYJ 在信号开放后用来反映接近区段有无车占用。在信号开放后，若接近区段空闲，则用 JYJ↑构成预先锁闭状态；若接近区段有车占用，则用 JYJ↓构成接近锁闭状态。

2. 调车专用 JYJ 电路（见图 2-3-3）

（1）JYJ 平时靠 1-2/3-4 线圈自闭保持吸起。

KZ→JYJ_{1-2}→KJ_{23-21}→KF 或 KZ→JYJ_{1-2}→XJ_{33-31}→JYJ_{41-42}→KF/KZ→JYJ_{3-4}→$DGJF_{41-42}$→KF。

（2）当信号开放后，若接近区段无车，则断开 1-2 线圈自闭电路、靠 3-4 线圈吸起。

KZ→JYJ_{3-4}→$DGJF_{41-42}$→KF。

若接近区段有车，则 JYJ↓，构成接近锁闭状态。

（3）当车出清接近区段，通过 $DGJF_{42}$ 使 JYJ 由 3-4 线圈励磁吸起。当信号关闭，进路解锁后 XJ↓和 KJ↓，从而接通 JYJ_{1-2} 线圈自闭电路。

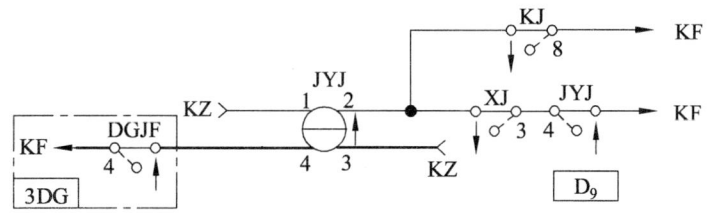

图 2-3-3 调车信号点 JYJ 电路

3. 列调共用 JYJ 电路

例 2-6 以正线出站兼调车用 JYJ 电路为例，如图 2-3-4 所示。

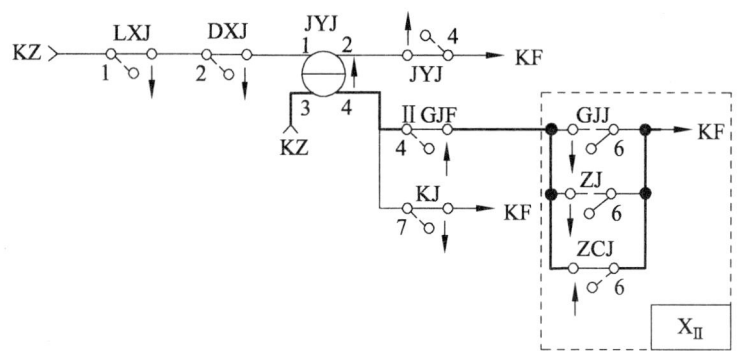

图 2-3-4 正线出站兼调车用 JYJ 电路

（1）JYJ 平时靠 3-4/1-2 线圈自闭保持吸起。

KZ→LXJ$_{11-13}$→D$_3$XJ$_{21-23}$→JYJ$_{1-2}$→JYJ$_{42-41}$→KF/KZ→JYJ$_{3-4}$→ⅡGJF$_{41-41}$→ZCJ$_{62-61}$→KF 或 KZ→JYJ$_{3-4}$→KJ$_{71-73}$→KF。

（2）接近区段有车占用ⅡGJF↓切断 3-4 线圈自闭 1。

办理调车或发车进路时，KJ↓切断 3-4 线圈自闭 2。

信号开放，LXJ↓或 LXJ↓切断 1-2 线圈自闭。

（二）照查继电器电路

1. 设置与作用

对应每一接车股道的两端信号机处，各设置一个 ZCJ；单线进站信号机处也设一个 ZCJ。

ZCJ 是用来反映是否向股道建立进路，从而用 ZCJ 来对同一股道的迎面敌对进路实行相互照查、相互锁闭。

2. 电路原理

电路如图 2-3-5 所示。

ZCJ 平时处于吸起状态，反映本咽喉未向股道建立接车或调车进路，用 ZCJ↓反映本咽喉已向股道建立了接车进路或调车进路。

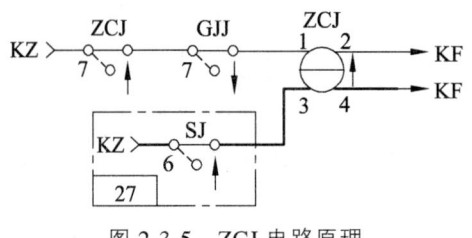

图 2-3-5 ZCJ 电路原理

例 2-7 以 S_4ZCJ 为例。

（1）ZCJ 平时靠 1-2 线圈保持吸起状态。

（2）当 $X \rightarrow S_4$ 建立接车或调车进路时，由于 $S_4GJJ\uparrow$、$27^{\#}SJ\downarrow$，使 $S_4ZCJ\downarrow$，从而使上行咽喉的迎面敌对进路的 XJJ 无法励磁，达到锁闭迎面敌对进路的目的。

（3）待进路最末道岔解锁时，即 $27^{\#}SJ\uparrow$，使 S_4ZCJ 励磁；后又经 1-2 线圈自闭吸起。

3. 条件分析

（1）ZCJ 电路中的 GJJ 和 SJ 两个接点条件都是不可少的。

若只用 $GJJ\uparrow$ 状态，并不能完全说明已向股道建立进路，若 SJ 因故未落下，而 ZCJ 随着 GJJ 吸起而落下，则错误锁闭了另一咽喉向股道建立进路。

若只用 SJ 前接点控制 3-4 线圈电路，而由股道向外发车或调车时，$27^{\#}SJ\downarrow$，导致 $ZCJ\downarrow$ 而错误锁闭另一咽喉向股道建立进路。

（2）ZCJ_{72} 的作用：防止当车一压入内方后 $GJJ\downarrow$，使 ZCJ 经由 1-2 线圈提前励磁吸起，从而造成提前解锁另一咽喉的迎面敌对进路。

（三）信号继电器电路

1. 设置与作用

对应每架信号机均要各设一个信号继电器 XJ，列车信号机设一个 LXJ，放在 LXZ 组合内，调车信号机设一个 DXJ，放在 DX 组合内。对应每架出站兼调车信号机要设置 LXJ 和 DXJ 两个信号继电器，均放在 LXZ 组合内。

检查开放信号的所有联锁条件，用 XJ 接点来直接控制信号机的显示，向机务人员发出行车命令。

2. 第 11 网络线上的联锁条件（见图 2-3-6）

（1）开放信号时，必须检查进路在空闲状态，列车用 XJJ_{42} 来实现，调车用各区段的 DGJ_{12} 来实现。

（2）开放信号时，必须检查敌对进路在未建立状态，并且确实被锁在未建立状态下。本咽喉用 KJ_{43}、SJ_{13}、SJ_{23} 来实现；另一咽喉用 GJJ_{23}，本咽喉的 ZCJ_{43}、GJJ_{42} 来实现。

（3）开放信号时，必须检查进路上的道岔位置正确，并且确实被锁在规定位置上，用各组道岔的 DBJ 或 FBJ 前接点，$1SJ_{13}$、$1SJ_{23}$ 或 $2SJ_{13}$、$2SJ_{23}$ 来实现。

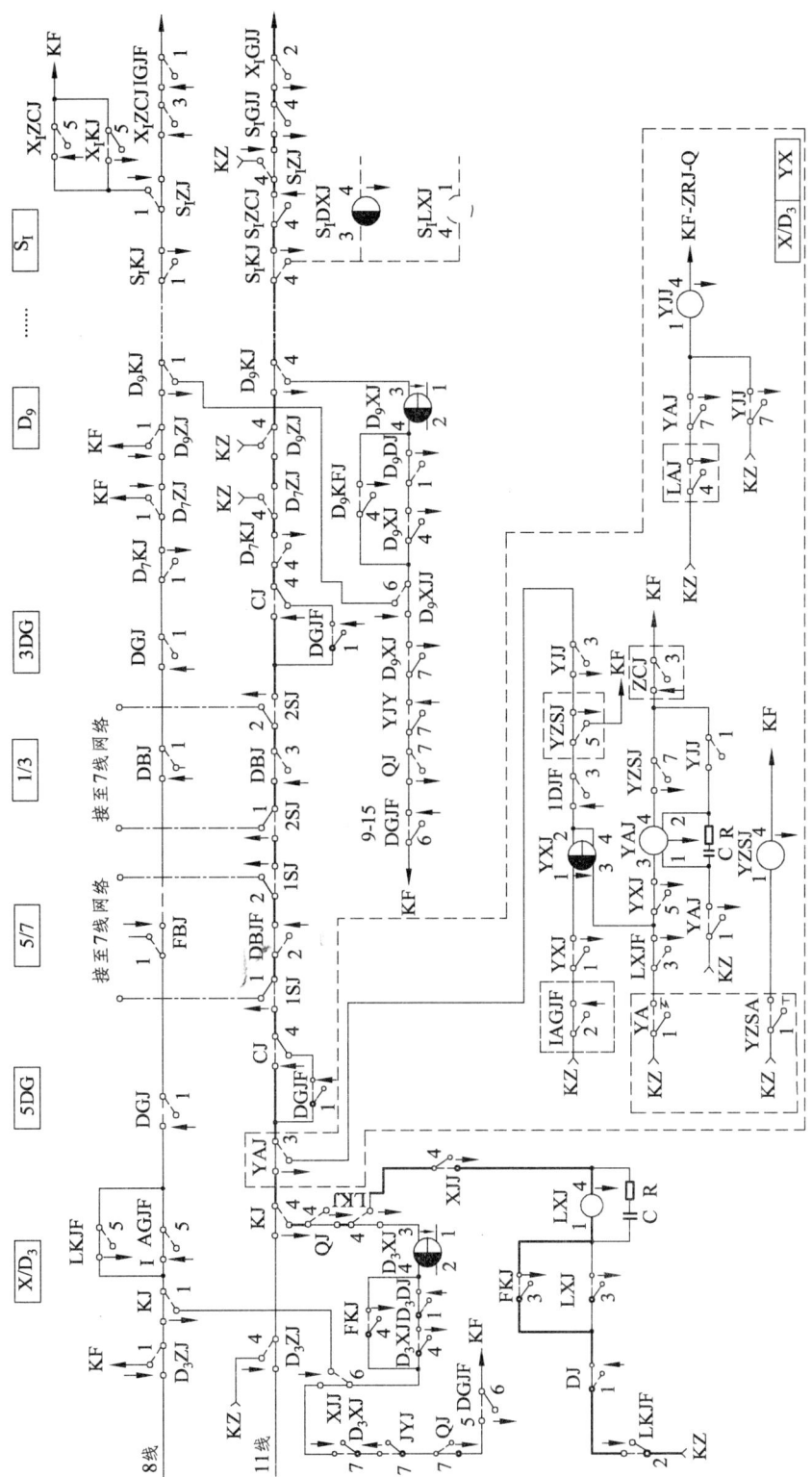

图 2-3-6 信号继电器电路（11线网络）

（4）车站信号必须在值班人员的操纵下才能开放，信号关闭后应能防止自动重复开放，用 FKJ_{32} 来实现。

（5）列车信号应在列车进入进路后立即自动关闭，用 XJJ_{42} 来实现。

调车信号：当调车车列完全出清接近区段而进入调车信号机内方时，利用 JYJ_{42} 切断白灯保留电路，使信号机后自动关闭。当接近区段保留有车时，必须等车出清机内第一个区段后，用该区段 $DGJF_{62}$ 切断白灯保留电路，使信号机自动关闭。

（6）取消进路或人工解锁进路时，信号应随之关闭，用 QJ_{43} 来实现。

（7）信号机的允许灯光（黄灯或绿灯）因故障熄灭时，应自动改点禁止灯光（红灯），用 DJ_{12} 来实现。

（8）进站或正线出站开放信号时，应检查红灯灯丝完整；在红灯灯丝断丝时，不准再开放允许信号，用 DJ_{12} 来实现。

3. 电路原理

例 2-8　以 X→ⅠG 接车为例。

LXJ 通过 1-4 线圈励磁。该励磁电路是局部供 KZ 电源，网络线终端供 KF 电源。LXJ 励磁电路涉及 7 线和 11 线。LXJ 励磁吸起后，通过 1-4 线圈自闭。

当车压入进站信号机内方 IAG 时，使 XJJ 失磁落下，用 XJJ_{42} 切断 LXJ 电路，从而使 LXJ 失磁落下。

例 2-9　以 D_{13}→ⅠG 调车为例。

DXJ 通过 3-4 线圈励磁。该励磁电路是 11 线供 KZ 电源，8 线供 KF 电源。DXJ 励磁电路涉及 7 线、8 线和 11 线。涉及 8 线的原因：由于调车的 XJJ 设有脱离 8 线的 1-2 线圈的自闭电路，故 XJJ 的吸起状态不能反映进路的空闲，因此在开放信号时要由 XJJ_{42} 接入 8 线重新检查进路空闲。

DXJ 励磁吸起后，通过 3-4 线圈自闭。DXJ_{1-2} 线圈是作为非进路调车或局部控制用。

失磁时机：当调车车列完全出清接近区段而进入调车信号机内方时，利用 JYJ_{42} 切断白灯保留电路，使信号机自动关闭；当接近区段保留有车时，必须等车出清机内第一个区段后，用该区段 $DGJF_{62}$ 切断白灯保留电路，使信号机自动关闭。

信号继电器电路

列车信号继电器电路

调车信号继电器电路

四、解锁电路

（一）解锁单元电路（见图 2-3-7～图 2-3-10）

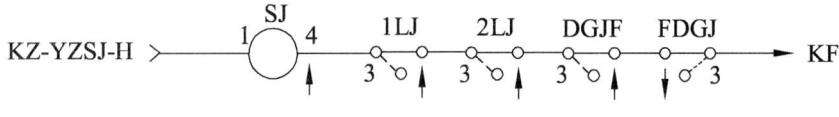

图 2-3-7　锁闭继电器电路

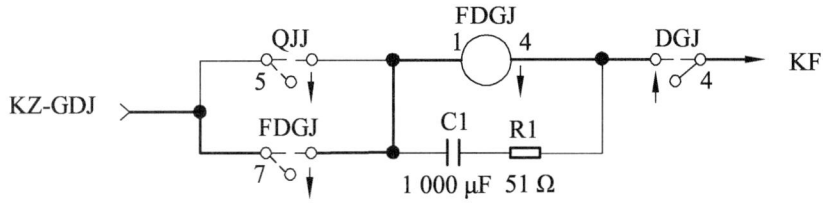

图 2-3-8　轨道反复示继电器电路

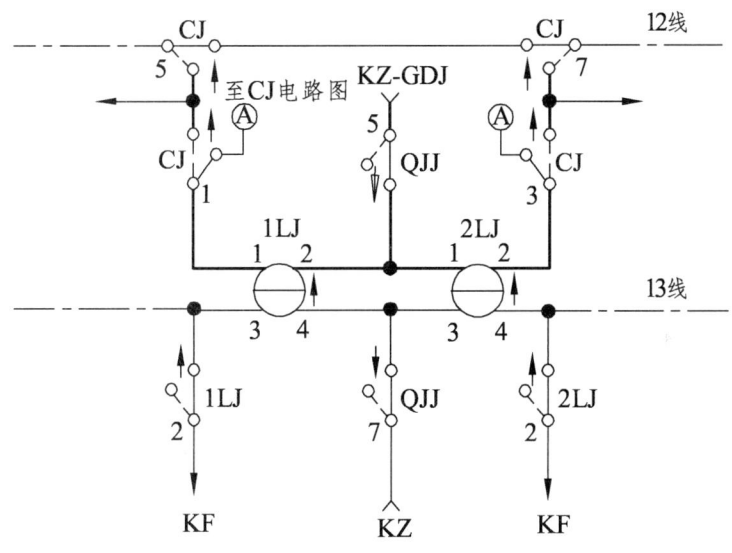

图 2-3-9　进路继电器局部电路

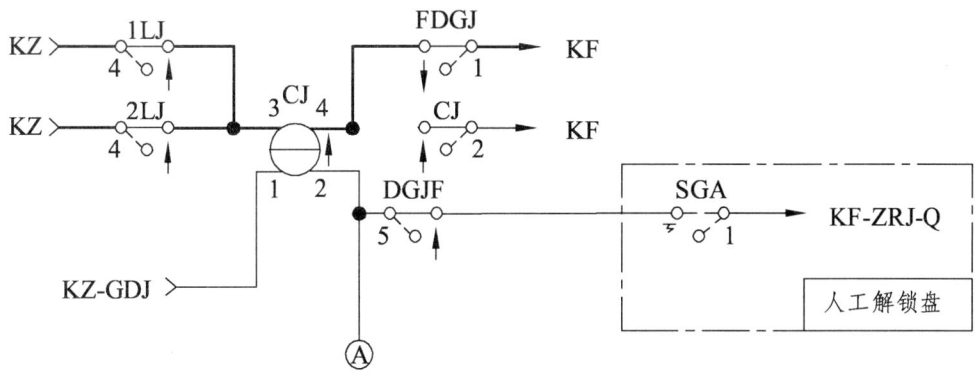

图 2-3-10　传递继电器电路

（二）列车进路的正常解锁

6502 电气集中进路解锁采用逐段解锁方式。当进路锁闭后，防护进路的信号机开放，列车或调车车列驶入进路使信号机自动关闭，在顺序占用和出清进路上的轨道电路区段后，各区段自动解锁，这种解锁称为进路的正常解锁。进路的解锁是有条件的，符合解锁条件，进路才能解锁。

进路解锁的三点检查

1. 正常解锁的条件

（1）防护进路的信号机关闭。

（2）必须满足三点检查。

三点检查如图 2-3-11 所示。

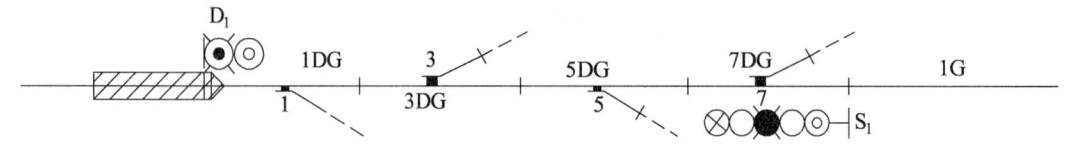

图 2-3-11　三点检查示意图

进路锁闭后，列车或调车车列驶入进路，进路在正常解锁前首先应关闭信号，以防止后续列车或调车车列驶入正在解锁的进路危及行车安全。

采用逐段解锁方式时，解锁的对象是进路上的轨道电路区段。因此，可以用轨道电路区段的 DGJ 一度落下后又吸起作为列车顺序占用和出清区段的证明。

用一段轨道电路的 DGJ 落下后又吸起证明列车曾占用过并已出清区段的方法，叫作一点检查。用一点检查作为轨道区段解锁的条件是不安全的。因为轨道电路故障后又恢复正常，或轨道电路人工短路时，也会使该区段 DGJ 一度落下后又吸起，而无法与一点检查相区别。

用相邻的两个轨道区段的 DGJ 落下后又吸起证明列车占用过进路的方法叫作两点检查。用两点检查作为轨道区段解锁的条件也存在问题，因为轨道电路采用极性交叉来防护绝缘破损，当相邻轨道电路之间的绝缘破损时，使得两个 DGJ 同时落下，此后因邻线行车振动可能使破损的绝缘恢复正常，又会使两个 DGJ 重新吸起，从而造成区段错误解锁。显然，两点检查的方法不安全，一般也不采用。

采用三点检查使轨道区段解锁，是安全有效的方法。所谓三点检查，就是用相邻的三个轨道区段作为解锁的检查条件。一个区段的解锁不仅要检查列车占用过并且已出清本区段，还要检查列车占用过并且已出清前一区段，而且已进入后一区段。

从图 2-3-11 中可以看出，以 3DG 区段为解锁对象，必须检查调车车列占用并出清 1DG 区段，占用并出清 3DG 区段，且占用 5DG 区段，此时 3DG 区段才能解锁。

用两个进路继电器来进行正常解锁三点检查。例如从左向右解锁进路，当列车占用过并已出清前一区段且占用本区段时，1LJ 吸起，做好检查第一点的占用和出清以及第二点占用的记录；当列车出清本区段并占用后一个区段时，2LJ 吸起，做好第二点出清和第三点被占用的记录。这样 1LJ 和 2LJ 都吸起，就完成了被解锁区段的三点检查。反之，从右向左解锁进路时，用 2LJ 先吸起作为列车占用过并已出清前一区段且占用本区段的记录，用 1LJ 后吸起作为列车出清本区段并占用后一区段的记录。

在进路的正常解锁中，也存在着两点检查和一点检查后轨道区段就解锁的情况。例如，对于由股道办理的调车进路和列车进路，以及由尽头线或无岔区段办理的调车进路，由于股道、尽头线及无岔区段都允许停有车辆，所以进路内方第一个轨道区段的解锁不能检查其前一区段的车辆出清情况，此时只能实现两点检查。

对于调车进路中仅有一个道岔区段，其接近区段是股道或尽头线，最后一个区段是无岔区段的情况时，该道岔区段的解锁只能实现一点检查。

2. 列车进路的正常解锁

第 12、13 网络线为解锁网络，如图 2-3-12 所示。

（1）接车进路的正常解锁。

例 2-10 以 X→ⅠG 接车为例。在进路建立，X 进站信号机开放，列车驶入进路，当列车第一轮对越过 X 进站信号机时，X 进站信号机自动关闭。进路的第一个区段为无岔区段、未设 Q 组合，也没有 LJ，解锁电路先不动作。列车占用 5DG，5DG 区段的 1LJ 在出清 IAG 区段（IAGJ 励磁、IAG/FDGJ 缓放）和本区段被占用时吸起，5DG 区段的 2LJ 在出清本区段和占用 3DG 时吸起，实现两点半检查。列车占用 3DG，3DG 区段的 1LJ 在 5DG 被车占用出清和本区段被占用时吸起，3DG 区段的 2LJ 在出清本区段和占用 9-15DG 时吸起，实现三点检查。接车进路的最后一个道岔区段 17-23DG 区段也能实现三点检查。

各区段进路继电器动作顺序为

5DG/1LJ↑→5DG/2LJ↑→3DG/1LJ↑→3DG/2LJ↑→9-15DG/1LJ↑→9-15DG/2LJ↑→17-23DG/1LJ↑→17-23DG/2LJ↑。

对应网络线工作：12 线→13 线→12 线→13 线→12 线→13 线→12 线→13 线。

各区段的锁闭继电路动作顺序为

$$5/7^{\#} \ 1SJ\uparrow \to 1/3^{\#} \ 2SJ\uparrow \to \begin{vmatrix} 9/11^{\#} \ 1SJ\uparrow \\ 13/15^{\#} \ 2SJ\uparrow \end{vmatrix} \to \begin{vmatrix} 17/19^{\#} \ 1SJ\uparrow \\ 23/25^{\#} \ 1SJ\uparrow \end{vmatrix}$$

利用 CJ 的缓动特性瞬间传递解锁电源，进路由始端向终端逐段解锁。

（2）发车进路的正常解锁。

例 2-11 以上行ⅠG 发车进路为例。在进路建立，S_1 出站信号机开放，列车出发驶入进路，当列车第一轮对越过 S_1 出站信号机时，S_1 信号机自动关闭。进路的第一个区段实现两点检查，即本区段 17-23DG 被列车占用使 17-23/2LJ 吸起作为第一点检查，下一个区段 9-15DG 被占用和本区段的出清使 17-23/1LJ 吸起作为第二点检查。发车进路的最后一个道岔区段 5DG 区段也能实现三点检查，5DG 区段的 2LJ 在出清 9-15DG 区段和本区段被占用时吸起，5DG 区段的 1LJ 在出清本区段和 IAG 区段被占用时吸起。

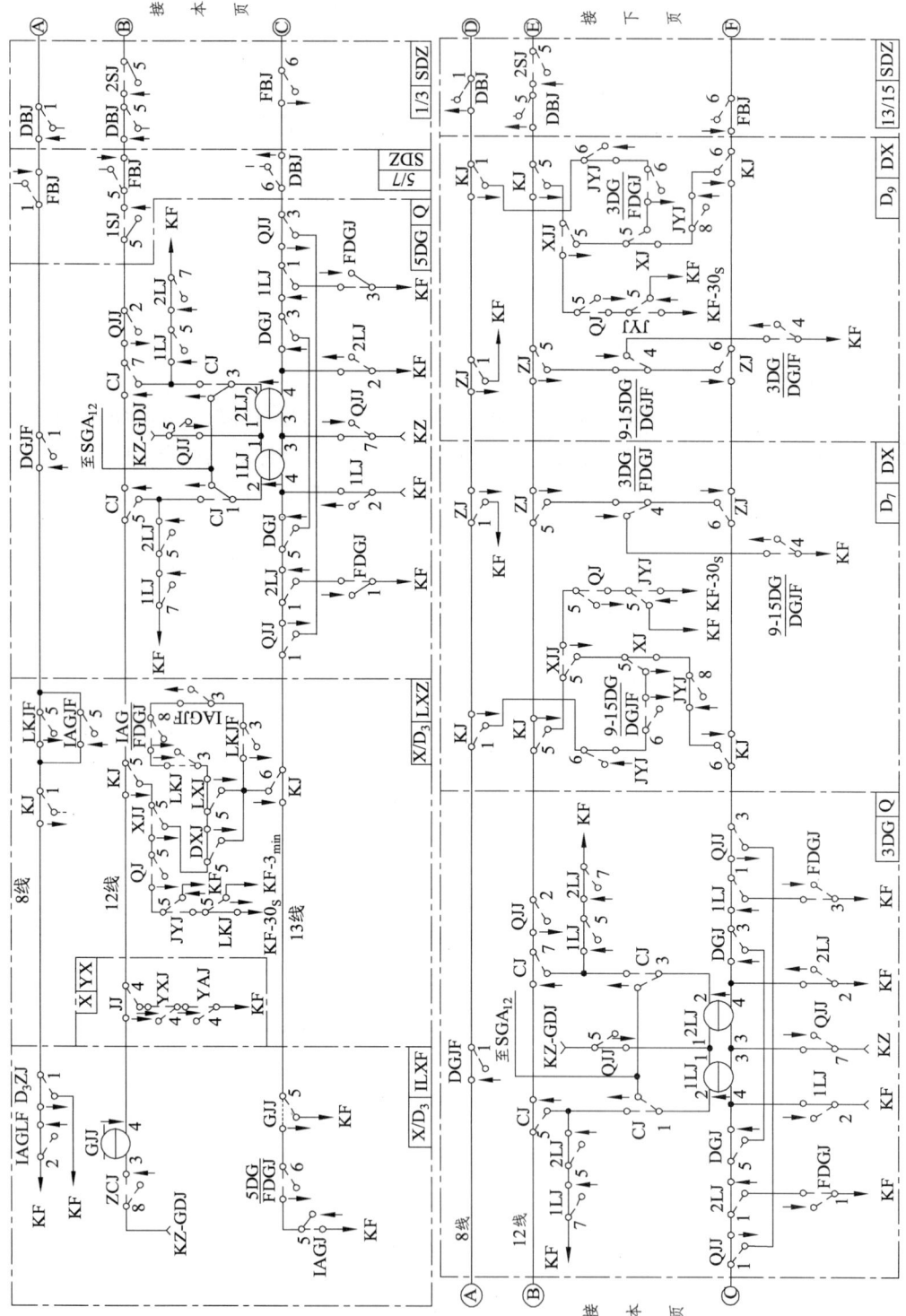

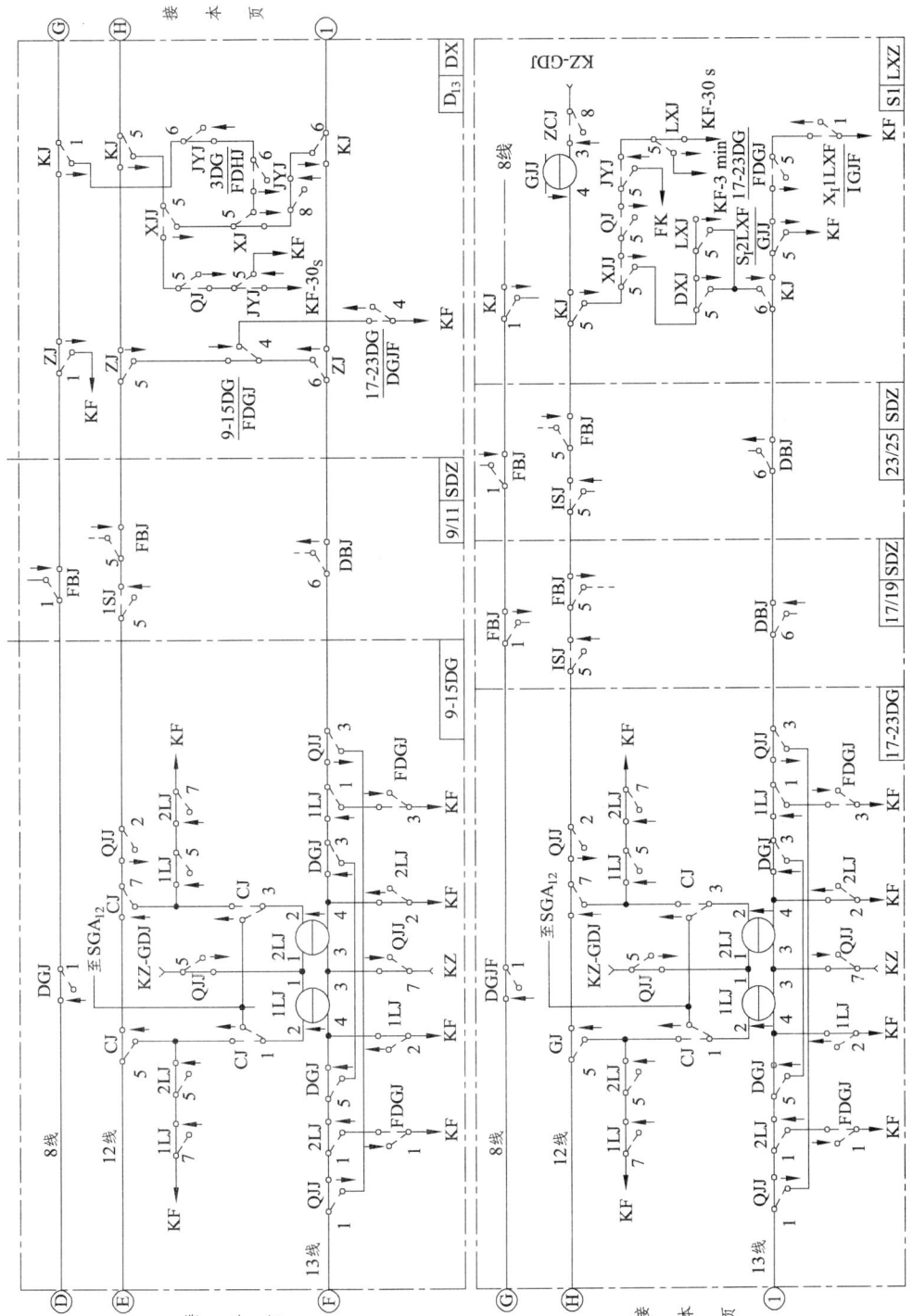

图 2-3-12 解锁网络图

各区段进路继电器动作顺序为

17-23DG/2LJ↑→17-23DG/1LJ↑→9-15DG/2LJ↑→9-15DG/1LJ↑→3DG/2LJ↑→3DG/1LJ↑→5DG/2LJ↑→5DG/1LJ↑。

对应网络线工作：12 线→13 线→12 线→13 线→12 线→13 线→12 线→13 线。

各区段的锁闭继电路动作顺序为

$\left. \begin{array}{l} 17/19^{\#}\ 1SJ\uparrow\rightarrow \\ 23/25^{\#}\ 1SJ\uparrow\rightarrow \end{array} \right| \left. \begin{array}{l} 9/11^{\#}\ 1SJ\uparrow \\ 13/15^{\#}\ 2SJ\uparrow \end{array} \right| 1/3^{\#}\ 2SJ\uparrow\rightarrow 5/7^{\#}\ 1SJ\uparrow。$

利用 CJ 的缓动特性瞬间传递解锁电源，进路由始端向终端逐段解锁。

（三）列车进路的取消解锁

1. 取消解锁的条件

信号开放后列车还没有接近，即进路处于预先锁闭状态时，需使进路解锁，采用取消进路方式。取消进路时必须符合以下条件才准许进路解锁：

（1）办理了取消进路的手续（QJ↑）。

（2）证明信号已经关闭（XJ↓）。

（3）证明列车确实没有驶入接近区段（JYJ↑);

（4）进路空闲（XJJ↑）。

2. 接车进路的取消解锁

例 2-12 以 X→ⅠG 接车为例。

各区段进路继电器动作顺序为

5DG/1LJ↑→3DG/1LJ↑→9-15DG/1LJ↑→17-23DG/1LJ↑→17-23DG/2LJ↑→9-15DG/2LJ↑→3DG/2LJ↑→5DG/2LJ↑。

对应网络线工作：12 线→12 线→12 线→12 线→13 线→13 线→13 线→13 线。

各区段的锁闭继电路动作顺序为

$\left. \begin{array}{l} 17/19^{\#}\ 1SJ\uparrow\rightarrow \\ 23/25^{\#}\ 1SJ\uparrow\rightarrow \end{array} \right| \left. \begin{array}{l} 9/11^{\#}\ 1SJ\uparrow \\ 13/15^{\#}\ 2SJ\uparrow \end{array} \right| \rightarrow 1/3^{\#}\ 2SJ\uparrow\rightarrow 5/7^{\#}\ 1SJ\uparrow。$

利用 CJ 的快动特性传递解锁电源，进路由终端向始端逐段解锁。

3. 发车进路的取消解锁

例 2-13 以上行ⅠG 发车进路为例。

各区段进路继电器动作顺序为

17-23DG/2LJ↑→9-15DG/2LJ↑→3DG/2LJ↑→5DG/2LJ↑→5DG/1LJ↑→3DG/1LJ↑→9-15DG/1LJ↑→17-23DG/1LJ↑。

对应网络线工作：12 线→12 线→12 线→12 线→13 线→13 线→13 线→13 线。

各区段的锁闭继电路动作顺序为

$$5/7^{\#}\ 1SJ\uparrow \to 1/3^{\#}\ 2SJ\uparrow \to \begin{vmatrix} 9/11^{\#}\ 1SJ\uparrow \to 17/19^{\#}\ 1SJ\uparrow \\ 13/15^{\#}\ 2SJ\uparrow \to 23/25^{\#}\ 1SJ\uparrow \end{vmatrix}。$$

利用 CJ 的快动特性传递解锁电源，进路由终端向始端逐段解锁。

五、表示灯电路

（一）进路排列表示灯电路

1. 设置与作用

对应每个咽喉区设一个进路排列表示灯，装设在控制台上，相当于咽喉区的中部上方，用来反映方向继电器工作是否正常和进路是否全部选出。

2. 电路工作原理

当任何一个方向继电器励磁吸起，便使 PLBD 亮红灯。当进路全部选出后，始、终端 JXJ↑后，方向继电器自动复原，PLBD 熄灭。电路如图 2-3-13 所示。

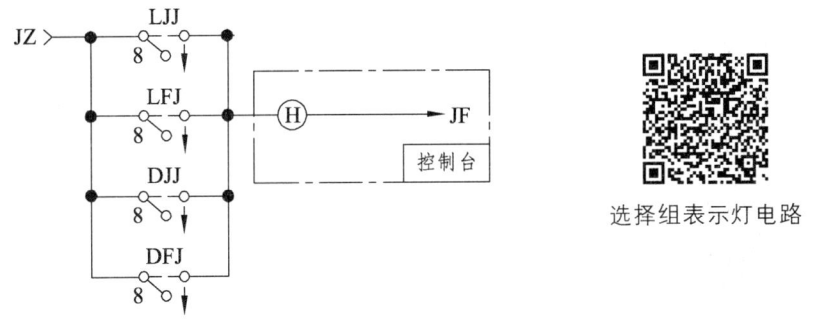

选择组表示灯电路

图 2-3-13　进路排列表示灯电路

（二）进路按钮表示灯电路

表示值班员的操纵情况，并在办理进路时用来反映 AJ、FKJ、LKJ 和选岔电路工作是否正常。

1. 单置调车按钮表示灯电路（见图 2-3-14）

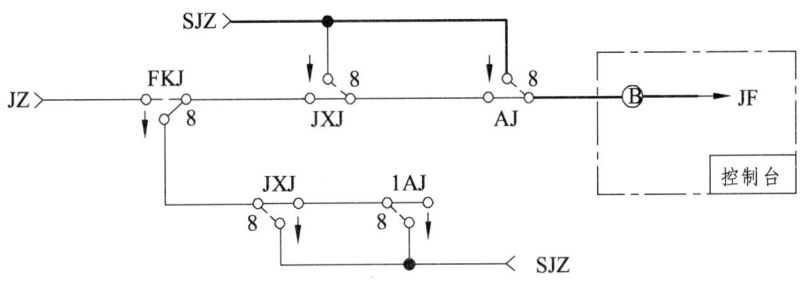

图 2-3-14　单置调车按钮表示灯电路

（1）当该 DA 作始端按钮使用时，只要按压 DA，AJ↑，使该 DAD 闪白灯。

SJZ→AJ_{82-81}→DAD→JF。

当进路选出后，FKJ↑、AJ↓、JXJ↓后，则该 DAD 改点稳定白灯。

JZ→FKJ_{82-81}→JXJ_{83-81}→AJ_{83-81}→DAD→JF。

当信号开放后，FKJ↓，使 DAD 熄灭。

（2）当该 DA 作终端按钮使用时，当按压该 DA，使 1AJ↑，2AJ↑，使该 DAD 闪白灯。

SJZ→$1AJ_{82-81}$→JXJ_{83-81}→FKJ_{83-81}→JXJ_{83-81}→AJ_{83-81}→DAD→JF。

当进路选出后，1AJ↓、2AJ↓、JXJ↓，使该 DAD 熄灭。

（3）当该 DA 作变通按钮使用时，当按压该 DA，使 1AJ↑、AJ↑、2AJ↑，使该 DAD 闪白灯。

SJZ→AJ_{82-81}→DAD→JF。

当进路选出后，1AJ↓、2AJ↓、AJ↓、JXJ↓，则该 DAD 熄灭。

（4）当该 DA 作中间信号点使用，该信号点的 JXJ↑时，该 DAD 闪白灯。

2. 尽头、并置、差置调车按钮表示灯电路（见图 2-3-15）

（1）作始端时，DAD 闪光：SJZ→AJ_{82-81}→DAD→JF。

（2）当进路全部选出 JXJ↑→FKJ↑→始端 DAD 亮稳光：JZ→FKJ_{82-81}→JXJ_{83-81}→AJ_{83-81}→DAD→JF。

作中间信号点 DAD 闪白灯是靠 JXJ↑接通的，这样有利于在选岔电路故障时，便于维修人员迅速判断选岔电路传递动作到哪一进路段。

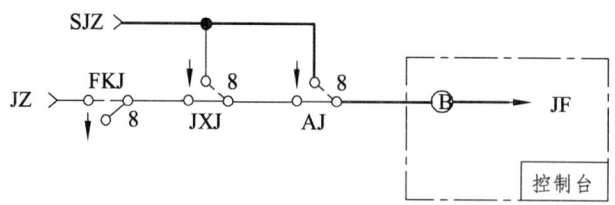

图 2-3-15　尽头、并置、差置调车按钮表示灯电路

3. 列调共用的进路按钮表示灯电路（见图 2-3-16、图 2-3-17）

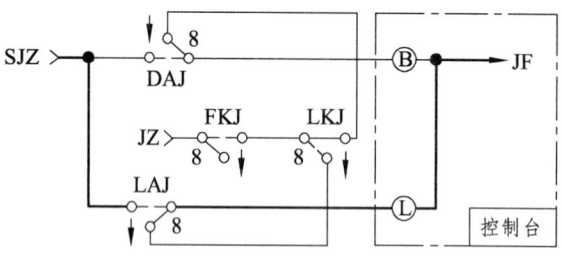

图 2-3-16　列车兼调车按钮表示灯电路

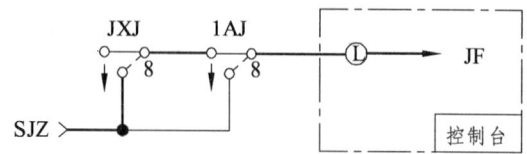

图 2-3-17　变通按钮表示灯电路

（1）当该 LA 当作始端使用时，只要按压 LA，LAJ 励磁吸起，使该 LAD 立即闪绿灯：
SJZ→LAJ$_{82-81}$→LAD→JF。

当该信号点选出后，JXJ、LKJ 和 FKJ 相继吸起，LAJ 落下，使 LAD 亮稳光：
JZ→FKJ$_{81-82}$→LKJ$_{81-82}$→LAJ$_{83-81}$→LAD→JF。

当信号开放，FKJ↓后方能熄灭。

（2）当该 LA 当作终端使用时，只要按压 LA，LAJ↑，使 LAD 立即闪绿灯：
SJZ→LAJ$_{82-81}$→LAD→JF。

当该信号点选出后，JXJ↑，使 LAJ↓，使 LAD 灭灯，表示该信号点已经选出。

（三）信号复示器电路

信号复示器设于控制台盘面的模拟站场线路旁，对应于每架信号机的位置。信号复示器用来反映信号机的显示，监督信号机各灯泡灯丝的完整性，同时在建立进路时还可反映信号继电器 XJ 的工作是否正常。

信号复示器分为进站信号复示器、出站兼调车信号复示器及调车信号复示器。

1. 进站信号复示器电路（见图 2-3-18）

平时，由于进站信号机的 LXJ 落下，1DJF 吸起，进站信号复示器亮红灯，表示进站信号机关闭。

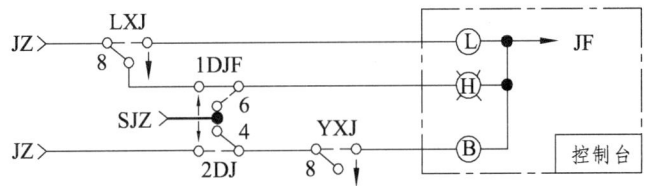

图 2-3-18　进站信号复示器电路

当进站信号机的红灯主副灯丝都断丝或红灯点灯回路断线时，由于 DJ 落下，1DJF 也落下，将 SJZ 电源接入进站信号复示器的红灯电路中，使进站信号复示器闪红灯，引起车站值班员注意，以通知信号维修人员及时更换灯泡或进行维修。

当办理进路使 LXJ 吸起后，该复示器点亮绿灯，表示进站信号机已经开放。这时，若进站信号机的绿灯或黄灯主副灯丝断丝，由于 LXJ 失磁和 1DJF 吸起，使进站信号复示器由亮绿灯改点红灯。

办理引导接车开放引导信号时，由于引导信号继电器 YXJ 和监督引导白灯的两灯丝继电器 2DJ 都吸起，使进站信号复示器的红灯和白灯同时点亮，表示进站信号机引导信号开放。如果发生引导信号白灯灯丝断丝时，则 2DJ 将落下，而 YXJ 仍在吸起，将使进站信号复示器白灯闪光而红灯亮灯，反映引导信号的月白灯灯丝断丝，应通知维修人员更换。

2. 出站兼调车信号复示器电路（见图 2-3-19）

平时，出站兼调车信号机关闭，其信号复示器不亮灯。

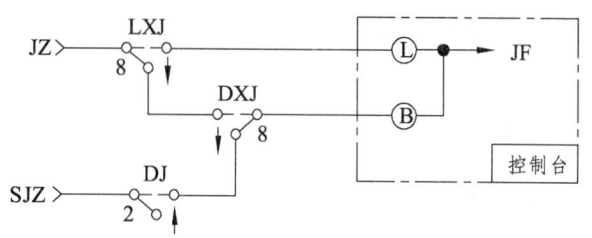

图 2-3-19　出站兼调车信号复示器电路

办理发车进路，列车信号继电器 LXJ 励磁，使信号复示器点亮绿灯，表示出站信号机已开放。出站信号机开放可能亮绿灯，也可能亮黄灯或双绿灯，但信号复示器仅反映其是否开放，使车站值班员确认信号已开放即达到目的。已开放的列车信号若发生允许信号灯丝断丝，将使 LXJ 落下，信号复示器点亮的绿灯熄灭。

办理调车进路，调车信号继电器 DXJ 励磁，使信号复示器亮白灯，反映出站兼调车信号机已开放调车信号。若调车信号白灯灯丝断丝，则信号复示器白灯灭灯。

当出站兼调车信号机的红灯主副灯丝断丝或红灯回路断线而灭灯时，由于灯丝继电器 DJ 落下，将交流电源 SJZ 接入信号复示器白灯，使该复示器闪白灯，表示信号机红灯灯丝断丝或电路故障。

3. 调车信号复示器电路（见图 2-3-20）

平时调车信号复示器不亮灯，表示调车信号机关闭。办理调车进路，DXJ 励磁，使调车信号复示器亮白灯，表示调车信号已经开放。若调车信号机蓝灯灯丝断丝时，由于 DJ 落下，将 SJZ 电源接入信号复示器白灯，使其从不亮灯变为闪白灯。若在开放调车信号时发生月白灯灯丝断丝而灭灯，则信号复示器白灯灭灯，经重复开放信号后仍为如此，说明月白灯已损坏需更换。

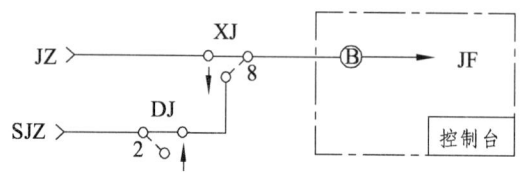

图 2-3-20　调车信号复示器电路

（四）轨道光带表示灯电路

在控制台模拟站场线路上，对应轨道电路区段设有与站场形状相似的轨道光带表示灯。

在道岔区段，对应每个道岔，在岔前、岔后的直股和弯股部位都设有白色和红色表示灯。直股部位的分别用定位白灯 DB 和定位红灯 DH 表示；弯股部位的分别用反位白灯 FB 和反位红灯 FH 表示；岔前部位的用岔前白灯 QB 和岔前红灯 QH 表示。在无岔区段和股道设有固定的直光带，分别用区段白灯和区段红灯表示。每一类型的表示灯由若干节光管组成。

每条进路的光带，是由进路中各轨道电路区段的光带组成。在进路锁闭后，控制台盘面点亮一条与所排进路一致的白光带。列车驶入进路后，随着列车的运行，列车进入哪个区段，则哪个区段白光带改点红光带。列车出清那个区段，随着区段的解锁，红光带也随之熄灭。轨道光带表示灯可以直观地反映出所办理进路上道岔的开通位置、进路锁闭、监督列车或调车车列在进路上的运行及进路解锁情况。

6502 电气集中用 14 线控制轨道白光带表示灯，15 线控制轨道红光带表示灯。

1. 道岔区段轨道光带表示灯电路

如图 2-3-21 所示为 19-27DG 区段的道岔区段轨道光带表示灯电路。

平时光带不亮灯。进路锁闭时，在列车尚未驶入道岔区段前，经 1LJ 或 2LJ 的第 8 组后接点，以及 FDGJ 第 8 组后接点和 DGJF 第 8 组前接点，把 JZ 电源接到 14 线上。这时，如果道岔都在定位时，19DB、QB 和 27DB 都亮灯，形成一条直的白光带。

列车驶入 19-27DG 区段时，轨道复示继电器 DGJF 落下，轨道反复示继电器 FDGJ 吸起，用 DGJF 第 8 组后接点断开向 14 线供出的 JZ 电源，白光带熄灭。但经 FDGJ 第 8 组前接点 JZ 电源接到 15 线上。这时，19DH、QH 和 27DH 又亮灯，形成一条红光带。列车出清区段后，DGJF 吸起，FDGJ 落下，断开 15 线上的 JZ 电源，于是红光带熄灭。由于列车出清区段后，1LJ 和 2LJ 早已吸起，因此白光带不会再点亮。若列车出清该区段后，该区段重新点亮白光带，则说明该区段没有解锁。

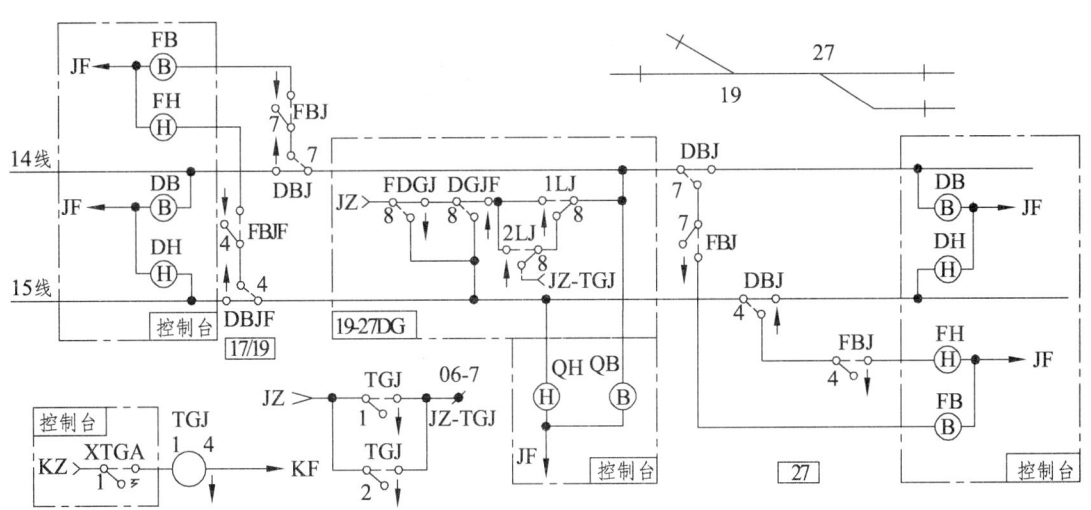

图 2-3-21 道岔区段轨道光带表示灯电路

红光带熄灭后不准出现闪白光带，因此只接入 DGJF 接点而不接 FDGJ 接点是不行的。因为 DGJF 吸起后，1LJ 或 2LJ 中尚未吸起的那个进路继电器会向 15 线瞬间送出 JZ 电源，造成白光带错误闪光。接入 FDGJ 后，在它的缓放时间里 1LJ 和 2LJ 都已经吸起，就不会出现闪白光带。但 FDGJ 又不能代替 DGJF，否则在 FDGJ 电路发生断线时，不能反映区段有车占用，影响行车安全。

点亮的光带必须与开通的进路相一致，不允许给出错误表示。因为即使进路开通正确，如果光带表示不对，车站值班员也必将采取措施，例如关闭信号，由此可能造成不必要的损失。

因此决定光带形状的条件，必须用道岔表示继电器的前接点，不能用道岔表示继电器的后接点来代替。只有两个进路继电器 1LJ 和 2LJ 都吸起才能说明该区段解锁，因此电路中也不能用一个进路继电器接点代替两个并联的进路继电器接点。

为了方便车站值班员了解进路的开通情况，每个咽喉设有一个接通光带表示按钮 TGA，按下 TGA 可使接通光带继电器 TGJ 吸起，条件电源 JZ-TGJ 有电，并经 1LJ 和 2LJ 的第 8 组前接点接到 14 线网络上，根据道岔的开通位置点亮白光带，从而可了解整个咽喉的道岔实际位置和所开通的进路。

2. 无岔区段轨道光带表示灯电路

（1）股道光带表示灯电路（见图 2-3-22）。

它的光带表示灯有三种：反映进路锁闭有车占用的 1H；反映进路锁闭的 2B；反映进路解锁有车占用的 3H。向股道办理进路时，在进路锁闭后，ZCJ 落下，经 ZCJ 第 1 组后接点和股道区段的 GJ 第 1 组前接点点亮股道上的白光带（2B）。列车进入股道，白光带熄灭，然后经 GJ 后接点点亮整条股道上的红光带（1H3H）。列车全部进入股道，进路最后道岔解锁时，ZCJ 吸起，使 1H 光带熄灭。列车在股道停留期间，只有股道中间两节点亮红光带（3H），当列车出清股道后红光带（3H）熄灭。这样做既省电，又避免整条股道点亮红光带而刺眼，改善了车站值班员的工作环境。

电路中接有两组 ZCJ 接点，其中一组是上行咽喉向股道办理进路用的，另一组是下行咽喉向股道办理进路用的。

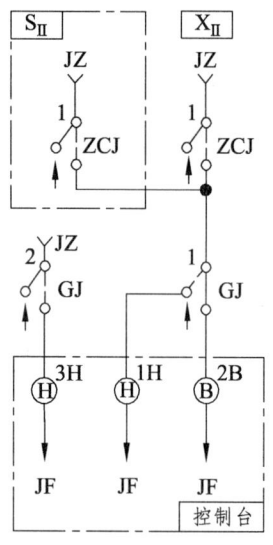

图 2-3-22　到发线上轨道光带表示灯电路

（2）进站内方带调车的无岔区段光带表示灯电路（见图 2-3-23）。

办理接车进路时，由于 X 进站信号机的 LKJF 励磁和 5DG 区段 1LJ 落下将 JZ 电源接入白灯电路，使ⅠAG 区段点亮白光带。在按进路锁闭方式办理引导接车时，由 YXJ 的前接点和 5DG 区段 1LJ 的后接点接通ⅠAG 的白光带。以 X 进站信号机为终端建立调车进路时，D3ZJ 吸起和 5DG 区段 1LJ 落下也同样接通ⅠAG 白光带电路。当开放 D₃ 信号机时，ⅠAG 区段作为接近区段不应点亮白光带。当列车或调车车列进入ⅠAG 区段时，由于ⅠAGJ 落下，点亮ⅠAG 区段的红光带。电路中接入 5/1LJ 后接点用来证明进路锁闭后才允许点亮白光带。

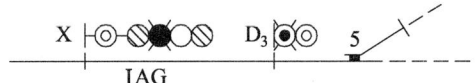

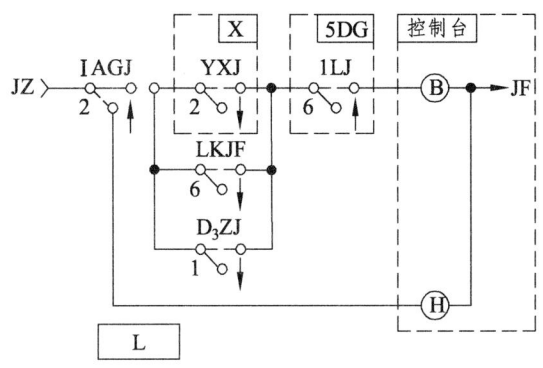

图 2-3-23　进站内方带调车的无岔区段光带表示灯电路

六、6502 电气集中执行组电路维护

（一）控制台和人解盘检修

1. 目　的

掌握控制台、人解盘检修的作业标准、工作要求，达到控制台、人解盘检修对现场信号工岗位的工作要求。

2. 适用范围

车站与区间信号工岗位。

3. 作业内容

（1）检查铅封、计数器号码变化并登记，检查破封登记情况，及时补封。

（2）检查表示灯及按钮帽，不良者更换。

（3）检查鼠标、显示器显示。

（4）访问车站值班员，了解设备的运用情况。

（5）检查按钮、手柄接点的断接情况，清扫、调整，更换不良配件。

（6）检查清扫配线，紧固端子螺丝。

（7）检查、整修防尘、防鼠设施。

（8）检查清扫显示器、机柜内部。

（9）联锁试验。

（10）更换故障表示灯。

（11）检查并按期更换熔断器。

（12）检查测试半闭电话电池、电容，不良者更换。

4. 作业材料、工具（见表2-3-3）

表2-3-3　工具材料一览表

序号	名　　称	规格型号	单位	数量	备　　注
1	套筒	4 mm/5 mm/6 mm	把	各1	
2	一字螺丝刀	75 mm/150 mm	把	各1	
3	十字螺丝刀	75 mm/150 mm	把	各1	
4	钟表螺丝刀		套	1	
5	毛刷		把	1	
6	数字万用表		块	1	
7	兆欧表		块	1	
8	尖嘴钳		把	1	
9	斜口钳		把	1	
10	白布			若干	
11	小工具		套	1	

5. 检修作业程序（见表2-3-4）

表2-3-4　检修作业一览表

阶段	步骤	项目	内容、要求及标准
天窗点前作业	1	监测数据分析	工作前，调阅微机监测，分析设备运用状态
	2	登记	根据《电务段营业线施工及安全管理实施细则》文件要求，驻站联络员在天窗开始前40分钟，在天窗修专用"运统-46"上按照路局162号文的登记格式和规定时间进行登记
	3	设置防护	按《电务劳动安全守则实施细则》规定，指派驻站联络员和现场防护员进行防护
	4	现场联系	与电务驻站联络员联系，互试电话，确认作业地点、设备编号及工作内容
天窗点内作业	1	控制台人解盘	（1）检查铅封、计数器号码变化并登记，检查破封登记情况，及时补封。 （2）检查表示灯按钮帽，不良者更换。 （3）检查鼠标、显示器显示。 （4）访问车站值班员，了解设备的运用情况。 （5）检查按钮、手柄接点的断接情况，清扫、调整、更换不良配件。 （6）检查、整修防尘、防鼠设施。 （7）联锁试验。 （8）更换故障表示灯。 （9）检查并按期更换熔断器。 （10）清扫配线，紧固端子螺丝。 （11）清扫显示器、机柜内部

续表

阶段	步骤	项 目	内容、要求及标准
天窗点内作业	2	复查销记	（1）复查各部良好，作业工具、材料未遗漏。 （2）现场防护员与驻站联络员相互确认设备正常，驻站联络员在"运统-46"上按标准格式进行销记
天窗点后作业	1	问题处理	发现一时不能克服的设备故障时，记录在《设备缺点待修记录本》上，并向工长汇报

6. 作业安全风险防控措施

（1）严格执行七严禁、三不动、三不离制度。
（2）测试工作要正确使用仪表。
（3）作业时，工具材料使用要注意，不要引起短路。
（4）开放信号后严禁检修控制台、人解盘。

（二）6502电气集中执行组电路开路故障处理

执行组故障根据选岔电路选出的道岔位置，操纵道岔，并进行选排一致性检查，然后锁闭进路上的道岔，再检查开放信号的联锁条件，开放信号。当列车或调车车列驶入进路时，进路自动解锁，或根据需要进行人工解锁。

（1）观察判断：观察控制台上相关表示灯的表示现象，初步判断故障的可能范围。

① 进路始A亮稳光，进路无白光带时，应先观察，始端LXZ或DX组合内，继电器动作情况以确定故障范围，KJ↓时故障在7线，KJ↑且XJJ↓时故障在8线，KJ↑且XJJ↑时故障在9线始端部位。

② 进路始A亮稳光，进路中某区段无白光带，故障在QJJ局部电路。

③ 进路始A亮稳光，进路后几个区段无白光，故障在无光带区段前9线上。

④ 进路始A亮稳定，进路各区段有白光带，信号复稳未点容许灯光故障在11线。

⑤ 进路始A灯灭，进路有白光带，信号复示器闪绿灯后又变红灯（调车进路时闪白灯后灭灯），则故障在自闭电路或点灯控制电路。

⑥ 从左至右方向运行的正常解锁进路时，观察未解区段继电器动作情况，1LJ↓则故障在12线，1LJ↑2LJ↓则故障在13线。

⑦ 从右至左方向运行的正常解锁进路时，观察未解区段继电器动作情况，2LJ↓则故障在12线，2LJ↑1LJ↓则故障在13线。

⑧ 非正常解锁时（含取消进路解锁、人工延时进路解锁、引导进路解锁及调车中途返回进路解锁）。

⑨ 从左至右方向运行的进路，观察进路终端区段组合内1LJ或股道时1LXF（2LXF）组合内GJJ动作情况，当1LJ↑或GJJ↑，说明12线工作正常，故障在13线，否则故障在12线。

⑩ 从右至左方向运行的进路，观察进路终端区段组合内2LJ或股道时1LXF（2LXF）组合内GJJ动作情况，当2LJ↑或GJJ↑，说明12线工作正常，故障在13线，否则故障在12线。

（2）试验分析：通过排列与故障进路同始端不同终端进路、同终端不同始终进路以及中间重叠的短调车进路，进一步分析缩小故障范围。

（3）在组合连接图上查找出故障设备组合在组合架上的位置和在网络图上的位置。

（4）在网络图上走出故障的进路电路。

（5）借用电源用二分之一电压法沿着进路电路查找出故障点。

（6）注意事项：注意观察进路始端按钮表示灯是否点亮稳定灯光、进路锁闭光带是否正常、信号是否开放。

案例 8 网络线电路开路故障判断处理方法

XJJ用来检查进路联锁条件，如平面图D_3至D_9调车接车进路，检查三项基本联锁条件：道岔位置正确（5DBJ↑、3DBJ↑）、进路空闲（5DGJ↑、3DGJ↑）、敌对进路未建立（X/LKJ↓、D_7KJ↓等）；如果向股道排列进路，则还需要检查对方咽喉照查条件。XJJ 设在进路的始端，与 KJ 在同一组合，其 KZ 电源由始端局部电路提供，KF 由 8 线进路终端提供。8 线故障现象：控制台上始端按钮灯亮稳光，进路上没光带点亮，排列进路表示灯灭灯（与 7 线 KJ 故障时现象一样）。怎样区分是 7 线故障还是 8 线故障呢？需查看组合中 KJ、XJJ 状态，若 KJ↓、XJJ↓，则 7 线故障；若 KJ↑、XJJ↓，则 8 线故障，故障点的确定方法同 7 线一样。

思考题

一、填空题

（1）选岔电路1、3、5线从左向右顺序传递＿＿＿电源，一直顺序传递到所选进路的右端；2、4、6线从右向左送＿＿＿电源，一开始直接送到进路的左端，然后由左向右依次断开。

（2）无论进路的方向如何，选岔电路总是由＿＿＿向＿＿＿依次选出道岔位置和信号点位置，在进路中有双动道岔反位时，首先选出双动道岔反位，然后再由5、6线从左向右选出双动道岔＿＿＿＿、单动道岔＿＿＿＿以及进路中各＿＿＿＿的位置。

（3）并联传递选岔电路在＿＿＿＿吸起后，可证明进路已全部选出。

（4）6502电气集中对道岔的电气锁闭有＿＿＿＿锁闭、＿＿＿＿总锁闭、＿＿＿＿锁闭和＿＿＿＿锁闭四种方式。

（5）JYJ作用是在信号开放后区分进路的＿＿＿＿和＿＿＿＿两种锁闭状态。

（6）11网络线给LXJ提供＿＿＿＿电源，给DXJ提供＿＿＿＿电源。

（7）每个道岔区段和列车进路上的无岔区段都要选用一个＿＿＿＿组合。

（8）照查继电器＿＿＿＿，说明本咽喉未向股道办理接车或调车进路。

（9）当单置调车信号机作终端使用时，其＿＿＿＿组合的JXJ吸起。

（10）在6502电气集中电路里用＿＿＿＿继电器电路检查进路选排的一致性。

（11）6502电气集中电路的动作顺序是选择进路、＿＿＿＿＿＿、开放信号。

（12）道岔区段的轨道电路，最多不超过3个接收端或＿＿＿＿组交分道岔。

（13）6502电气集中单独操纵道岔采用双按钮制，即按下＿＿＿＿＿＿外，还同时按下道岔总定位按钮或道岔总反位按钮。

（14）调车进路按钮表示灯亮稳定白灯，说明该按钮作＿＿＿＿＿按钮使用，表示＿＿＿＿继电器吸起。

（15）信号设备发生故障不能忙于处理，应先＿＿＿＿＿后＿＿＿＿＿，不能使事故性质升级。

（16）6502电气集中电路共有＿＿＿＿条网络线，DXJ接在＿＿＿＿线上，单动道岔FCJ接在＿＿＿＿线上。

（17）进路正常解锁的条件是＿＿＿＿＿＿＿＿＿＿＿＿、＿＿＿＿＿＿＿＿＿＿＿＿。

（18）进路取消解锁的条件是＿＿＿＿＿＿＿＿＿＿＿、＿＿＿＿＿＿＿＿＿＿＿＿，以及＿＿＿＿＿＿＿。

（19）在车站，将道岔、进路和信号机用＿＿＿＿＿方式在一处集中控制与监督，并实现它们之间＿＿＿＿＿关系的技术方法和设备称为电气集中。

（20）＿＿＿＿＿、＿＿＿＿＿及＿＿＿＿＿、＿＿＿＿＿的进路按钮，可作反向调车进路的终端按钮。

二、6502网络电路分析题

如图2-3-24所示为6502电气集中车站，办理ⅢG往D_3方向调车进路，完成：

（1）进路办理方法：先按＿＿＿＿后按＿＿＿＿。

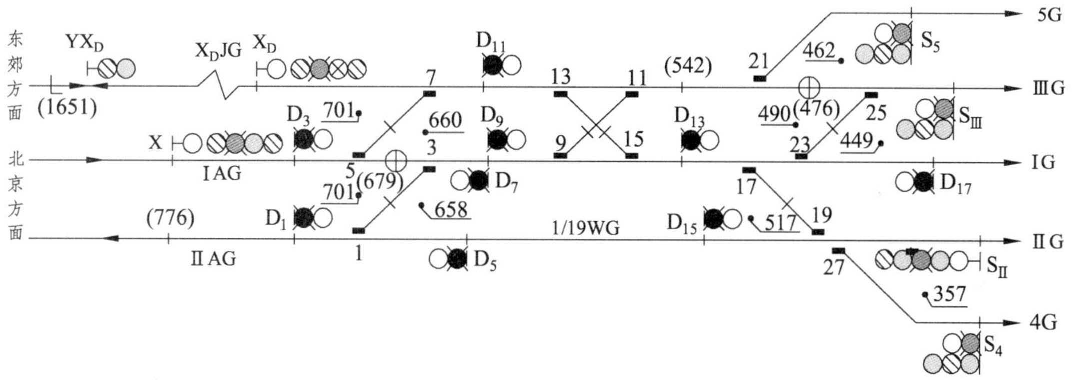

图 2-3-24　6502电气集中车站电路

（2）现场开放信号机显示＿＿＿＿灯，信号复示器显示＿＿＿＿灯。

（3）信号机的关闭时机是＿＿＿＿＿＿＿＿＿＿＿＿＿＿＿＿。

（4）写出该进路1～13线的继电器动作顺序。

1、2线：＿＿＿＿＿＿↑→＿＿＿＿＿＿或3、4线：＿＿＿＿＿＿↑→＿＿＿＿＿＿↑→

5、6线：＿＿＿＿↑→＿＿＿＿↑→＿＿＿＿↑→＿＿＿＿↑→＿＿＿＿↑→＿＿＿＿↑→＿＿＿＿↑→＿＿＿＿↑→＿＿＿＿↑→

7线：＿＿＿＿↑→　8线：＿＿＿＿↑→

9、10线：各区段QJJ↑、GJJ↑→

　　5DG：QJJ↑→1LJ↓、2LJ↓→CJ↓、5/7/1SJ↓

　　3DG：QJJ↑→1LJ↓、2LJ↓→CJ↓、1/3/2SJ↓

…………：_____→_____
　　…………：QJJ↑→1LJ↓、2LJ↓→CJ↓、17/19/1SJ↓、23/25/2SJ↓
　　25DG：QJJ↑→1LJ↓、2LJ↓→CJ↓、23/25/2SJ↓
　　　　　SⅢ/GJJ↑→SⅢ/ZCJ↓
11 线：___SⅢ/DXJ___
12、13 线：列车逐段占用出清、进路逐段解锁
　　→5DG：1LJ↑→2LJ↑→5/7/1SJ↑、CJ↑
　　→3DG：1LJ↑→2LJ↑→1/3/2SJ↑、CJ↑
　　…………：_____→_____
　　…………：1LJ↑→2LJ↑→17/19/1SJ↑、23/25/1SJ、CJ↑
　　→25DG：1LJ↑→2LJ↑→23/25/2SJ↑、CJ↑

三、故障分析题

排列 X 至 ⅡG 列车进路后，进路排列表示灯 LPBD 亮红灯后不灭灯，XAD 由闪绿灯变为亮稳定绿灯，9/11 道岔位置表示灯由亮黄灯改为亮绿灯，SⅡAD 闪绿灯后不灭灯，进路上的所有区段不亮白光带，判断分析故障范围。

项目三 计算机联锁

【项目描述】

DS6-K5B 型计算机联锁是通号设计院与日本京三制作所联合开发的一套用于车站信号联锁控制的系统，该系统目前在干线铁路、高速铁路、城市轨道交通中有广泛的应用。本项目以 DS6-K5B 型计算机联锁系统为学习载体，培养学生计算机联锁系统的安全操作与运用能力。按照程序进行联锁系统开、关机，主、备机切换及故障处理，通过调阅信号集中监测设备，利用电务维修机测试数据并根据报警信息和指示灯的显示判断系统的运行状态及一般故障，培养学生的系统标准化操作、标准化检修、常见故障处理方法的能力及职业素养。

【岗位技能要求】

（1）能操作与运用典型计算机联锁设备。
（2）能进行典型计算机联锁设备故障的人工切换。
（3）能识读典型计算机联锁设备原理图。
（4）能在《行车信号设备检查登记簿》上登、销记。
（5）能对典型计算机联锁系统进行标准化日常检修作业。
（6）能判断、更换典型计算机联锁设备的故障硬件。
（7）能判断、处理典型计算机联锁设备的开路故障。
（8）能参与电务故障应急处理流程。

【岗位职业守则】

（1）爱岗敬业，具有高度的责任心。
（2）严格执行工作程序、工作规范、工作技术标准和安全操作规程。
（3）工作认真负责，具有高度的责任感和良好的团队合作精神。
（4）爱护设备及工具、仪器、仪表。
（5）保持工作环境清洁有序、文明生产。
（6）刻苦学习、钻研业务，努力提高技能水平和职业素质。
（7）具有精检细修、精益求精的工匠精神。
（8）电务小细节，承载铁路大安全。
（9）用心点亮信号灯，用情编织通信网。

【教学目标】

（1）掌握典型计算机联锁系统的组成及工作原理。
（2）掌握典型计算机联锁采集和驱动电路的工作原理。
（3）掌握典型计算机联锁系统的操作方法，熟悉显示屏各功能按钮的用途及意义。
（4）掌握典型计算机联锁系统板件要求（是否需要停电），并进行维护。
（5）掌握典型计算机联锁系统标准化开关机程序。
（6）掌握典型计算机联锁系统主、备机切换流程及方法。
（7）掌握电务维修机测试数据判断系统运行状态的流程和方法。
（8）掌握典型计算机联锁系统进行标准化日常检修作业的流程及方法。
（9）了解电务故障应急处理流程。

任务一　计算机联锁系统的组成及基本原理

【工作任务】

（1）掌握计算机联锁系统的设备组成与作用。
（2）能识读计算机联锁设备采集电路原理图。
（3）能识读计算机联锁设备驱动电路原理图。
（4）通过学习交流，完成派工单任务（见表 3-1-1）。

【知识链接】

目前，我国铁路现场广泛应用的联锁设备主要有两种：一是应用多年的以继电器为核心的电气集中联锁设备，二是以计算机为核心的计算机联锁设备。随着电子技术和计算机技术的发展，继电联锁设备将被计算机联锁设备逐步取代，车站联锁设备的发展方向必然是计算机联锁。

计算机联锁系统一般分为人机接口层、联锁控制层、采集驱动层和信号设备层。其中，人机接口层、联锁控制层和采集驱动层的设备分布于室内，信号设备层的各个信号设备为室外设备，是联锁系统的控制对象（道岔、信号机、铁路信息化）。

分线盘是室内和室外的分界点，室外信号设备通过电缆连接到分线盘，室内设备通过分线盘接收和发送信息。

人机表示层和联锁控制层之间通过安全通道实现通信；联锁控制层和采集驱动层之间通过联锁总线进行互联，以保证联锁控制层和采集驱动层之间的可靠通信。

从安全性角度考虑，整个系统分为安全区域和非安全区域，其中，操作表示层为非安全区域，逻辑控制层和采集驱动层属于安全区域，用于保证计算机联锁系统的故障安全性。计算机联锁系统硬件结构图如图 3-1-1 所示。

表 3-1-1　派工单 009

专业班级		姓名		学号		分数	
作业内容						完成情况说明	
根据本单位实训基地设备情况，指认相关计算机联锁设备，教师抽查评分。 （1）拍照上传并标注计算机联锁设备电源柜。 （2）拍照上传并标注计算机联锁设备控显机柜。 （3）拍照上传并标注计算机联锁设备联锁机柜正面。 （4）拍照上传并标注计算机联锁设备联锁机柜背面（注意线缆、板卡均需标注）。 （5）拍照上传并标注计算机联锁设备接口架。 （6）拍照上传并标注计算机联锁设备网络接口柜。 （7）绘制上传计算机联锁站室内设备系统连接图。							
注意事项							
（1）工作准备方面： （2）工作要求方面： （3）查阅资料方面： （4）其他注意事项：							
存在问题描述							
理论联系实际							
本次作业内容与"企业案例"是否有相同、相近或相关联之处？请说明							

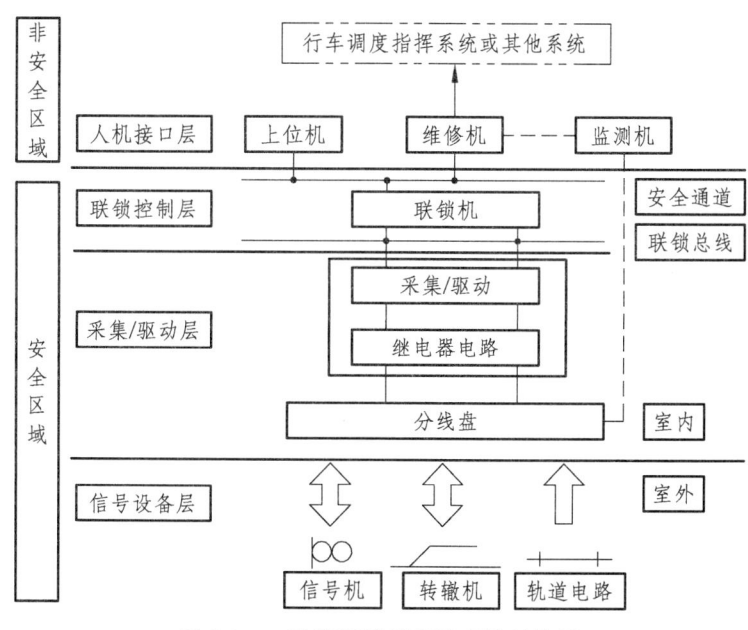

图 3-1-1　计算机联锁系统硬件结构图

一、计算机联锁系统的硬件结构

1. 人机接口层

人机接口层由上位机、维修机和监测机构成。

上位机一般采用冗余（双机热备）结构形式，由工控机、显示屏、键盘和鼠标等构成，有时也

计算机联锁系统的　　车站信号计算机联锁
硬件冗余结构　　　　室内设备组成

采用数字化仪代替键盘和鼠标来输入。两套上位机物理上相互独立、同时运行，一台处于工作状态，另一台处于热备状态。

上位机主要供车站作业调度使用，因而其主要功能有与逻辑控制层之间的通信功能；接收值班员的操作命令，并发送到联锁控制层联锁机；信号设备实时状态信息、进路执行情况和设备故障情况的动态显示、通知和报警等功能。

维修机由工控机、显示屏、键盘和鼠标等构成，主要供电务维修人员进行车站信号设备故障维修使用。维修机的主要功能有与逻辑控制层之间的通信功能；信号设备实时状态信息、进路执行情况和设备故障情况的动态显示、通知和报警功能；信号设备实时状态信息记录、存储、回放和打印功能。

通过维修机，电务维修人员可以获得当前站场的联锁执行情况、最近一段时间（一般为1个月）该站场信号操作人员办理的联锁操作命令、故障信号设备等信息，以便根据信号设备故障情况进行及时维修。联锁层是计算机联锁系统的核心，联锁层设备设在车站信号楼的机械室内，其功能是实现联锁。联锁层除接收来自人机会话层的操作信息外，还接收来自监控层的反映信号机、转辙机和轨道电路状态的信息，然后根据联锁条件，对输入的操作信息和状态信息，以及联锁机构的当前内部信息进行处理，产生相应的输出信息，即信号控制命令和道岔控制命令，并交付监控层的控制电路予以执行。

监测机由采集电路、工控机、显示屏、键盘和鼠标等构成，主要用于监测室外信号设备电流、电压情况，供电务维修人员进行信号设备故障维修使用。监测机的主要功能有通过维修机接收信号设备的实时状态信息、进路执行情况和设备故障情况的动态显示、通知和报警功能；通过采集电路采集室外信号设备电流、电压以实现监测功能；信号设备工作状态管理和打印功能等。

2. 联锁控制层

联锁控制层主要由联锁机构成。

联锁机一般采用冗余结构形式（双机热备、三取二、二乘二取二），也有个别采用高可靠性单机的形式。

联锁机是计算机联锁系统的核心，主要负责车站联锁逻辑控制功能；此外，由于联锁机一般采用冗余结构形式，因而，除了完成主要的联锁控制功能和层间通信功能外，还包括与冗余相关的故障检测、故障屏蔽、故障切换等功能。计算机联锁硬件主要有联锁计算机、彩色监视器、微型集中操作台、安全继电输入输出接口柜、计算机联锁专用电源屏以及现场信号机、转辙机、轨道电路等室外设备。计算机联锁车站室外设备功能和电气集中联锁车站相同。

3. 采集驱动层

采集驱动层由采集驱动电路和继电器电路构成。

继电器电路一般采用安全型继电器，主要用于接收室外信号设备表示信息、驱动室外信号设备动作。

采集驱动电路一般采用具有"故障-安全"的电路板，从继电器电路接收采集信息、驱动继电器动作，采集驱动电路根据站场情况一般采用冗余结构形式。

采集驱动层设备一般与逻辑控制层设备放于机械室内。若在站场以外不远处（一般为几千米）有几组道岔和信号机时，为了节省费用而采用单套联锁系统，可将采集驱动层部分设备放置到远端的机械室内，通过光缆连接到信号楼内的联锁机，从而实现分布式控制。

4. 安全通道和联锁总线

为实现人机接口层和联锁控制层之间的可靠通信，安全通道一般采用冗余结构形式。早期的计算机联锁系统中，安全通道有采用串行通信方式的。目前，大多计算机联锁系统中，安全通道采用局域网方式进行通信。

联锁总线是联锁控制层与采集驱动层之间的通信通道，为保证硬件的可靠性和安全性，一般采用冗余结构形式。在不同制式、不同型号的计算机联锁系统中，联锁总线采用的具体标准也不一样，常用的有 STD 总线、CAN 总线和 PROFIBUS 总线等。

二、计算机联锁系统的软件模块

计算机联锁系统软件结构及功能

软件是实现进路、信号机和道岔相互制约的核心部分，由两部分组成：一是参与联锁运算的车站数据；二是进行联锁逻辑运算，完成联锁功能的应用程序。车站数据库包括车站赋值表、车站联锁表、按钮进路表、车站显示数据等。应用程序由多个程序模块组成，即系统管理程序模块、时钟中断管理程序模块、表示信息采集及信息处理程序模块、操作命令输入及分析程序模块、选路及转岔程序模块、信号开放程序模块、解锁程序模块和站场彩色监视器显示程序模块等。

三、计算机联锁采集和驱动电路

1. 计算机联锁采集电路图

计算机联锁系统需要对有关信号设备的状态进行采集，并对驱动命令进行回采。信息采集是通过继电器接点经接口架接至计算机联锁的采集板完成的。采集电路包括信号采集电路、道岔采集电路、轨道采集电路和零散采集电路等。

2. 计算机采集的表示信息

计算机采集的表示信息由现场设备的状态信息和控制命令输出的反馈信息两部分组成。

（1）现场设备的状态信息。

① 道岔定位表示继电器 DBJ、道岔反位表示继电器 FBJ 的前接点。

② 信号机灯丝继电器 DJ 前接点，进、出站信号机要增加采集一组 DJ 前接点。主、副灯丝转换报警继电器 X（S）DSZHJ 前接点。

③ 轨道继电器 GJ 的前后接点。

④ 照查继电器 ZCJ 的前后接点。

⑤ 主电源继电器 ZDYJ 的前接点、副电源继电器 FDYJ 的前接点。

⑥ 熔丝报警继电器 RBJ 的前接点。

⑦ 轨道停电继电器 GDTDJ 的后接点。

⑧ 溜放点灯继电器 LODJ 的前接点。

⑨ 半自动闭塞开通继电器 KTJ 的前接点和选择继电器 XZJ 的后接点串联，KTJ 后接点和 XZJ 的前接点并联。

⑩ 自动闭塞 JGJ、LQJ 的前接点和改变运行方向电路的有关继电器接点。

（2）控制命令输出的反馈信息。

① 信号继电器 XJ，包括 LXJ、YXJ、ZXJ、TXJ、LUXL 的前接点。

② 道岔操纵继电器（DCJ、FCJ）的前接点。

③ 与各种联系电路结合所输出的信息。

（3）信号采集电路。

信号采集电路分为进站信号机采集电路、出站兼调车信号机采集电路、调车信号机采集电路。

① 进站信号机采集电路。

进站信号机采集电路如图 3-1-2 所示，需要对列车信号继电器 LXJ、正线信号继电器 ZXJ、引导信号继电器 YXJ、通过信号继电器 TXJ、绿黄信号继电器 LUXJ 的前接点进行回采，对灯丝继电器 DJ、2DJ 的前接点进行采集，对 LXJ、ZXJ 还需采集后接点并进行对比。

计算机联锁系统进站
信号驱动采集电路

计算机联锁系统出站
信号驱动采集电路

K5B 型计算机联锁的
道岔驱动采集电路

② 出站兼调车信号机采集电路。

出站兼调车信号机采集电路分为一方向、二方向、多方向出站的不同情况。对于一方向出站兼调车信号机，需要回采 LXJ 的前后接点、调车信号继电器 DXJ 的前接点、照查继电器 ZCJ 的后接点，以及 DJ 的前接点。对于二方向出站兼调车信号机，除采集上述接点外，还要回采主信号继电器 ZXJ 的前接点。二方向出站兼调车信号机采集电路如图 3-1-3 所示。对于多方向出站兼调车信号机，还要回采各方向继电器 AFJ、BFJ、CFJ 等的前接点。

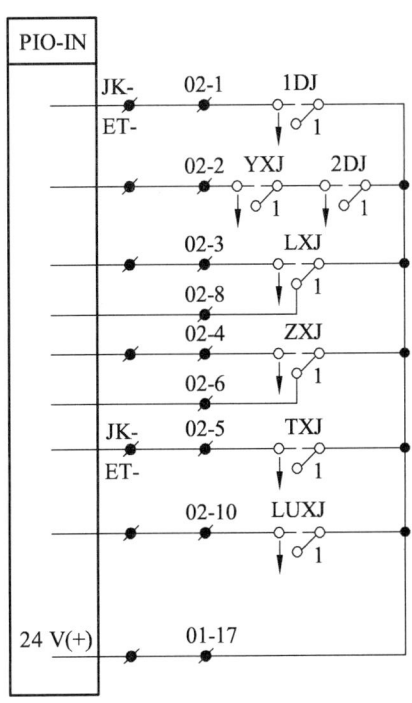

图 3-1-2 进站信号机采集电路图

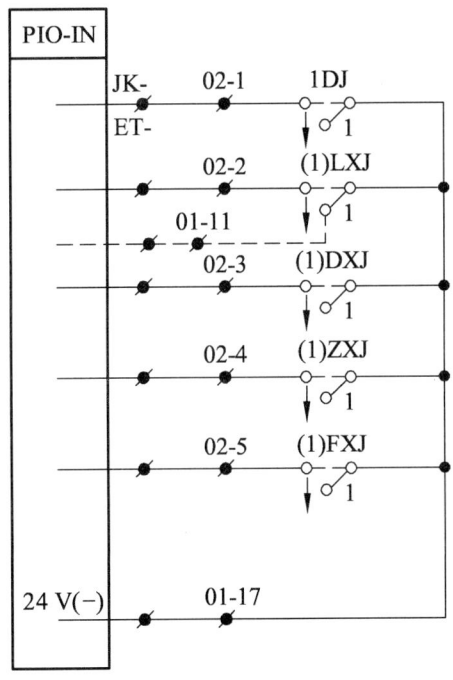

图 3-1-3 二方向出站兼调车信号机采集电路图

③ 调车信号机采集电路。

调车信号机采集电路需要回采信号继电器 XJ 的前接点,以及采集灯丝继电器 DJ 的前接点。由于一个 X_1 组合可用于 4 架调车信号机,各信号机继电器的端子分别占用不同的侧面端子。调车信号机采集电路如图 3-1-4 所示。

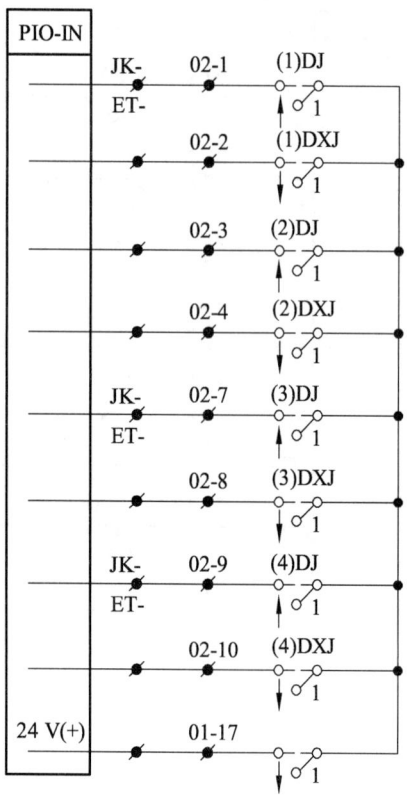

图 3-1-4 调车信号机采集电路图

④ 25 Hz 相敏轨道采集电路。

25 Hz 相敏轨道电路采集的是各区段轨道继电器复示继电器 GJF 的前、后接点。25 Hz 相敏轨道采集电路如图 3-1-5 所示。

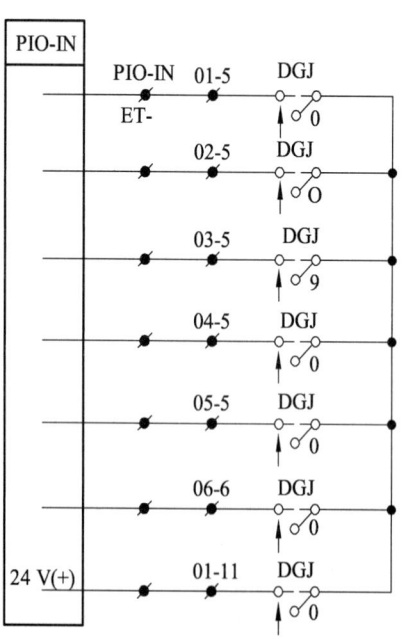

图 3-1-5 25 Hz 相敏轨道采集电路图

⑤ 道岔采集电路。

道岔采集电路采集的是在允许操纵继电器 YCJ 吸起情况下的定位表示继电器 DBJ、反位表示继电器 FBJ 的前接点，分为普通道岔、提速道岔、提速加普通道岔等情况。普通道岔的 DBJ、FBJ、YCJ 在同一个 C_1 或 C_2 组合内，普通道岔采集电路如图 3-1-6 所示。提速道岔 DBJ、FBJ 在 ZDFB 组合内，单动或两端均为提速道岔双动道岔 YCJ 在 CT 组合内，每个组合可用于 3 组道岔（双动道岔算一组道岔）。一端为提速道岔，另一端为普通道岔的双动道岔，YCJ 在 C_1 或 C_2 组合内，每个组合用于一组双动道岔，需要将不在同一组合的 YCJ 的 22 接点和 DBJ，FBJ 的 21 相连，在配线表中注明。而一个 ZDFB 组合均用于 5 组道岔，需要分别相连。

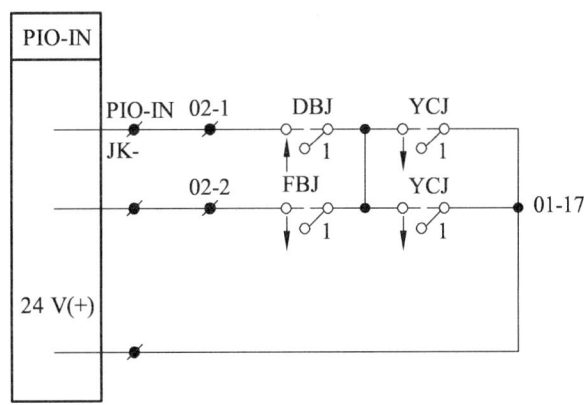

图 3-1-6 普通道岔采集电路图

上面列出的是主要的采集信息，由于各种站场的作业情况有所不同，采集信息也将有所差异。

3. 计算机联锁驱动电路

驱动电路包括信号机驱动电路、道岔驱动电路等。计算机输出的控制命令通过动态或静态的方式驱动如下 3 种继电器。

（1）信号继电器（XJ）。

信号继电器的设置和作用与 6502 电气集中相同，包括列车信号继电器 LXJ，调车信号继电器 DXJ，引导信号继电器 YXJ、ZXJ（进站为正线继电器，出站为主方向继电器）、A（B，C）FJ（表示出口为 3 个及以上的方向继电器），通过信号继电器 TXJ，绿黄信号继电器 LUXJ。

（2）道岔操纵继电器（定位操纵继电器 DCJ、反位操纵继电器 FCJ）。

道岔操纵继电器的设置和作用同 6502 电气集中。

（3）道岔锁闭防护继电器（SFJ）。

计算机联锁车站的道岔各设一个锁闭防护继电器，该继电器平时在落下状态，当操纵道岔时，锁闭防护继电器和定（反）位操纵继电器同时吸起。

4. 信号机驱动电路

信号机驱动电路分为进站信号机驱动电路、出站兼调车信号机驱动电路、调车信号机驱动电路。

（1）进站信号机驱动电路。

进站信号机驱动的继电器有列车信号继电器 LXJ、正线信号继电器 ZXJ、引导信号继电器 YXL、通过信号继电器 TXJ、绿黄信号继电器 LUXJ 等。反方向进站信号机按站间自动闭塞运行，不设绿黄信号继电器 LUXJ，若为半自动闭塞，也不设绿黄信号继电器 LUXJ。各驱动点组合侧面端子至接口架的端子 IOF 电源引至组合侧面的 05-17 端子。进站信号机驱动电路如图 3-1-7 所示。

（2）出站兼调车信号机驱动电路。

出站兼调车信号机有一方向、二方向、多方向等不同情况。驱动的继电器有列车信号继电器 LXJ、调车信号继电器 DXJ、主方向信号继电器 ZXJ、照查继电器 ZCJ、A 方向继电器 AFJ、B 方向继电器 BFJ、C 方向继电器 CFJ 等。二方向出站兼调车信号机驱动电路如图 3-1-8 所示。

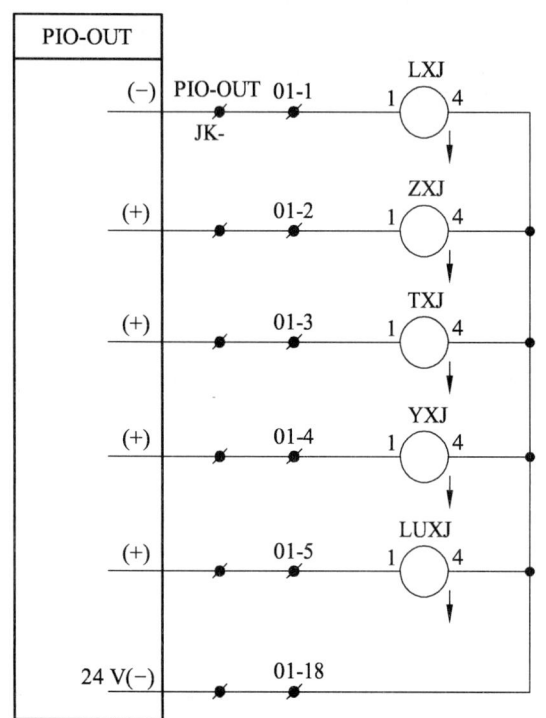

图 3-1-7 进站信号机驱动电路图

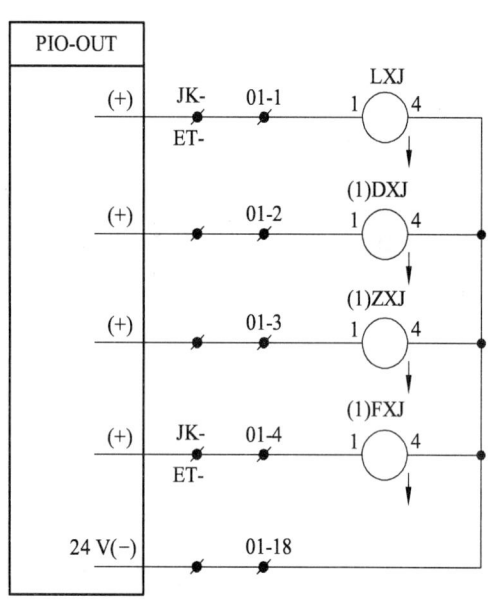

图 3-1-8 二方向出站兼调车信号机驱动电路图

（3）调车信号机驱动电路。

调车信号机驱动的是 XJ，一个 X_1 组合可供 4 架调车信号机使用。调车信号机驱动电路如图 3-1-9 所示。

5. 道岔驱动电路

道岔驱动电路的驱动对象是定位操纵继电器 DCJ、反位操纵继电器 FCJ 和允许操纵继电器 YCJ，YCJ 和 DCJ 或 FCJ 同时被驱动。对于单动提速道岔和两端均为提速的双动道岔，DCJ、FCJ、YCJ 在 CT 组合中，一个 CT 组合为 3 组道岔用（双动道岔算一组），各继电器驱动点为不同的侧面端子，分别引至接口架端子。对于一端提速的双动道岔和普通道岔，DCJ、FCJ、

YCJ 在 C_1 或 C_2 组合中,一个组合为一组道岔(双动道岔算一组)用,分别将各组合侧面端子引至接口架端子。道岔驱动电路如图 3-1-10 所示。

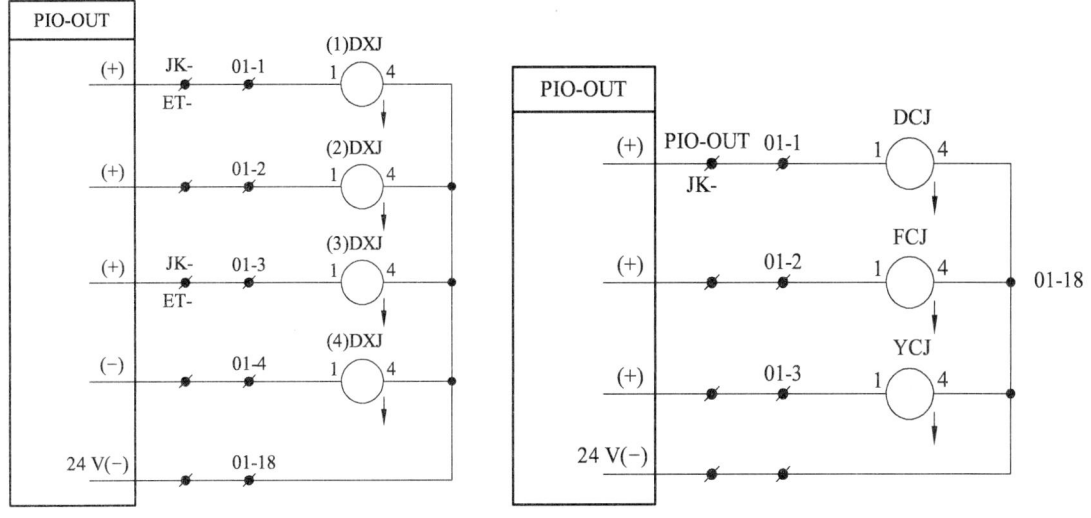

图 3-1-9 调车信号机驱动电路图　　　　　图 3-1-10 道岔驱动电路

道岔控制电路与 6502 电气集中的道岔控制电路基本相同。如图 3-1-11 所示为四线制单动道岔控制电路。如图 3-1-12 为五线制提速道岔启动电路。不同的只是用锁闭防护继电器 SFJ(或道岔允许操作继电器 YCJ、道岔防护继电器 CFJ)和轨道继电器 DGJ 作为道岔电路的控制条件。只有接收到该道岔的驱动命令 SFJ 吸起和该道岔所在的轨道区段空闲(双动道岔所在的两个轨道区段都空闲)DGJ 吸起时,才允许道岔转换。这里也不存在单独操纵道岔的有关接点,因为在计算机联锁中,单独操纵道岔都作为操纵道岔命令进入计算机联锁中,经逻辑判断,允许该道岔转换,就发出驱动命令,使锁闭防护继电器 SFJ 和道岔操纵继电器(DCJ、FCJ)吸起。

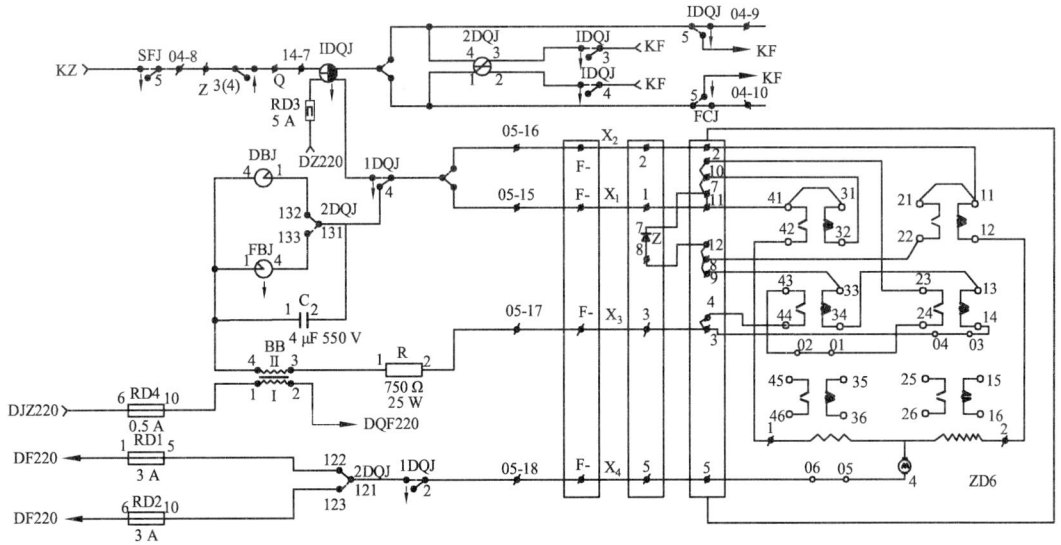

图 3-1-11 四线制单动道岔控制电路图

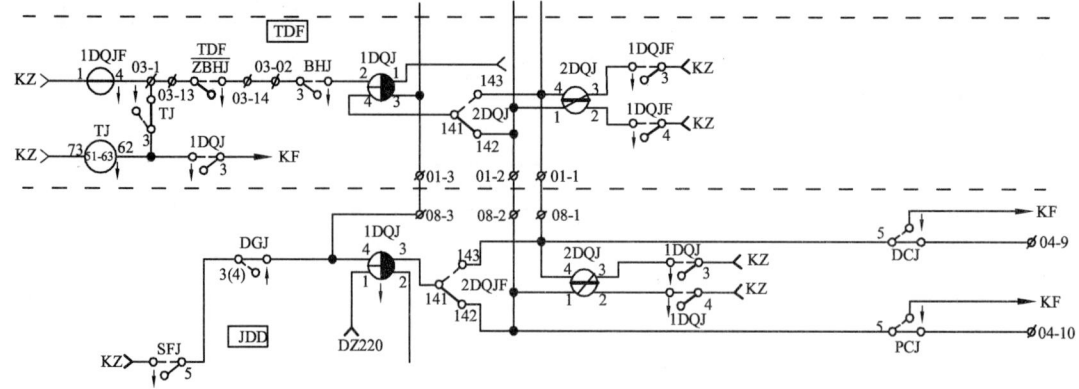

图 3-1-12 五线制提速道岔启动电路图

任务二　DS6-K5B 计算机联锁系统及检修维护

【工作任务】

（1）能操作与运用 DS6-K5B 型计算机联锁设备。
（2）能进行 DS6-K5B 型计算机联锁设备故障的人工切换。
（3）能识读 DS6-K5B 型计算机联锁设备原理图。
（4）能在《行车信号设备检查登记簿》上登、销记。
（5）能对典型计算机联锁系统进行标准化日常检修作业。
（6）能判断、更换 DS6-K5B 型计算机联锁设备的故障硬件。
（7）能判断、处理 DS6-K5B 型计算机联锁设备的开路故障。
（8）能参与电务故障应急处理流程。
（9）通过学习交流，完成派工单任务（见表 3-2-1 和表 3-2-2）。

【知识链接】

DS6-K5B 计算机联锁系统，是北京全路通信信号设计院与日本京三公司生产的具有高可靠性和高安全性的专用计算机设备，采用二乘二取二冗余结构的联锁机，结合 DS6 系列联锁软件，系统的联锁功能能满足我国车站计算机联锁技术条件的要求。

表 3-2-1　派工单 010

专业班级		姓名		学号		分数	
作业内容						完成情况说明	
以举例站或本单位计算机联锁车站为例，完成设备的操作与运用。							

	进　路	应开放的信号机		办理方法	取消方法
		名称	显示		
列车进路	X-ⅠG 接车				
	X-ⅠG 引导接车				
	X-ⅠG 全咽喉引导总锁闭				
	X 通过（一次性办理）				
	X 通过（分段办理）				
	SⅡ-XF 发车				
	SⅡ-XF 发车（变通进路）				
调车进路	D_3-D_9				
	D_3-ⅠG（一次性办理）				
	D_3-ⅠG（分段办理）				
	D_3-D_{11}				
	D_1-D_{15}				
道岔操纵	将 1/3 单操至反位				
	将 1/3 单锁				
	将 1/3 单封				
特殊操纵	故障解锁				

注意事项
（1）工作准备方面：
（2）工作要求方面：
（3）安全风险方面：
（4）查阅资料方面：
（5）其他注意事项：

存在问题描述

理论联系实际
本次作业内容与"企业案例"是否有相同、相近或相关联之处？请说明

表 3-2-2　派工单 011

专业班级		姓名		学号		分数	
作业内容						完成情况说明	
根据本单位实训基地设备情况，录制相关视频，教师抽查评分。 （1）录制开机过程视频上传，mp4 格式，以"开机"命名。 （2）录制关机过程视频上传，mp4 格式，以"关机"命名。 （3）录制倒机过程视频上传，mp4 格式，以"倒机"命名。 （4）录制灯丝报警信息与恢复视频上传，mp4 格式，以"灯丝报警"命名。（5）录制挤岔报警信息与恢复视频上传，mp4 格式，以"挤岔报警"命名。 （6）录制"联锁机、上位机机柜（笼）内部检修"视频上传，mp4 格式，以"检修"命名							
注意事项							
（1）工作准备方面： （2）工作要求方面： （3）安全风险方面： （4）查阅资料方面： （5）其他注意事项：							
存在问题描述							
理论联系实际							
本次作业内容与"企业案例"是否有相同、相近或相关联之处？请说明							

一、K5B 系统结构

K5B 系统由联锁逻辑部、前置通信机、电子终端、光分路器、控显机、维修机、通信监测机、KVM 转换器、维修终端、逻辑电源、接口电源、车务操作台（控显机终端）等组成。系统结构如图 3-2-1 所示。

除控显机终端安装在运转室外，其余设备均分别安装在机械室的联锁机柜、监控机柜、电源机柜。机柜正面安装如图 3-2-2 所示。

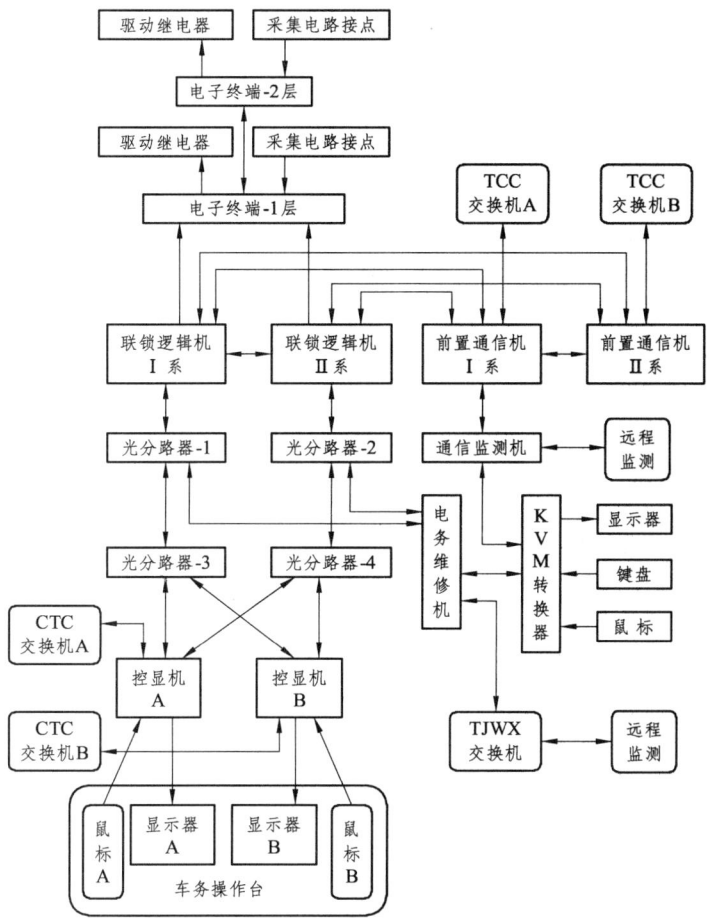

图 3-2-1　DS6-K5B 计算机联锁系统结构图

图 3-2-2　机柜正面安装图

二、设备功能

1. 联锁逻辑部

联锁逻辑部是联锁机的核心部件,完成 DS6 软件联锁逻辑功能;由二系组成,以主从方式并行运行,每一系采用故障-安全的双 CPU 处理器,两系之间通过并行接口(FIFO)建立的高速通道交换信息,实现二重系的同步和切换。联锁逻辑部设备如图 3-2-3 所示。

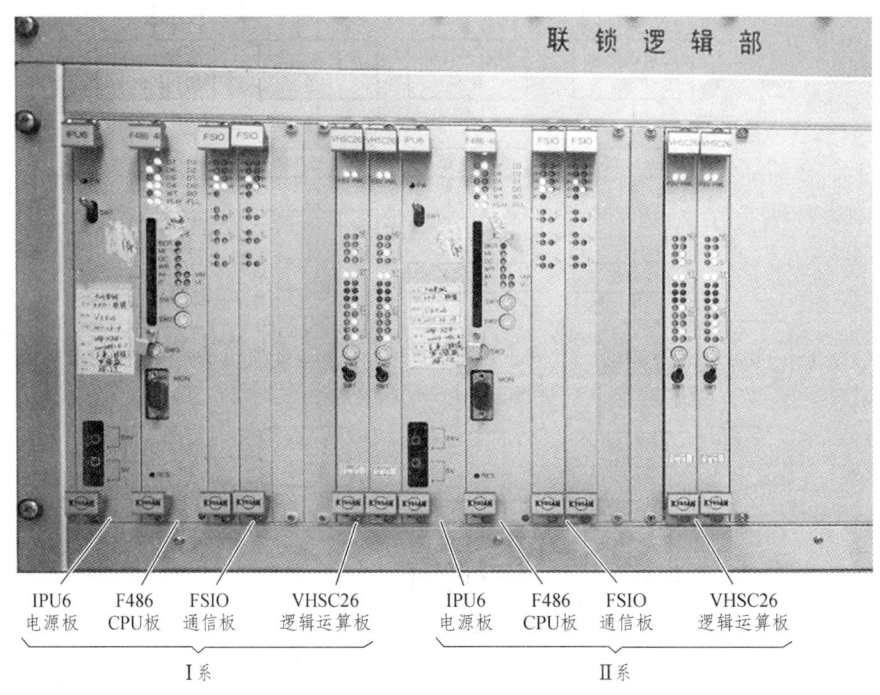

图 3-2-3　联锁逻辑部设备

主、从系各自执行全部处理功能。主系在每个处理周期的起始时刻向从系发出同步信号,令从系与主系保持同步。主、从系交换处理结果。从系取与主系一致的结果输出。逻辑部故障-安全处理原理图如图 3-2-4 所示。

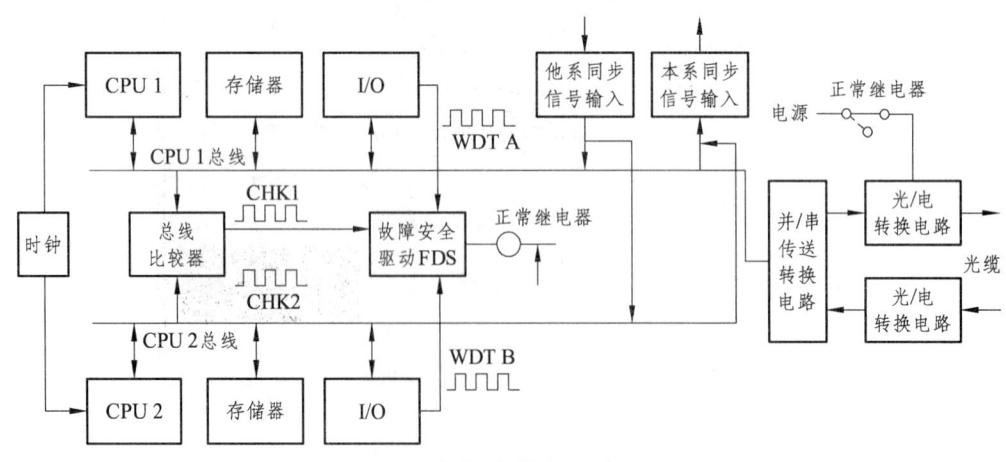

图 3-2-4　逻辑部故障-安全处理原理图

2. 前置通信机

前置通信机是联锁机的重要部分，与联锁逻辑部的硬件相同，实现与外部列控中心 TCC 系统（包含 RBC 信息）的通信和安全校验处理功能。其设备如图 3-2-5 所示。

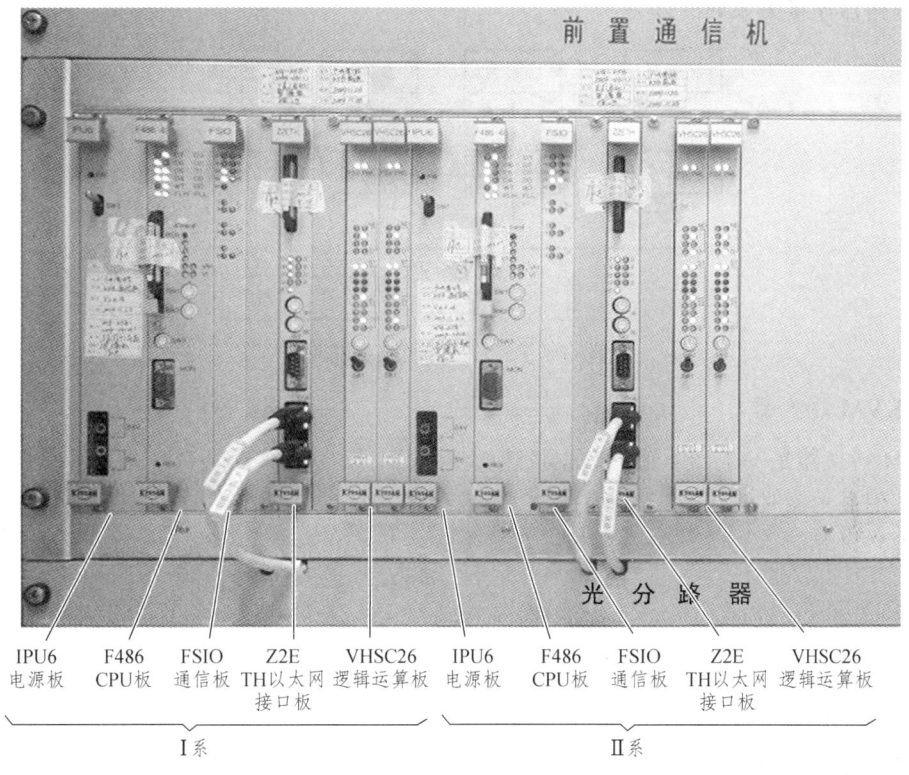

图 3-2-5 前置通信机设备图

3. 电子终端

电子终端是道岔、轨道电路、信号状态采集信息的输入端口和道岔、信号控制驱动信息的输出端口。它将采集到的现场设备状态发送给联锁逻辑部，作为联锁运算的基本数据，同时将联锁逻辑部产生的输出命令转化成 24 V 直流电平驱动相应的继电器。I/O 板两两成对设置，一块 I/O 板故障不会造成设备影响。其设备如图 3-2-6 所示。

图 3-2-6 电子终端

4. 光分路器

光分路器是将一侧的输入信号分成两路输出，同时将另一侧的两路输入信号合并成一路输出的接口装置，实现联锁逻辑部与控显机、联锁逻辑部与维修机之间的信息传递和安全隔离。光分路器连接关系如图 3-2-7 所示。

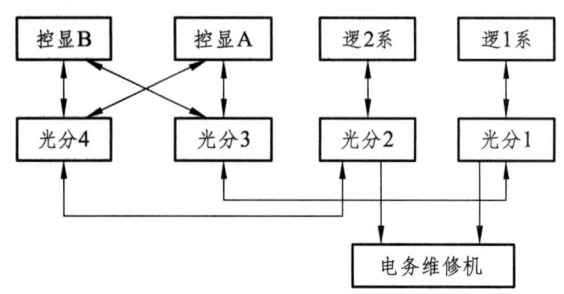

图 3-2-7　光分路器连接关系

5. KVM 转换器

KVM 转换器是一个四通道的数据快速转换装置，用于维修机显示界面及通信监测机显示界面在共用显示器时的转换。选择通道 CH1 时显示器显示监测机界面，选择通道 CH2 时显示器显示维修机界面。

6. 通信监测机

通信监测机与前置通信机连接，通过外网实现网络信息的远程监测和远程诊断。

7. 控显机

控显机是车务终端操作台的主机，向联锁逻辑部传递车务终端操作台的操作信息，向车务终端操作台和 CTC 反馈联锁逻辑部处理后的站场设备实时信息，同时接收来自 CTC 车务终端的操作指令并传输给联锁机。

8. 维护终端

维护终端是查询、故障诊断、回放历史记录的人机界面。电务维修机与通信监测机共用一个显示器，维修机信息显示必须在 KVM 转换器上选用通道 CH2。

9. 逻辑电源

逻辑电源提供联锁逻辑部、前置通信机、电子终端逻辑电路使用的 24 V 逻辑电源（L24）。各电路内部所需的 5 V 工作电源是由逻辑电源经 DC-DC 变换产生。

10. 接口电源

接口电源提供继电器驱动输出接口和继电器状态采集输入接口的 24 V 电源（I24）。其中驱动输出接口电源为 I24+、采集输入接口电源为 I24-。

11. 电源配置层

（1）联锁系统 220 V 电源由电源屏专用变压器经过 20 A 空气开关供电。

（2）驱动电源和采集电源由电子终端供出，驱动去线为 I24 V+，回线为 I24 V-；采集电源去线为 I24 V-，回线为 I24 V+，其中采集回线不经接口架。系统电源关系配置如图 3-2-8 所示。

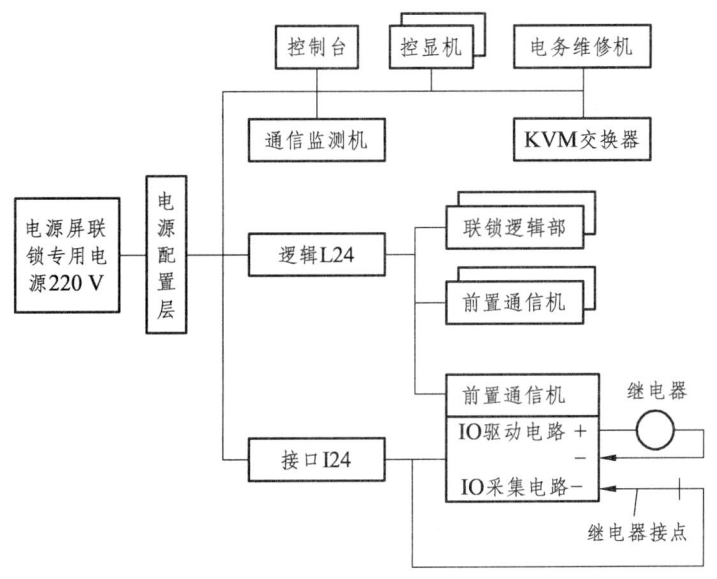

图 3-2-8 系统电源配置关系

12. 车务操作台

车务操作台（控显机终端）又称控制台，是车站值班员操作的人机界面。

三、DS6-K5B 计算机联锁与外部系统接口

1. 与 TCC 系统接口

DS6-K5B 通过联锁系统中Ⅰ系、Ⅱ系的安全以太网接口板与列控中心 TCC 建立安全网络连接，并与列控中心进行信息交互。

计算机联锁向 TCC 传送联锁进路信息、区间方向信息以及其他相关信息。TCC 向计算机联锁发送区间方向信息、区间闭塞信息和其他相关信息。

2. 与 RBC 系统接口

DS6-K5B 通过联锁系统中Ⅰ系、Ⅱ系的安全以太网接口板（Z2ETH）与无线闭塞中心 RBC 建立安全网络连接，并与无线闭塞中心进行信息交互处理。

联锁系统主要负责向 RBC 发送联锁的进路信息，RBC 根据联锁的进路信息及其他系统提供的线路信息产生移动授权。

3. 与 CTC 系统接口

DS6-K5B 通过控显机以太网与 CTC 系统的自律机 A 和自律机 B 连接；控显 A 机和控显 B 机均装有专用以太网网卡，分别接入 CTC 局域网，作为联锁系统与 CTC 的专用物理通道，并与 CTC 系统进行信息交互。

计算机联锁主要向 CTC 系统传送站场表示信息和进路光带信息以及报警信息。

CTC 主要向计算机联锁发送按钮信息并根据按钮信息产生相关的进路命令。

4. 与 CSM 系统接口

DS6-K5B 通过电务维修机的以太网接口与集中监测连接（CSM），并与 CSM 系统进行信息交互，主要向集中监测系统传送站场表示信息和进路光带信息及报警信息。

四、控制台

计算机联锁系统的控制台
显示屏显示意义

（一）按钮设置

（1）在显示界面上，用信号机图形表示列车按钮，用信号机名称表示调车按钮（点击"显示隐藏"按钮可以显示信号机名称）。轨道线路旁的方块形图标表示未设信号机的终端按钮、通过按钮、变更按钮或引导信号按钮。

（2）在显示界面上，道岔按钮由道岔号码代替，区段按钮由区段名称代替（点击"显示隐藏"按钮可以显示道岔号码、区段名称）。

（3）总定、总反、单锁、单解、岔封、岔解、钮封、钮解、取消、区解、总锁、人解、点灯、关灯、上电解锁、非常站控、显示隐藏、站场操作、系统操作按钮分布在屏幕界面的上方，总辅助、接车辅助、发车辅助、允许改变运行方向按钮设置在站场图咽喉区。取消、人解、总定、总反、单锁、单解等按钮采取延时恢复的方式，在按钮按下的延时期间，图形显示器上对应的按钮变为按下状态，并在按钮下方有倒计时显示。控制台界面如图 3-2-9 所示。

（二）站场图形显示意义

1. 信号机显示

（1）列车信号机灭灯状态时显示红色破裂圆形表示灯，开灯状态时显示与室外一致颜色的表示灯。

（2）调车信号机关闭状态时显示蓝色表示灯，开放信号时显示白色表示灯，开放溜放信号时闪白色灯光。

（3）信号机的名称用拼音字母表示，平时不显示。信号机发生灯丝断丝时，除车务终端操作台上有 XX 灯丝断丝报警外，该信号机图形闪烁。

（4）排列进路时，按下信号按钮后，显示按钮名并闪光。列车信号的按钮名称为绿色，调车信号按钮名称为白色。进路锁闭后按钮名消失。

2. 轨道区段显示

轨道区段为解锁状态时显示蓝色线段，锁闭状态时显示白色，占用状态时显示红色。无岔区段名显示在轨道线段上。

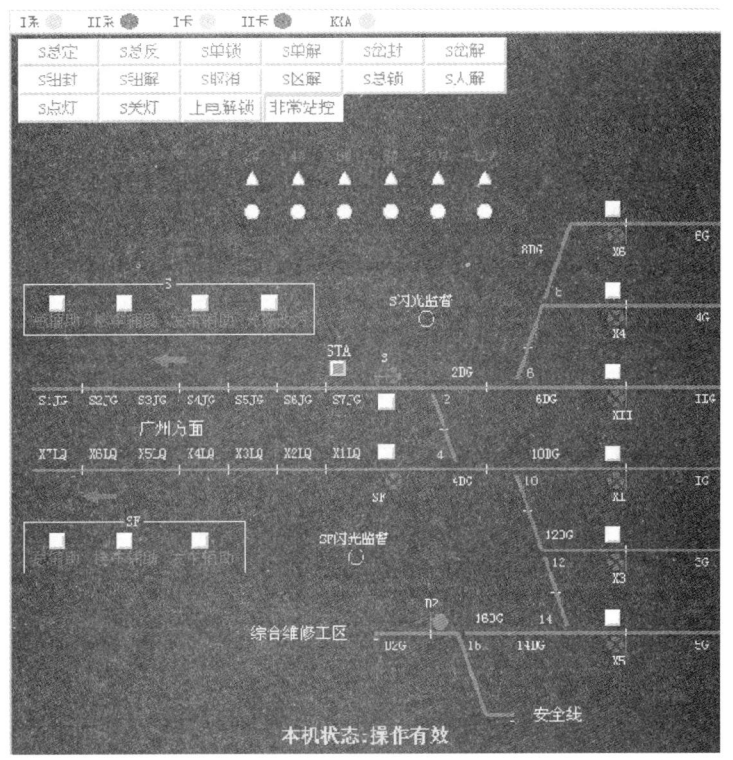

(a)

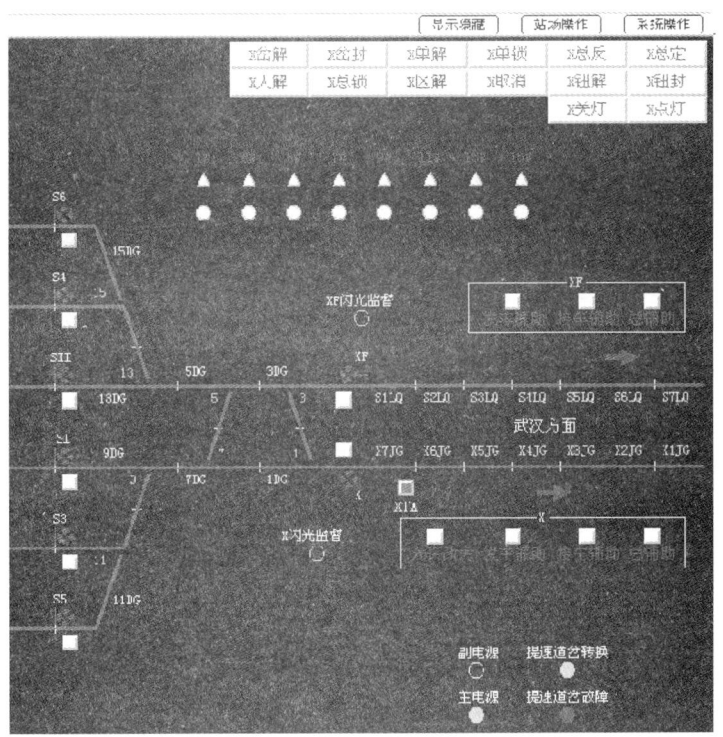

(b)

图 3-2-9 控制台界面

3. 道岔显示

道岔用与所在轨道区段颜色相同的线段表示当前开通位置。道岔在单独锁闭时，在道岔处显示一个圆圈，单独解锁后圆圈消失。单封状态下时，道岔名被一个正方形圈住，岔解后正方形圈消失。

4. 操作和报警栏显示

屏幕界面的左下角，为当前操作的提示。延时提示用小号白色字。

（三）操作方法

1. "上电解锁"按钮操作

在联锁计算机开机时或联锁机逻辑部倒机后，须进行上电解锁。
（1）"非常站控"模式，在 K5B 控制台进行上电解锁操作。
（2）非"非常站控"模式，在 CTC 控制台进行上电解锁操作。

2. "非常站控"按钮操作

（1）在非"非常站控"模式下，点击"非常站控"按钮，K5B 控制台获得操作权。
（2）在"非常站控"模式下，点击"非常站控"按钮并选择办理申请 CTC 控制选项，经 CTC 控制台同意后，转为 CTC 控制台操作。K5B 控制台被限制操作。

3. 排列进路操作

（1）排列基本进路：顺序点击进路的始端按钮和终端按钮。
（2）排列变更进路：顺序点击始端按钮、变更按钮和终端按钮。
（3）开放进路引导信号：点击引导按钮，输入密码后，点击"确认"按钮（如进站内方第一区段故障时，必须每隔 15 s 再点击引导按钮一次，否则引导信号关闭，需重新办理）。
（4）办理发车进路

① 在灭灯模式下，顺向办理发车进路，需要检查 1LQ 空闲，无须检查站间空闲；反向办理发车进路需检查站间空闲。

② 在开灯模式下，办理发车进路需检查站间空闲。

4. 取消、人工解锁操作

（1）办理取消进路操作：首先点击"取消"按钮，在 10 s 内按下进路始端按钮。
（2）办理人工解锁进路操作：首先点击"人解"按钮，输入密码后点击"确认"，在 10 s 内点击进路始端按钮，进入人工解锁延时状态，屏幕界面下方出现进路延时解锁的倒计时显示。
（3）取消引导进路：点击"人解"按钮，输入密码后再点击"确认"，然后在 10 s 内点击相应引导信号按钮。

5. 道岔单独操作

点击道岔"总定"或"总反"按钮，在 10 s 内点击需要操纵的道岔按钮，完成道岔单操。

6. 道岔单独锁闭或单独解锁操作

点击"单锁"或"单解"按钮，在 10 s 内点击道岔按钮，完成道岔单锁或单解。

7. 道岔单独封锁或解封操作

点击"岔封"或"岔解"按钮，在10 s内点击道岔按钮，完成道岔封锁或解封。

8. 引导总锁闭按钮操作

点击"引导总锁闭"按钮，锁闭本咽喉区全部道岔。

9. 区段事故解锁操作

点击本咽喉的"事故解锁"按钮，输入密码，然后点击区段名称，区段被解锁，此时屏幕界面下方提示"事故解锁XX DG"。

10. "显示隐藏"按钮

（1）点击"显示隐藏"按钮后选择"显示道岔名"选项：显示所有道岔的名称。处于定位的为绿色，处于反位的为黄色，无表示的为红色。

（2）点击"显示隐藏"按钮后选择"显示信号名"选项：显示所有信号机的名称。

（3）点击"显示隐藏"按钮后选择"显示区段名"选项：显示所有道岔区段的名称。

11. "站场操作"按钮

（1）点击"站场操作"按钮后选择"计数器"选项：显示所有铅封按钮的操作次数。控显A机和B机对铅封按钮各自独立计数。

（2）点击"站场操作"按钮后选择"清音响"选项：终止报警音响。

（3）点击"站场操作"按钮后选择"清报警"选项：消除屏幕报警提示信息。

12. "系统操作"按钮

点击"系统操作"按钮后选择显示文本选项，显示站场名称及尽头线名称等文字标记。

五、K5B计算机联锁系统操作

1. 列车进路（接、发车）

列车进路（接、发车）操作流程如图3-2-10所示。

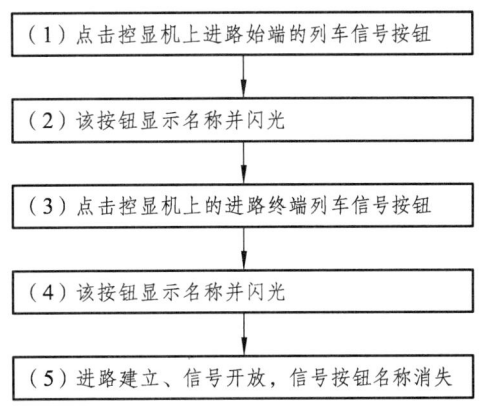

图3-2-10 列车进路（接、发车）操作流程图

2. 列车进路（通过）

列车进路（通过）操作流程如图 3-2-11 所示。

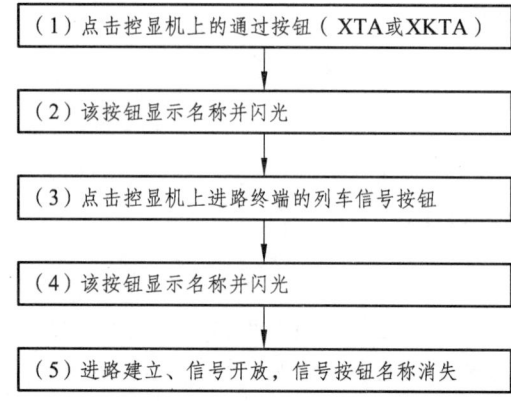

图 3-2-11　列车进路（通过）操作流程图

3. 调车进路

调车进路操作流程如图 3-2-12 所示。

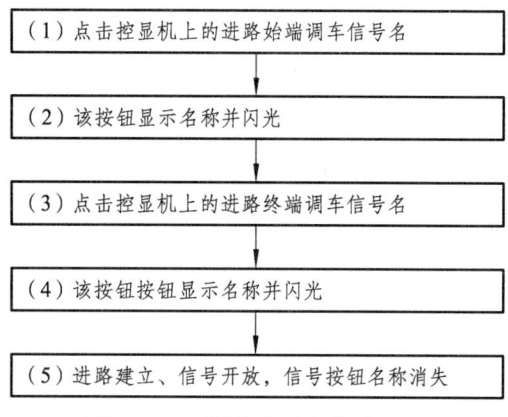

图 3-2-12　调车进路操作流程图

4. 总取消

总取消操作流程图如图 3-2-13 所示。

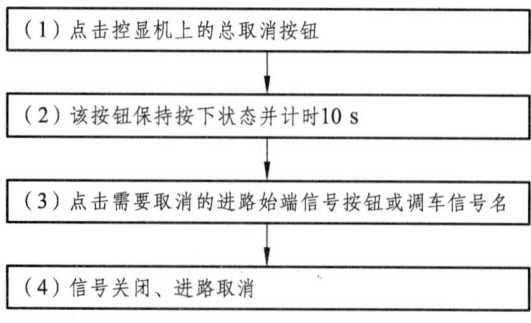

图 3-2-13　总取消操作流程图

5. 总人解

总人解操作流程图如图 3-2-14 所示。

6. 区段解锁

区段解锁操作流程如图 3-2-15 所示。

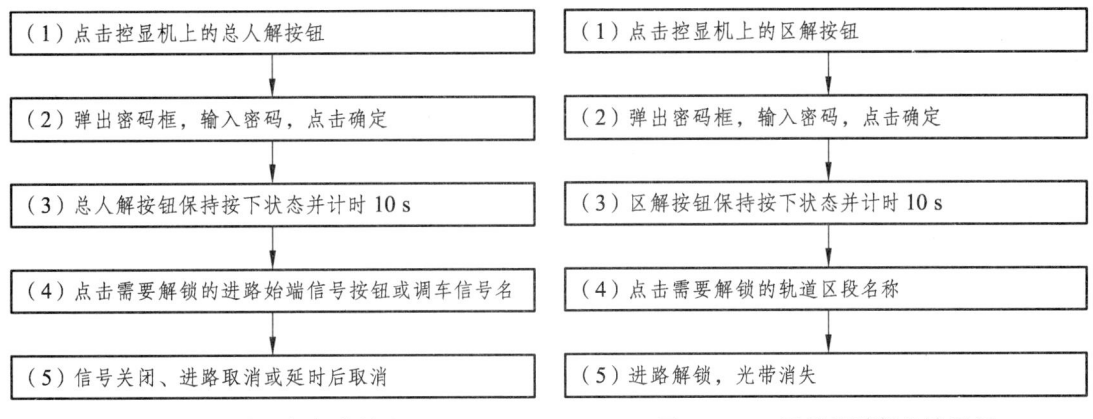

图 3-2-14　总人解操作流程图　　　　图 3-2-15　区段解锁操作流程图

7. 设备正常办理反方向发车

设备正常办理反方向发车操作流程如图 3-2-16 所示。

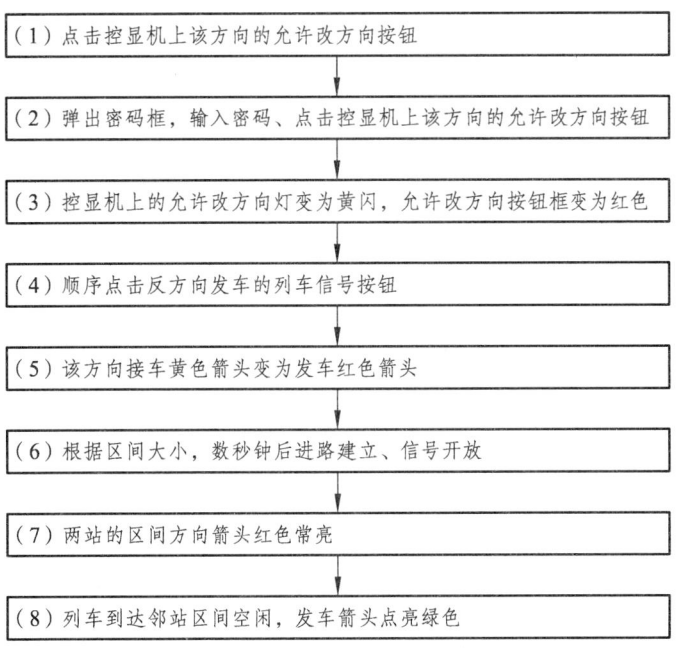

图 3-2-16　设备正常办理反方向发车操作流程图

注意：如果不需要连续反方向运行，应在反方向运行列车出站后再次点击允许改方向按钮，确认允许改方向按钮恢复弹起状态。反方向运行列车到达邻站后，由邻站开放正方向出站信号，恢复区间正方向行车。

8. 辅助办理改变运行方向

1）发车辅助（故障状态下改变为发车状态）

发生辅助操作流程如图 3-2-17 所示。

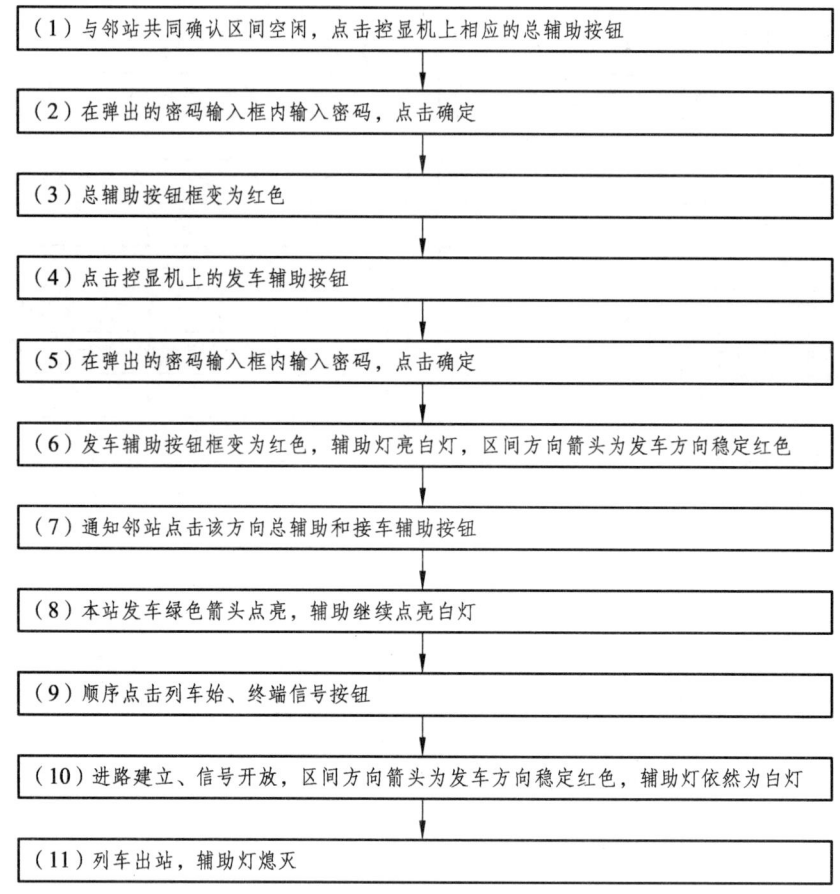

图 3-2-17　发生辅助操作流程图

2）接车辅助（故障状态下改变为接车状态）

接车辅助操作流程如图 3-2-18 所示。

注意：

（1）辅助办理时，必须共同确认区间无车，并且必须由想改为发车站的一方首先办理，使其发车辅助按钮生效，改为接车站的一方后动作。

（2）如果在发车辅助按钮按下的 25 s 内方向电路未能正常动作（本站的发车绿色箭头未点亮），要求本站值班员在发车辅助按钮 25 s 倒计时结束前，重复点击发车辅助按钮，使发车辅助按钮重新计时，保持连续按下状态，直至运行方向改变。

（3）在辅助办理过程中，如有一方辅助按钮按下后，区间方向箭头为红闪，表示信号设备存在故障，需停止办理。

（4）因辅助办理操作复杂，有时操作时间过长造成方向没有变更过来时应再次进行相应操作。但两次操作之间的间隔不得小于 13 s。

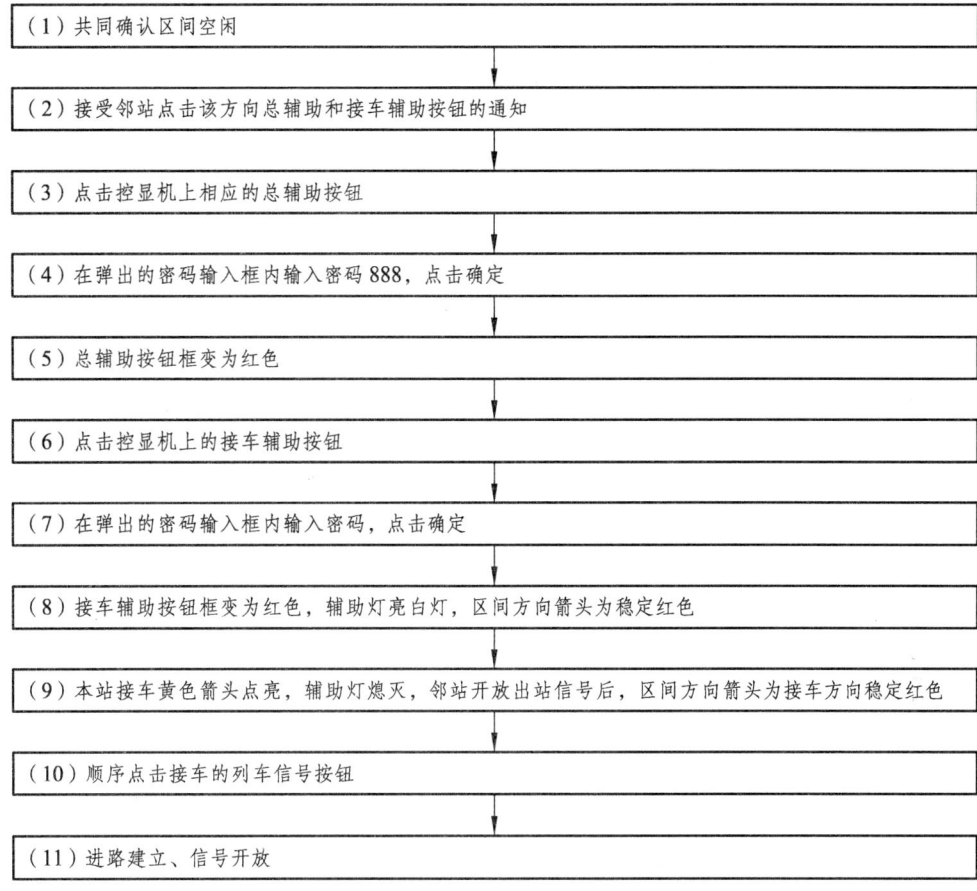

图 3-2-18　接车辅助操作流程图

9. 引导进路锁闭方式办理引导接车

1）办理引导

引导进路锁闭方式办理引导接车操作流程如图 3-2-19 所示。

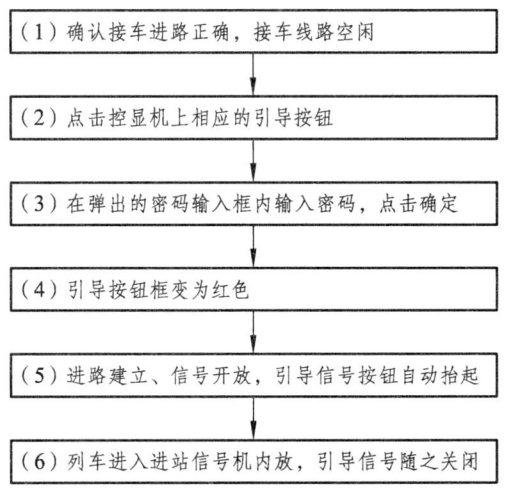

图 3-2-19　引导进路锁闭方式办理引导接车操作流程图

注意：进站信号机内方第一轨道区段故障办理引导接车时，信号开放后有 15 s 的延时，要想使引导信号继续开放，应在 15 s 内重复点击引导按钮（不需要再次输入密码及确认），直到列车进入进站信号机内方。

2）取消引导进路

引导进路锁闭方式取消引导进路操作流程如图 3-2-20 所示。

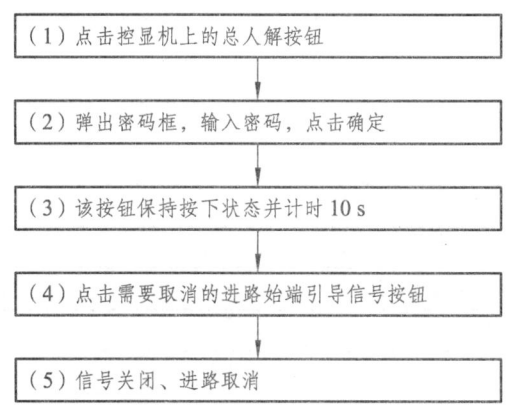

图 3-2-20　引导进路锁闭方式取消引导进路操作流程图

10. 引导总锁闭方式办理引导接车

1）办理引导

引导总锁闭方式办理引导接车操作流程如图 3-2-21 所示。

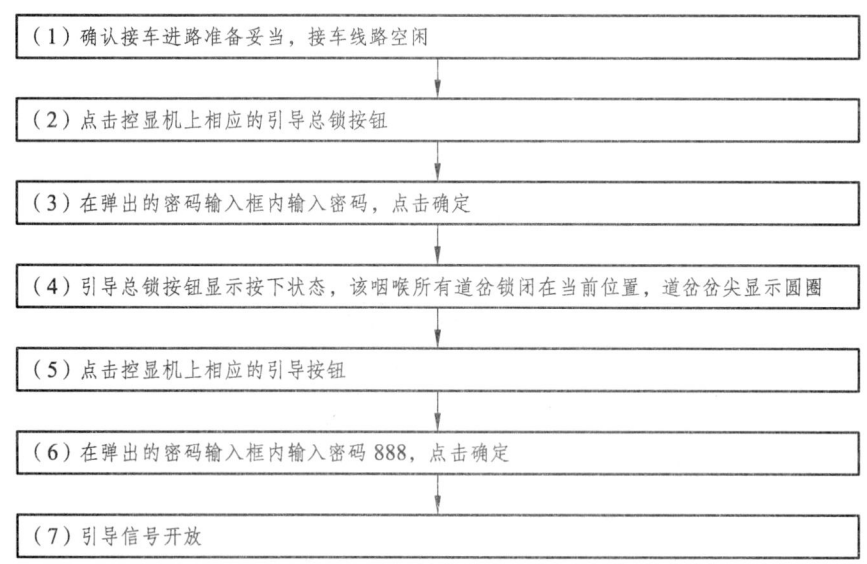

图 3-2-21　引导总锁闭方式办理引导接车操作流程图

2）取消引导总锁闭方式开放的引导信号

引导总锁闭方式取消开放的引导信号操作流程如图 3-2-22 所示。

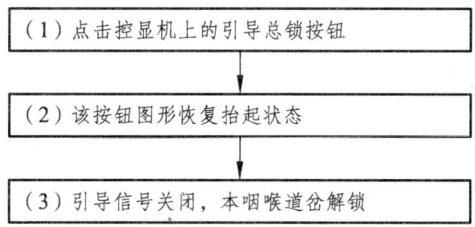

图 3-2-22　引导总锁闭方式取消开放的引导信号操作流程图

11. 非常站控

非常站控操作流程如图 3-2-23 所示。

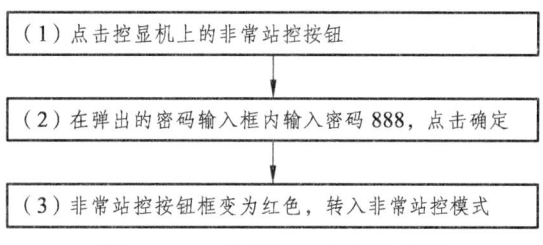

图 3-2-23　非常站控操作流程图

12. 开机与关机

1）联锁逻辑部、前置通信机、电子终端

（1）开机方法：电源开关拉出后再往上扳动。

（2）关机方法：电源开关拉出后再往下扳动。

2）通信监测机、电务维修机、控显 A 机、控显 B 机

（1）开机方法：按一下黑色电源按钮即可。

（2）关机方法：长按黑色电源按钮，直至只剩一个绿灯时马上松手（如果不及时松手，会导致再次开机）。

DS6-K5B 计算机联锁开关机步骤　　　　　联锁系 F486CPU 板更换

3）联锁电源机柜的二路逻辑电源和二路接口电源

（1）开启方法：将电源开关合上，利用微调装置将两路输出电源电压调整一致。

（2）关闭方法：将电源开关关闭。

13. 倒　机

1）联锁逻辑部

（1）Ⅰ系切换为Ⅱ系工作：关闭Ⅰ系电源，自动转为Ⅱ系工作，Ⅱ系显示绿灯；再次开启Ⅰ系电源，Ⅰ系显示黄灯，倒机完成。

（2）Ⅱ系切换为Ⅰ系工作：关闭Ⅱ系电源，自动转为Ⅰ系工作，Ⅰ系显示绿灯；再次开启Ⅱ系电源，Ⅱ系显示黄灯，倒机完成。

2）前置通信机

倒机方法与联锁逻辑部的步骤相同，只是车务终端操作台无表示灯。

3）控显机

（1）A机切换为B机工作：长按控显A机电源按钮，直至只剩一个绿灯时马上松手（如果不及时松手，会导致再次开机），车务终端操作台显示KXA红灯、KXB绿灯；再开启控显A机，车务终端操作台显示KXA黄灯、KXB绿灯时倒机完成。

（2）B机切换为A机工作：长按控显B机电源按钮，直至只剩一个绿灯时马上松手（如果不及时松手，会导致再次开机），车务终端操作台显示KXB红灯、KXA绿灯；再开启控显B机，车务终端操作台显示KXB黄灯、KXA绿灯时倒机完成。

14. 维修机重启

（1）输入重启密码："XXXX"。

（2）点击"我的电脑"进入C盘。

（3）点击"Station"文件夹。

（4）点击"人形"图标进入界面（KVM选CH2通道）。

15. 注意事项

（1）联锁机从冷机启动，需从IC卡上读入程序和数据才能进入正常运行。IC卡平时应插在IC卡插槽内。

（2）系统各设备间采用光缆连接，不得用手触摸光缆接头的光端口，光缆接头不用时要带上防尘帽。

（3）光缆弯曲半径须在60 mm以上，避免撞击、振动和重力挤压、拉扯。拆卸连接光缆时须握住光缆接头的外壳拔插，不可拉拽光缆线。

（4）严禁在带电的情况下拔插电路板和模块。

六、设备检修维护

（一）集中检修

1. 目的

掌握计算机联锁系统检修作业程序、技术标准，达到能按作业程序进行DS6-11计算机联锁系统检修的要求。

2. 适用范围

车站与区间信号工岗位。

3. 作业内容

（1）检查系统主机各种运行指示灯显示状态，各种电路板及接插件、熔断器接插状态，电源、控制台（显示器）工作状态，无异常现象。

（2）检查室内继电器工作状态，无异常现象。

（3）检查风扇运行情况，保持机箱通风良好。

（4）检查维护机有关报警信息，无异常现象。

（5）检查 UPS 电源工作是否正常。

（6）设备清扫，接插件及各部螺丝紧固。

（7）清理计算机、UPS 通风防尘网。

（8）设备地线、防雷地线、防雷单元测试，检查各部配线。

（9）电源设备检查测试。

（10）阻容元件、二极管检查，测试不良的更换。

（11）时钟精度校核。

（12）双机热备系统定期主副切换。

（13）定期进行系统复位重启，并进行联锁机通信板到维修机的通信口切换，联锁机主备用电源板、CPU 板、采集板、驱动板热机试验。

（14）检修整修防尘、防鼠设施。

（15）进行Ⅰ级测试并做记录。

（16）熔丝容量核对、测试、检查、整修、更换。

（17）按周期更换轮修器材。

（18）更换不良器材。

K5B 电源柜巡视

4. 作业材料、工具（见表 3-2-3）

表 3-2-3　工具材料一览表

序号	名　称	规格型号	单位	数量	备　注
1	套筒	4 mm/5 mm/6 mm	把	各1	
2	一字螺丝刀	75 mm、150 mm	把	各1	
3	十字螺丝刀	75 mm、150 mm	把	各1	
4	钟表螺丝刀		套	1	
5	毛刷		把	1	
6	对讲机		台	1	
7	数字万用表		块	1	
8	兆欧表		块	1	
9	尖嘴钳		把	1	
10	斜口钳		把	1	
11	白布			若干	
12	小工具		套	1	

5. 检修作业程序（见表 3-2-4）

表 3-2-4 检修作业一览表

阶段	步骤	项目	内容、要求及标准
天窗点前作业	1	监测数据分析	工作前，调阅维修机监测，分析设备运用状态
	2	登记	根据《电务段营业线施工及安全管理实施细则》文件要求，驻站联络员在天窗开始前 40 分钟，在天窗修专用"运统-46"上按照路局 162 号文的登记格式和规定时间进行登记
	3	设置防护	按《电务段劳动安全守则实施细则》规定，指派驻站联络员和现场防护员进行防护
	4	现场联系	与电务驻站联络员联系，互试电话，确认作业地点、设备编号及工作内容
天窗点内作业	1	联锁机、上位机机柜（笼）内部检修	（1）各种接口插接牢固，各种板卡固定良好，螺丝紧固。 （2）机柜内部扁平电缆、网线无破损，排列整齐。 （3）机柜内部风扇工作良好，机柜内部清洁。 （4）机房内有防静电措施。 （5）电缆沟内干净整洁，盖板严密，引入电缆固定良好，电缆引入口封堵严实，有防鼠、防火措施
	2	操纵与显示设备内部检修	（1）底柜内部清洁，设备完整无缺，防尘良好，加封、加锁装置良好。 （2）底柜内各种电源插头、CRT 显示器插接件、鼠标插头连接牢固不松动，各部螺丝紧固。 （3）数字化仪软缆接口、分屏器接头插接良好，螺丝紧固。 （4）应急盘内部清扫，各开关位置正确，道岔表示灯显示正确。 （5）应急盘保险接触良好，保险容量图物相符。 （6）各部配线无破损、无混电现象。 （7）地沟内干净整洁，盖板严密，引入电缆固定良好，电缆引入口封堵严实，防鼠、防火措施良好
	3	接口架检修	（1）各部螺丝紧固，插接件安装牢固，接触良好。 （2）配线无破皮，绑扎整齐。 （3）名牌齐全、正确、清晰
	4	试验、测试	（1）联锁机双机热备，每月进行一次转换试验。 （2）UPS 运行正常，每季一次放电试验，放电时间严格遵守随机技术资料的要求。 （3）双显示器每季一次左右互换。 （4）应急盘每年一次核对试验。 （5）备用板每年一次替代试验，确保备用板处于良好状态。 （6）计算机联锁地线测试。计算机联锁防雷地线接地电阻不大于 1Ω。 （7）测试各种电压符合规定标准

续表

阶段	步骤	项目	内容、要求及标准
天窗点内作业	5	复查销记	（1）复查各部良好，作业工具、材料未遗漏。 （2）现场防护员与驻站联络员相互确认设备正常，驻站联络员在"运统-46"上按标准格式进行销记
天窗点后作业	1	问题处理	发现一时不能克服的设备故障时，记录在《微机联锁设备运行履历记录本》上，并向工长汇报，联系设备厂家进行处理

6. 作业安全风险防控措施

（1）联锁机、上位机机柜（笼）内部检修时要断电作业。

（2）严禁带电插拔各类板卡。

（3）测试工作要正确使用仪表。

（4）倒机、UPS放电试验必须在天窗点内进行，并制定应急措施。

（5）更换板件必须在天窗点内进行。

（6）设备安装牢固，继电器插接牢固。

（7）防鼠、防虫措施到位，无老鼠活动痕迹。

（8）配线线头无毛刺短路可能。

（9）维护机有关报警信息必须及时查找原因，及时汇报，并联系厂家处理。

7. 检维修登销记样本（见表3-2-5）

表3-2-5　检维修登销记样表

本月检维修编号	请求检维修/施工（慢行/封锁）登记			确认	开通检查确认销记		开通	备注
	检维修项目	月日时分	（1）影响范围： （2）负责人签字： （3）设备单位检查人签字： （4）车站值班员签字：	所需时分	（1）命令号及发令时间： （2）慢行/封锁起止时间： （3）车站值班员签字： （4）负责人签字：	月日时分	（1）恢复使用范围和条件： （2）负责人签字： （3）设备单位检查人签字： （4）车站值班员签字：	（1）开通/恢复常速命令及开通时间： （2）负责人签字： （3）设备单位检查人签字： （4）车站值班员签字：	
	信号设备整治								
	更换钢轨								

（二）典型故障分析与处理

1. 故障分析判断

1）电源及道岔转换故障分析（见表 3-2-6）

表 3-2-6　电源及道岔转换故障分析一览

序号	报警灯名称	继电器名称及常态	平常状态及显示	报警状态及显示
1	熔丝	RSBJ↓	无显示	●白字
2	下灯丝报警	XDSBJ↓	无显示	●白字
3	上灯丝报警	SDSBJ↓	无显示	●白字
4	下轨道电源	XGDJ↑	无显示	●白字
5	上轨道电源	SGDJ↑	无显示	●白字
6	副电源	FDYJ↓	无显示	黄色字
7	主电源	ZDYJ↓	无显示	绿色字
8	提速道岔转换	TSDZJ↓	无显示	绿色字
9	提速道岔故障	TSGZJ↓	无显示	●白字

2）驱动、采集电路故障分析

（1）05-17 是驱动电路共用回线在继电器组合的侧面端子号，为 I24 V 负电源。驱动电路故障要借助相应组合 05-17 端子的负电源进行分析判断。

（2）05-18 是采集电路共用回线在继电器组合的侧面端子号，为 I24 V 正电源，不经接口架。采集电路故障必须借助相应组合 05-18 端子的正电源进行分析判断。

（3）接口架的配线插接和配线是封闭的，不可以作为测试端子用；组合外壳和组合的 KZ、KF 电源也不可以作为分析判断故障用，否则容易出错。驱动、采集故障分析原理如图 3-2-24 所示。

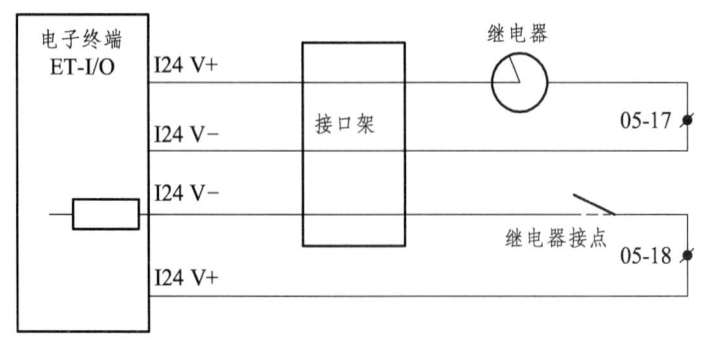

图 3-2-24　驱动、采集故障分析原理图

3）系统故障分析

系统故障分析处理如表 3-2-7 所示。

表 3-2-7 系统故障分析一览表

序号	故障现象	原因分析	处理方法
1	Ⅰ系或Ⅱ系亮红灯	联锁逻辑部Ⅰ系或Ⅱ系故障	重启、检查
2	Ⅰ卡或Ⅱ卡亮红灯	控显A机或B机与逻辑部通信故障（包括光分路器坏）	重启、检查
3	KXA 或 KXB 亮红灯	控显A机或B机故障	重启、检查
4	提示 IO 板通道故障（电子终端2无提示）	IO 板损坏	联系要点更换
5	提示 CTC 通道故障	控显机与 CTC 交换机的连接网线不良、CTC 脱机故障	在 CTC 维修终端进行判断、处理
6	提示 RBC 通道故障	调度中心 RBC 脱机故障	在 TCC 维修终端或由调度中心判断、处理
7	全部区间轨道故障	前置通信机与 TCC 交换机的连接网线不良、TCC 脱机故障	在 TCC 维修终端进行判断、处理
8	信息栏 XXX 故障提示	相应提示设备单元电路或采集电路故障	检查、处理
9	进路不能解锁	站内某 ZPW2000 发送接收器电源空气开关损坏、XGDJ 或 SGDJ 故障	检查、更换
10	屏幕图形错误、操作功能失效	控显机故障	倒机、重启
11	联锁机从系的 F486CPU 板 D_2 灯亮	与主系之间不同步（不影响设备使用）	汇报
12	维修机显示界面与车务终端操作台不一致	KVM 交换器工作通道错误、维修工控机死机	选中 KVM 的 CH2 通道或重启维修工控机
13	鼠标失灵	鼠标线接触不良、鼠标损坏	检查、更换
14	黑屏无显示	电源插头及开关、视频线接触不良，显示器损坏	检查、更换

2. 故障案例

1）故障现象

某站停电恢复后，前置通信机死机。

2）故障处理

一般单机故障不会出现此现象，应着重从以下几方面试验判断。

（1）关闭前置通信机两系电源，然后只开启Ⅰ系电源，Ⅰ系工作正常。

（2）Ⅰ系正常工作后，开启Ⅱ系电源，然后进行倒机试验，两系工作均正常。

（3）关闭前置通信机两系电源，然后只开启Ⅱ系电源，Ⅱ系工作正常。

（4）Ⅱ系正常工作后，开启Ⅰ系电源，然后进行倒机试验，两系工作均正常。

（5）经过试验，未发现系统单机故障。

3）故障原因

停电恢复后，前置通信机两系电源都是接通的。两系在抢先启动时均不成功而转为死机状态。因此，可判断为系统内部逻辑电路故障。

思考题

（1）三人一组，查阅相关资料，到实训室指认 DS6-K5B 计算机联锁系统的联锁逻辑部、前置通信机、电子终端、光分路器、控显机、维修机、通信监测机、KVM 转换器、维修终端、逻辑电源、接口电源、车务操作台等设备以及联锁逻辑部、前置通信机、电子终端的板卡模块。

（2）画出 DS6-K5B 计算机联锁与外部系统接口的结构框图，并写出系统之间相互交换的信息。

（3）熟悉信号采集电路、道岔采集电路、轨道采集电路。

（4）熟悉车务操作台中站场图形显示的意义。

（5）熟悉车务操作台的操作方法。

（6）将以上（1）~（5）练习情况填入自我评价表中（见表3-2-8）。

表3-2-8 自我评价表

学习目标	对这些目标的个人评价		
	☺	😐	☹
车站联锁的概念和功能，进路分类、状态和控制过程			
计算机联锁系统的结构，联锁层的功能			
计算机联锁系统硬件设备，软件应用程序的模块			
DS6-K5B 计算机联锁系统六部分设备、联锁机结构及与外部系统接口			
6502 电气集中联锁与计算机联锁的区别			

项目四　执行电路

【项目描述】

执行电路是室外现场设备的控制电路。通过本项目的学习和训练，应掌握直流转辙机道岔控制电路、交流转辙机道岔控制电路的组成、工作原理和故障处理方法，具备标准化作业及常见故障处理能力；掌握进站信号机、出站信号机和调车信号机点灯电路的组成、工作原理和故障处理方法，具备标准化作业及常见故障处理能力；掌握 25 Hz 轨道电路的故障处理方法，具备标准化作业及常见故障处理能力。

【岗位技能要求】

（1）能标准化操作与运用道岔、信号机、轨道电路的控制电路。
（2）能识读道岔、信号机、轨道电路的原理图。
（3）能根据道岔、信号机、轨道电路原理图找到实物设备对应的位置（点）。
（4）能测试、分析道岔、信号机、轨道电路的电气特性。
（5）能在《行车信号设备检查登记簿》上登、销记。
（6）能对道岔、信号机、轨道电路设备进行常见故障分析与处理。
（7）能参与电务故障应急处理过程。

【岗位职业守则】

（1）技术不过硬，安全无保证。
（2）用心点亮信号灯，用情编织通信网。
（3）检修设备要挂牌，防范不周事故来。
（4）遵章守纪一丝不苟，落实标准一点不差。
（5）工作认真负责，具有高度责任感和良好的团队合作精神。
（6）爱护设备及工具、仪器、仪表。
（7）着装整洁，符合规定。
（8）保持工作环境清洁有序，文明生产。
（9）刻苦学习、钻研业务，努力提高技能水平和职业素质。
（10）具备精检细修、精益求精的工匠精神。

【教学目标】

（1）掌握道岔、信号机、轨道电路等控制电路的操作运用方法。
（2）掌握道岔、信号机、轨道电路等控制电路的组成及作用。
（3）掌握道岔、信号机、轨道电路等控制电路的结构和动作程序。
（4）掌握直流转辙机、交流转辙机道岔控制电路的工作原理。
（5）掌握进站信号机、出站信号机和调车信号机点灯电路的工作原理。
（6）掌握 25 Hz 相敏轨道电路的工作原理。
（7）掌握道岔、信号机、轨道电路等控制电路电气特性的测试方法。
（8）掌握道岔、信号机、轨道电路等控制电路的常见开路故障分析处理。
（9）了解电务故障处理流程。

【项目案例】

1997 年 4 月 29 日京广线×××车站，信号工未经联系要点，打开道岔变压器箱，断开某道岔控制电路中的 X_1 线，并用二极管封连 X_1 线和 X_3 线端子，整理该道岔变压器向内端子配线。在此期间，车站办理了经该道岔反位接车进路后，将 818 次旅客列车接入 4G，而后又办理了经该道岔定位的 324 次旅客列车ⅡG 通过进路。因 X_1 断线，该道岔未能转换到定位，但经 X_1 和 X_3 间封连的二极管构成定位表示，进站信号机显示绿灯。由于室内道岔表示与室外道岔位置不一致，使本应从ⅡG 通过的 324 次列车进入 4G，与停在 4G 的 818 次列车发生追尾冲撞，造成多人伤亡且中断上行正线行车的行车特别重大事故。

铁路车站因道岔位置错误，造成了多起车毁人亡的行车事故。因此，道岔控制设备是与行车安全密切相关的联锁设备，只有熟练掌握道岔控制电路的动作原理和维护方法，迅速准确处理道岔控制电路的各种故障，严格按照相关技术要求进行维护作业，才能保证车站范围内的作业安全。

任务一　道岔控制电路

【工作任务】

（1）能标准化操作与运用道岔控制电路。
（2）能识读道岔控制电路的原理图。
（3）能根据道岔控制电路原理图找到实物设备对应的位置（点）。
（4）能测试、分析道岔控制电路的电气特性。
（5）能在《行车信号设备检查登记簿》上登、销记。
（6）能对道岔控制电路及设备进行常见故障分析与处理。

(7)能参与电务故障应急处理过程。

(8)通过学习交流,完成派工单任务(见表 4-1-1~表 4-1-3)。

表 4-1-1 派工单 012

专业班级		姓名		学号		分数	
作业内容						完成情况说明	
在"6502 电气集中电路图册/计算机联锁图册"上手画道岔控制电路 1DQJ、2DQJ、DBJ、FBJ、BHJ 等继电器的励磁电路、自闭电路。 道岔控制电路"四步走"步骤 	序号	步骤	主要继电器/电路	励磁电路/自闭电路
---	---	---	---
1	检查联锁条件	1DQJ	
2	控制电机正反转	2DQJ	
3	转换道岔	电机电路	
4	道岔表示	DBJ、FBJ									
注意事项							
(1)工作准备方面: (2)工作要求方面: (3)安全风险方面: (4)查阅资料方面: (5)其他注意事项:							
存在问题描述							
理论联系实际							
本次作业内容与"企业案例"是否有相同、相近或相关联之处?请说明							

表 4-1-2   派工单 013

专业班级		姓名		学号						分数	

作业内容	完成情况说明
测试 ZYJ7 型电动转辙机的电气特性，做好记录，对电气特性不符合要求的进行调整。 	测试日期	工作电压/V		工作电流/A		工作油压/MPa		溢流压力/MPa		二极管（带劣化）				开口/mm		测试人	备注
---	---	---	---	---	---	---	---	---	---	---	---	---	---	---	---	---
	定位	反位	定位	反位	定↓反	反↓定	定↓反	反↓定	正向电阻	反向电阻	压降/V 交流	压降/V 直流	保险检查	定位	反位		
标准值																	
测试值																	
调整值																			

注意事项
（1）工作准备方面： （2）工作要求方面： （3）安全风险方面： （4）查阅资料方面： （5）其他注意事项：

存在问题描述

理论联系实际
本次作业内容与"企业案例"是否有相同、相近或相关联之处？请说明

表 4-1-3　派工单 014

专业班级		姓名		学号		分数	
作业内容						**完成情况说明**	
根据"派工单 004"，排列 X 至 ⅡG 列车进路，按压进路始端 XLA 和进路终端 $S_{II}LA$，17/19#道岔的定位表示灯熄灭，控制台电流表指针不动，过一会，该道岔的定位表示灯不亮，判断分析电路故障范围，说明故障查找方法							
注意事项							
（1）工作准备方面： （2）工作要求方面： （3）安全风险方面： （4）查阅资料方面： （5）其他注意事项：							
存在问题描述							
理论联系实际							
本次作业内容与"企业案例"是否有相同、相近或相关联之处？请说明							

　　道岔控制电路由道岔启动电路和道岔表示电路两部分组成。启动电路是动作电动转辙机转换道岔的电路，而表示电路是把道岔位置反映到信号楼里控制台上的电路。

　　目前，在铁路现场普速铁路广泛采用 ZD6 型直流转辙机牵引，室内与室外四条电缆线联系，称为四线制道岔控制电路。在主要干线及提速线路使用 S700K 型交流电动转辙机、ZDJ9 型电动转辙机或 ZYJ7 型电动液压转辙机牵引道岔，室内与室外五条电缆线联系，又称为五线制道岔控制电路。下面分别进行介绍。

一、道岔控制电路的技术要求

（一）道岔启动电路的技术要求

为了保证行车安全，道岔启动电路必须满足以下技术要求：

（1）道岔区段有车占用，或道岔区段轨道电路发生故障时，该区段内道岔不应转换。对道岔的此种锁闭称为区段锁闭。

（2）进路在锁闭状态时，进路上的道岔应不能再转换。对道岔的此种锁闭称为进路锁闭。

（3）道岔一经启动，就应转换到底，不受车辆进入影响，也不受值班员的控制。否则，在车辆进入道岔区段时，若道岔停转或受值班员控制而回转，都可能造成脱轨或挤岔事故。

（4）道岔启动电路接通后，由于电路故障（如转辙机接点接触不良），使道岔未转动，这时应能自动切断启动电路，以免由于邻线列车振动等原因故障消除后，造成道岔自行转换。

（5）道岔转换途中受阻（如尖轨与基本轨的轨缝夹有道砟等），使道岔不能转换到底时，应保证经值班员操纵能使道岔转换回原位。

（6）道岔转换完毕应能自动断开启动电路。

（二）道岔表示电路的技术要求

在道岔控制电路中，当道岔启动电路工作完毕，应接通道岔表示电路，将室外站场上道岔的实际位置反映到信号楼内，以便于值班人员对信号设备进行控制和监督。由电动转辙机的自动开闭器接点接通道岔表示电路，有定位表示接点接通道岔定位表示继电器 DBJ，反位表示接点接通道岔反位表示继电器 FBJ。DBJ 和 FBJ 不仅是控制台道岔位置表示灯的控制条件，而且是执行组电路的重要联锁条件。因此，道岔表示电路必须是故障-安全电路，应满足以下技术要求：

（1）道岔表示继电器的吸起状态和道岔的正确位置相对应，不准用一个继电器的吸起和落下表示道岔的两种位置。即只能用道岔 DBJ 的吸起表示道岔在定位，用道岔 FBJ 的吸起表示道岔在反位。

（2）当室外联系电路发生混线或混入其他电源时，必须保证不致使 DBJ 和 FBJ 错误励磁。

（3）当道岔在转换过程中，或发生挤岔、停电、断线等故障时，应保证 DBJ 和 FBJ 失磁落下。

二、四线制单动道岔控制电路

（一）道岔启动电路

1. 道岔启动电路工作原理

四线制单动道岔启动电路工作原理

四线制单动道岔控制电路如图 4-1-1 所示，以道岔启动电路为例，说明其工作原理。道岔启动电路采用分级控制方式，首先由第一道岔启动继电器 1DQJ 检查联锁条件；然后由第二道岔启动继电器 2DQJ 控制电动机旋转方向，确定道岔向定位转换还是向反位转换；最后由直流电动机转换道岔。

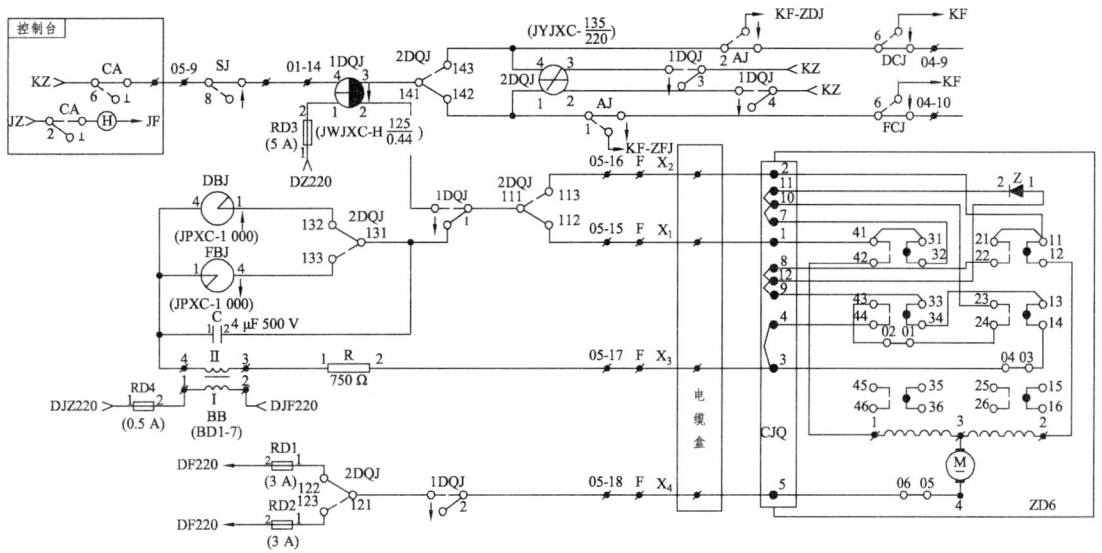

图 4-1-1　四线制单动道岔控制电路图

道岔控制方式分为进路式操纵和单独操纵。进路式操纵是通过办理进路，使道岔网络中的 DCJ 或 FCJ 自动吸起，接通道岔启动电路，转换道岔至规定位置。单独操纵是按压道岔按钮 CA，同时按压本咽喉道岔总定位按钮 ZDA 或本咽喉道岔总反位按钮 ZFA，接通道岔启动电路，转换道岔至规定位置。

如图 4-1-1 所示为道岔在定位状态的电路。当按进路式操纵使道岔由定位反位转换时，道岔启动电路的 1DQJ 励磁电路如图 4-1-2 所示，电路接通路径为

KZ—CA_{63}—SJ_{82}—$1DQJ_{3-4}$ 线圈—$2DQJ_{142}$—AJ_{13}—FCJ_{62}—KF。

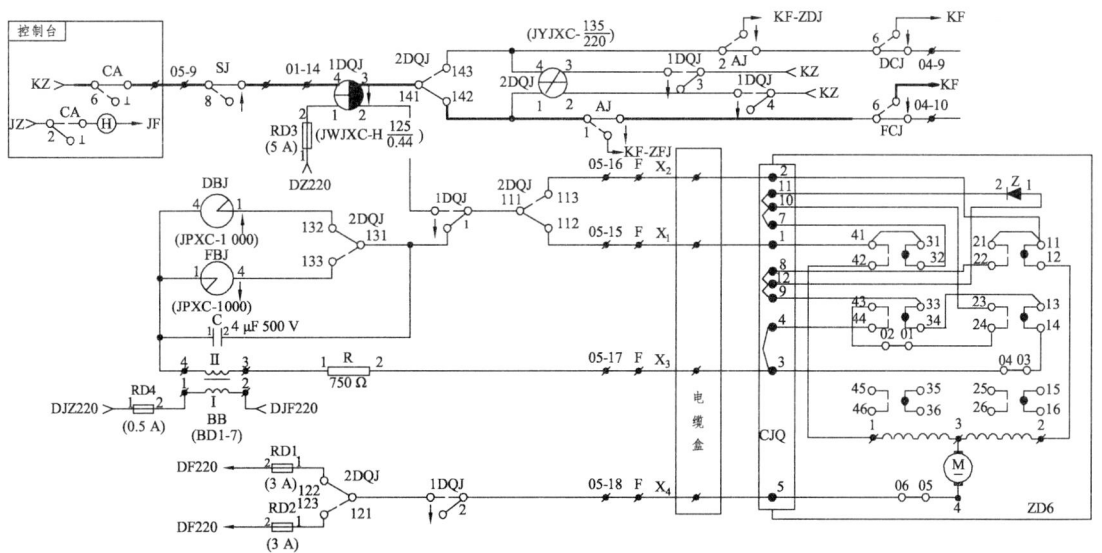

图 4-1-2　进路操纵道岔定位转反位 1DQJ 励磁电路

1DQJ 励磁后，其前接点接通 2DQJ 的转极电路，2DQJ 的转极电路如图 4-1-3 所示，电路接通路径为

KZ—1DQJ$_{42}$—2DQJ$_{2-1}$ 线圈—AJ$_{13}$—FCJ$_{62}$—KF。

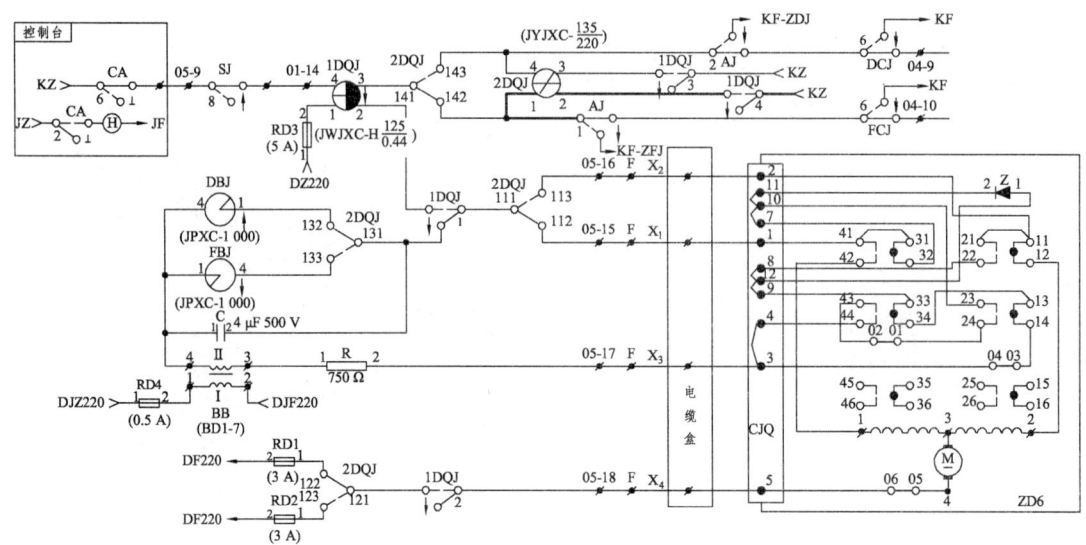

图 4-1-3　进路操纵道岔定位转反位 2DQJ 转极电路

由于 1DQJ 的励磁吸起和 2DQJ 的转极，接通 1DQJ 的 1-2 线圈自闭电路，即为电动机电路，如图 4-1-4 所示，电路接通路径为

DZ220—RD3—1DQJ$_{1-2}$ 线圈—1DQJ$_{12}$—2DQJ$_{113}$—X$_2$—自动开闭器 11-12—电机定子线圈 2-3—电机转子线圈 3-4—遮断接点 5-6—X$_4$—2DQJ$_{123}$—RD2—DF220。

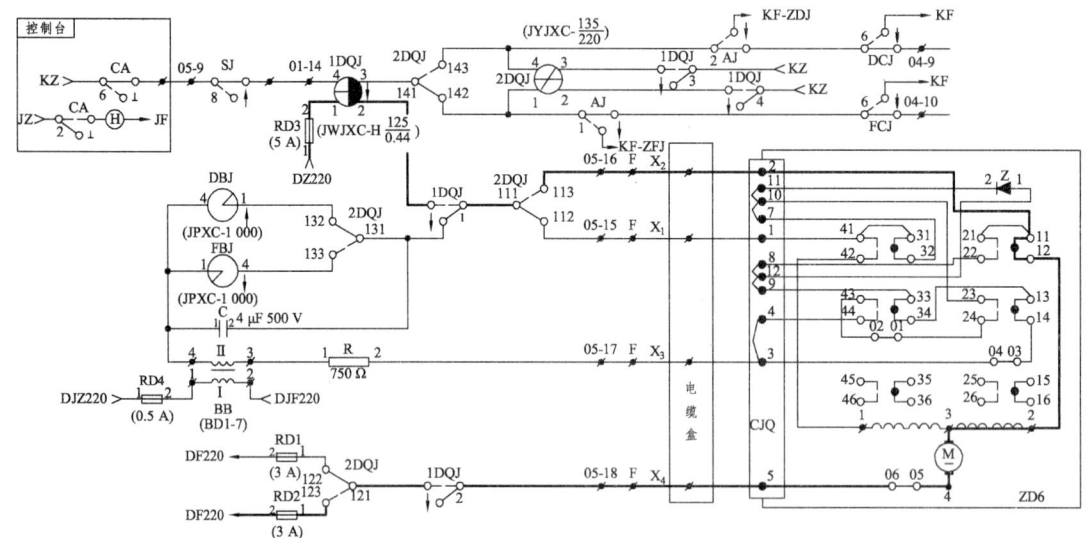

图 4-1-4　进路操纵道岔定位转反位电机电路

当道岔转至反位后，自动开闭器 11-12 接点断开，使电动机停转。同时断开 1DQJ 的 1-2 线圈自闭电路，使 1DQJ 缓放落下，接通道岔表示电路。若要再将道岔转回定位，办理进路时 DCJ 吸起，重新接通道岔启动电路。

单独操纵道岔时，假如使道岔由定位向反位转换，按下道岔按钮 CA 和道岔总反位按钮 ZFA，道岔按钮继电器 AJ 和道岔总反位继电器 ZFJ 励磁吸起，条件电源 KF-ZFJ 有电。这时接通 1DQJ 的 3-4 线圈励磁电路，如图 4-1-5 所示，电路接通路径为

KZ— CA_{63} — SJ_{82} — $1DQJ_{3-4}$ 线圈— $2DQJ_{142}$ — AJ_{12} — KF-ZFJ。

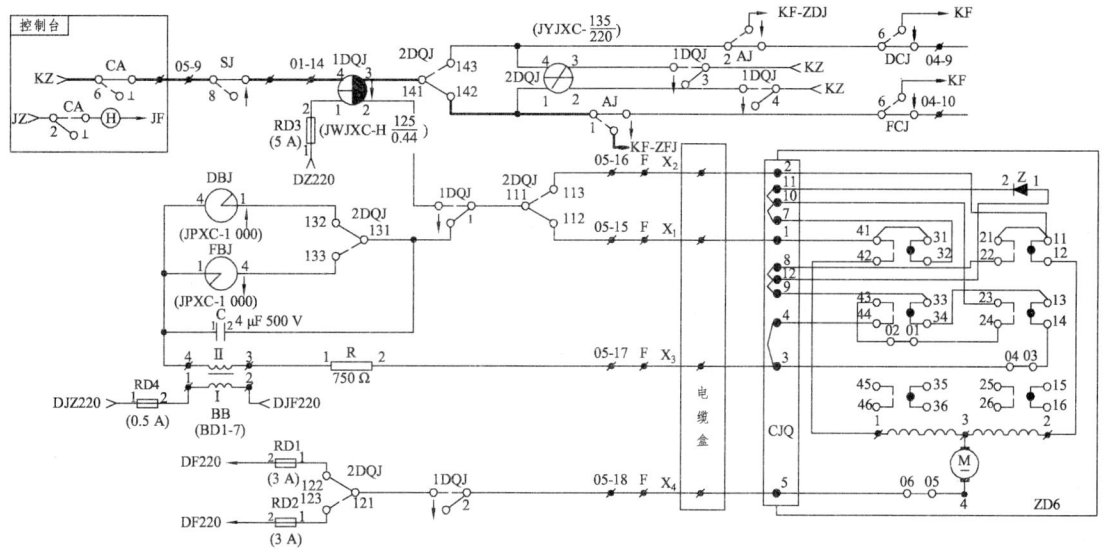

图 4-1-5　单独操纵道岔定位转反位 1DQJ 励磁电路

1DQJ 励磁吸起后使 2DQJ 转极，接通 1DQJ 的 1-2 线圈自闭电路，使电机转动。单独操纵道岔时，启动电路动作与进路式操纵动作基本相同，只不过负电源是条件电源 KF-ZDJ 或 KF-ZFJ，并由 AJ 将其接入 1DQJ 和 2DQJ 的电路中。

在 1DQJ3-4 线圈励磁电路中接有以下联锁条件。

（1）单独锁闭道岔按钮 CA_{63}。在维修电动转辙机、轨道电路区段故障时，拉出该按钮，断开道岔启动电路，对道岔实行单独锁闭。

（2）锁闭继电器 SJ 第 8 组前接点，用来检查道岔区段是否空闲，进路是否在解锁状态。道岔区段有车或办理了经由该道岔的进路，则 SJ 落下。用 SJ 前接点切断 1DQJ 的励磁电路，1DQJ 就不能吸起，道岔就不会转换。

（3）道岔按钮继电器 AJ 前接点和条件电源 KF-ZDJ 或 KF-ZFJ，反映对道岔单独操纵的操作手续。只有按压道岔按钮，道岔按钮继电器 AJ 励磁吸起，同时按压道岔总定位按钮 ZDA 或道岔总反位按钮 ZFA，使 ZDJ 或 ZFJ 励磁吸起，条件电源 KF-ZDJ 或 KF-ZFJ 有电，接通单独操纵道岔启动电路。

（4）道岔定位操纵继电器 DCJ 和道岔反位操纵继电器 FCJ 第 6 组前接点，实现对道岔的进路式操纵。当办理进路时，道岔网络中的 FCJ 或 DCJ 励磁吸起，自动接通进路式操纵的道岔启动电路。

（5）第二道岔启动继电器 2DQJ 第 4 组接点，是 1DQJ 的 3-4 线圈励磁电路的电路区分条件，用以区分道岔由定位向反位转换，还是由反位向定位转换，用其极性接点分别接通 1DQJ 的 3-4 线圈向反位转换或定位转换的励磁电路。

2. 道岔启动电路分析

四线制道岔控制电路的启动电路根据电动转辙机的特性，从控制用继电器类型、电路结构等方面采取措施，以满足道岔对启动电路的技术要求。

（1）6502电气集中车站，转辙机用电动机是直流串激电动机，电动机采用激磁线圈（定子线圈）分开使用方式，在结构上采用线圈双线并绕的措施。四线制道岔控制电路室内外四根连线，X_1线和X_2线为道岔启动电路和道岔表示电路共用线，X_3线为表示电路专用线，X_4线为启动电路专用线。为了方便维修、减少故障，电动转辙机采用配线定型化、连接插销化。

（2）采用特殊结构的继电器。第一道岔启动继电器1DQJ选用JWJXC-H125/0.44型。其3-4线圈电阻值较大，属电压型继电器，用于检查条件，通过SJ第8组前接点，证明道岔既未被区段锁闭又未被进路锁闭，实现技术要求1、2两项。其1-2线圈电阻值很小，属电流型继电器。它与电动机串联，监督电动机的动作，只有道岔启动使电动机转动，有较大电流流经1DQJ的1-2线圈才能保持自闭吸起，若启动后电路某处接触不良使电流减小，1DQJ会落下断开电动机电路。实现技术要求3。另外，1DQJ采用缓放型继电器，是因为1DQJ从励磁电路转换为自闭电路中，接点转换而瞬间断电，为保证1DQJ可靠自闭而选用缓放型。

第二道岔启动继电器2DQJ选用JYJXC-135/220型有极继电器，属极性保持型，其两线圈分开使用，有利于构成接收道岔转换的两种控制命令，3-4线圈接通正向电流，接收向定位转换的命令，1-2线圈接通反向电流，接收向反位转换的命令。2DQJ接在电动机电路中的两组接点采用带有灭弧装置的加强接点。因电路中电流较大，接通或断开电路时，防止产生电弧和电火花。

（3）在1DQJ的3-4线圈励磁电路和2DQJ转极电路中，道岔按钮继电器AJ后接点在DCJ或FCJ接点的前面，这样当进路式操纵遇到道岔不能转换到底时，可及时采取单独操纵方式使道岔转回原位。这种结构表明对道岔的单独操纵优先于进路式操纵。但操纵时应注意，首先按压ZQA，使KZ-ZQJ-H无电，将进路上道岔操纵继电器复原，然后再单独操纵道岔，使道岔转回原位，实现技术要求5。

（4）1QDJ的1-2线圈与电动机线圈串联构成电动机电路，使道岔启动后不受区段锁闭、进路锁闭及值班员控制，使电机转动时脱离SJ和CA的控制条件，以保证道岔启动后能转换到底。

（5）在DF220电源处分别设有定位熔丝RD1（3A）和反位熔丝RD2（3A）。一旦道岔转换途中遇有障碍物受阻，电动机空转（摩擦电流）烧断一处熔丝，仍能保证电动机转回原位。

（6）以自动开闭器接点作为电动机电路的控制条件。当道岔转换完毕（如定位向反位转换），道岔尖轨与基本轨密贴后，自动开闭器11-12接点断开，自动切断电动机电路，使电动机停转，同时使1DQJ的1-2线圈断电，1DQJ落下接通道岔表示电路，实现技术要求6。

自动开闭器的两组动接点动作时间受表示杆密贴检查缺口的控制。当道岔由定位向反位转换，电机启动时自动开闭器第2组动接点就接通反转电路（自动开闭器41-42闭合），为值班员随时单独操纵道岔，使道岔返回原位准备好条件；道岔转换到底后，自动开闭器第1组动接点使自动开闭器11-12接点断开，切断电动机电路。自动开闭器两组动接点不同时动作是启动电路分析中一个值得注意的方面。

（7）在电动机电路中接入遮断接点（安全接点）有利于维修人员的安全。当维修人员打开电动转辙机机盖时，遮断接点 05-06 切断电动机电路，防止维修、清扫电动转辙机时电动机转动。

（二）道岔表示电路

1. 道岔表示电路工作原理

道岔表示电路主要由 DBJ、FBJ、750 Ω 电阻、电容器 C、断路器、表示变压器 BB、ZD6 型电动转辙机、二极管 Z 等组成。

四线制单动道岔表示电路

道岔定位表示继电器 DBJ 和道岔反位表示继电器 FBJ 均采用 JPXC-1000 型偏极继电器。道岔表示所用电源由变压器 BB 供给，该变压器是变压比为 2∶1 的 BD1-7 型道岔表示变压器。其初级输入电压为交流 220 V，次级输出电压为 110 V。DBJ 和 FBJ 线圈并联有电压为 550 V、电容为 4 μF 的电容器 C。

当道岔转换到定位或反位后，自动开闭器动作接点断开 1DQJ1-2 线圈自闭电路（电机电路），使 1DQJ 失磁，用 1DQJ 第 1 组后接点接通道岔表示电路。当道岔在定位时，DBJ 的励磁电路如图 4-1-6 所示，电路接通路径为 BB_{II3}—R1-2—X_3—移位接触器 04-03—自动开闭器 14-13—自动开闭器 34-33—自动开闭器 22—二极管 Z_{1-2}—自动开闭器 32-31—自动开闭器 41—X_1—$2DQJ_{112}$—$1DQJ_{13}$—$2DQJ_{132}$—DBJ_{1-4} 线圈—BB_{II4}。

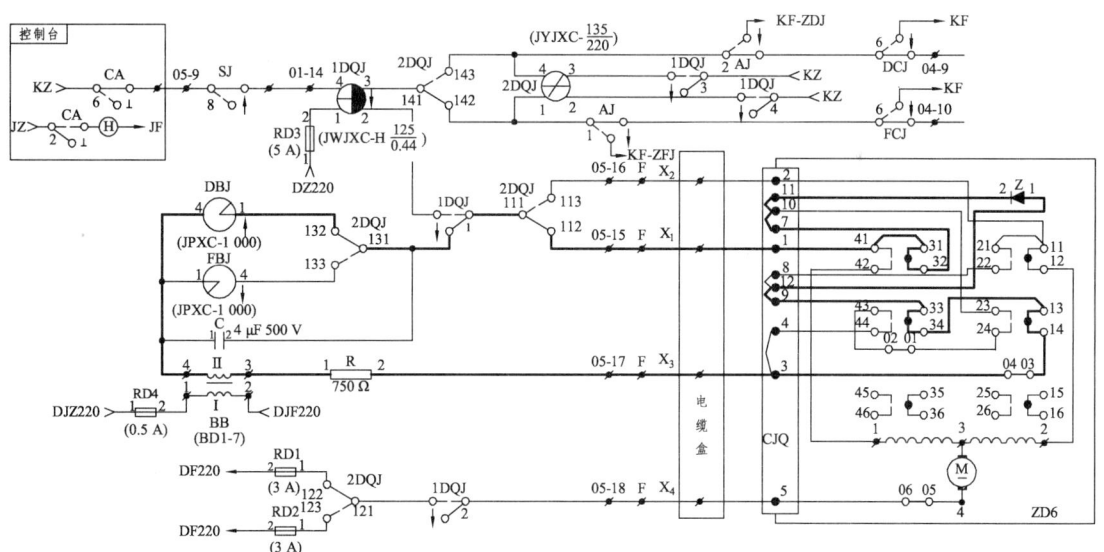

图 4-1-6 DBJ 励磁电路

从上述单动道岔的表示电路中可以看出，通过电动转辙机自动开闭器的定位表示接点接通电路，经二极管 Z 将交流电进行半波整流，整流后的正向正好与 DBJ 的励磁方向一致，使 DBJ 励磁吸起。在交流电负半周，由于电容器 C 的放电作用，能使 DBJ 保持稳定可靠吸起。

当道岔转换到反位后，自动开闭器反位表示接点接通，二极管反接在表示电路中，改变了半波整流后电流的方向，使 FBJ 励磁吸起。FBJ 的励磁电路如图 4-1-7 所示，电路接通路径

为 BB_{II3}—R_{1-2}—X_3—自动开闭器 44-43—移位接触器 02-01—自动开闭器 24-23—二极管 Z_{2-1}—自动开闭器 22-21—自动开闭器 11—X_2—$2DQJ_{113}$—$1DQJ_{13}$—$2DQJ_{133}$—FBJ_{4-1} 线圈—BB_{II4}。

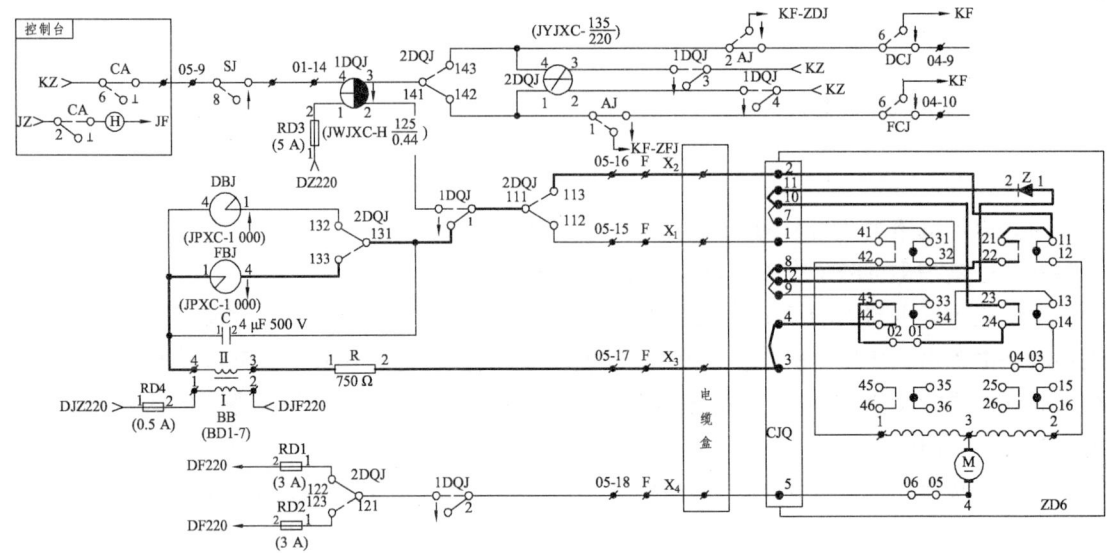

图 4-1-7　FBJ 励磁电路

2. 道岔表示电路分析

在道岔表示电路中，DBJ 吸起是由自动开闭器定位表示接点接通的；FBJ 吸起是由自动开闭器反位表示接点接通的。这就使 DBJ 励磁吸起和道岔的位置相对应，从而实现了技术要求 1。为了确切反映道岔位置，DBJ 励磁电路中，不仅检查了自动开闭器第一排定位表示接点 13-14 的接通，而且又检查了第三排定位表示接点 31-32、33-34 的接通，确认接点接触良好及定位表示接点动作一致后 DBJ 励磁吸起。同样，FBJ 的励磁吸起也检查了自动开闭器第二排和第四排反位表示动作一致。

当电动转辙机室外连线混线时，设在室外的二极管 Z 被短路而失去作用，DBJ 或 FBJ 线圈只有交流通过，所以它不会励磁。每组道岔还设置了表示变压器 BB，一方面降低电源电压，另一方面对电路起到变压器的隔离作用。当室外连线混入其他电源时，因不能构成闭合回路，表示继电器 DBJ 或 FBJ 也不会错误吸起，这就实现了技术要求 2。

当道岔在转换过程中，由于 1DQJ 第 1 组前接点断开表示电路，会使 DBJ 或 FBJ 失磁落下。由于在表示电路中串接有移位接触器接点，当发生挤岔事故时，移位接触器接点被动作杆向上顶住而断开，使 DBJ 或 FBJ 均处于失磁落下，挤岔报警电路被接通而发出报警。当电容器 C 被击穿时，DBJ 和 FBJ 线圈被短路而不会励磁吸起；当电容器引接线断线时，失去滤波作用，DBJ 或 FBJ 将会颤动而不能吸起。当自动开闭器接点发生断裂或松脱时，也会将表示电路断开，及时发现故障。上述防护措施实现了技术要求 3。

在道岔表示电路中接入 2DQJ 第 3 组接点的目的是区分 DBJ 和 FBJ，保证同时只能有一个吸起，检查表示继电器励磁状态与道岔位置的一致性。电路中 R 为限流电阻，阻值为 750 Ω。

由此可见，道岔表示电路不仅能反映道岔的正确位置，而且还能反映道岔的故障情况。前面以四线制单动道岔为例介绍了道岔启动电路和道岔表示电路的动作原理，分析了组接点作为电路区分条件。两部分电路合起来构成道岔控制电路的室内电路，共用 X_1 和 X_2 两条外线。四线制道岔控制电路的四条外线与电动转辙机采用插接器 CJQ 连接起来，这为维修时更换电动转辙机提供了方便。

对于计算机联锁系统，道岔控制电路与 6502 电气集中使用的道岔控制电路基本一致，如图 4-1-8 所示。无论采用什么操纵方式操纵道岔，一般为 DCJ 或 FCJ 吸起，接通道岔启动电路，转换道岔至规定位置。在 1DQJ 励磁电路中，除了用到 DCJ 或 FCJ 的接点条件外，还串接了锁闭防护继电器 SFJ 及 DGJ 的前接点。SFJ 吸起，表明联锁条件构成，允许操纵道岔。DGJ 的前接点用来检查该道岔区段在调整状态无车占用。

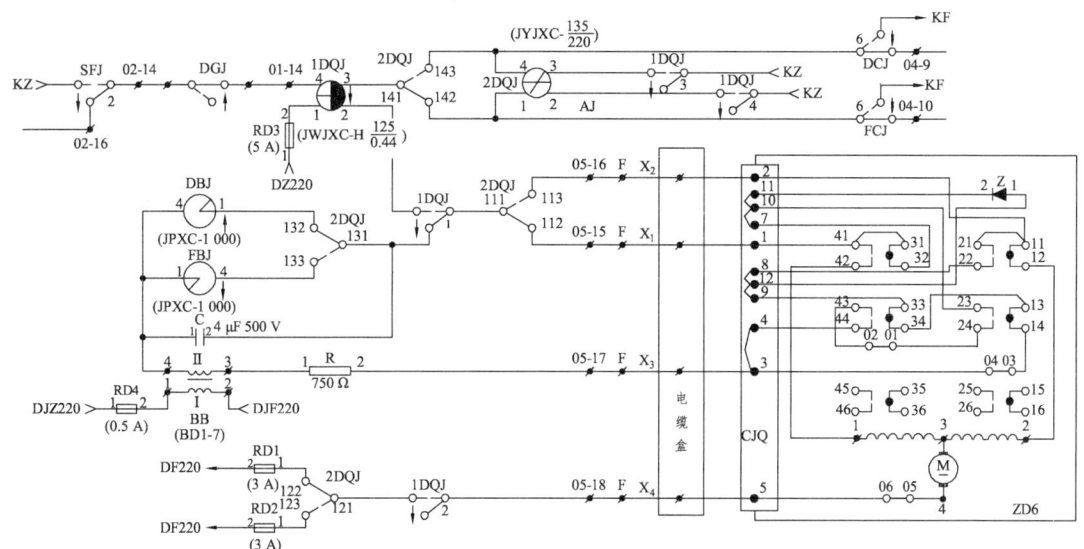

图 4-1-8　四线制单动道岔控制电路

三、ZD6 双动道岔控制电路

四线制双动道岔
控制电路原理

双动道岔的两个道岔位置必须是一致的，当其中一个道岔在定位时，另一个道岔也应在定位，其中一个道岔转换至反位时，另一个道岔也必须转换至反位。当道岔启动电路控制电动转辙机转换两个道岔时，两个道岔必须是按规定的顺序动作。我们把先动作的道岔称为第一动道岔，后动作的道岔称为第二动道岔，同时规定双动道岔中距离信号楼近的为第一道岔，距离信号楼远的则为第二道岔。这样规定是为了节省室外电缆连线，避免迂回走线。

由于双动道岔的两个道岔位置总是一致的，动作也应一致，因此，双动道岔可共用一套道岔控制电路。如图 4-1-9 所示为四线制双动道岔控制电路。

双动道岔控制电路与单动道岔控制电路原理基本相同。因为双动道岔控制电路的控制对象是两个道岔，其启动电路和表示电路与单动道岔不同之处在以下几个方面。

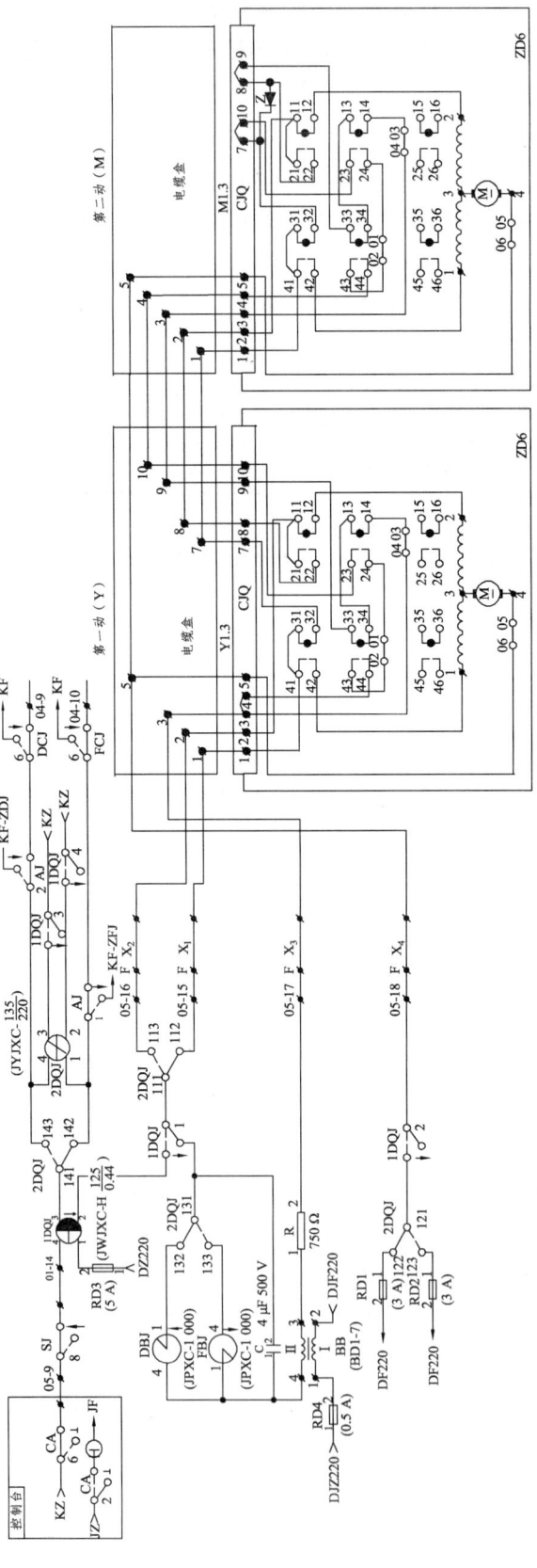

图 4-1-9 四线制双动道岔控制电路

（1）在道岔启动电路的室内部分，$1DQJ_{3-4}$ 线圈励磁电路上串接有 1SJ 和 2SJ 两个锁闭继电器的第 8 组前接点。这是因为双动道岔设有两个 SJ，左边道岔为 1SJ，右边道岔为 2SJ，而且 1SJ 和 2SJ 分属于不同的道岔区段，当任意一个道岔处于区段锁闭或进路锁闭状态时，1SJ 或 2SJ 落下，$1DQJ_{3-4}$ 线圈励磁电路被切断，该双动道岔不得转换。

（2）在进路操纵的电路条件中，将单动道岔的 DCJ 接点换成双动道岔的 1DCJ 和 2DCJ 的第 6 组并联条件，将单动道岔的 FCJ 接点用双动道岔的 2FCJ 第 6 组接点代替。这是因为选双动道岔定位时，双动左道岔设置的 1DCJ 和右边道岔设置的 2DCJ 分别在平行进路的上、下两条平行网络中，它们不一定同时被选出。所以应将两个 DCJ 接点并联起来。而选双动道岔反位时，双动道岔的 1FCJ 和 2FCJ 动作一致，而且 2FCJ 总是最后一个吸起，所以只需用 2FCJ 接点即可。

（3）在启动电路室外部分，由于两个道岔顺序动作，当第一动道岔转换完毕后，才能接通第二动道岔电机电路。例如双动道岔由定位向反位转换时，第一动道岔转到反位后，第一动道岔的自动开闭器第一排动作接点 11-12 断开，切断第一动电机电路，同时接通 21-22 接点，经第一动道岔与第二动道岔之间的连线，将 DZ220 电源经第二动道岔的自动开闭器第一排动作接点 11-12 送至第二动道岔的电机定子线圈 2 端子。电源 DF220 经 X_4 及第一动与第二动道岔之间的联系送至第二动道岔电机定子线圈 4 端子，构成第二动道岔的电机电路。当第二动道岔转换至反位后，自动开闭器第一排动作接点 11-12 断开。于是第二动道岔电机停转，1DQJ 失磁落下，断开双动道岔启动电路，由 1DQJ 第 1 组后接点接通双动道岔表示电路。

（4）双动道岔表示电路是由两个道岔自动开闭器的表示接点串联起来组成，二极管 Z 设于第二动道岔处。当启动电路控制第一动道岔和第二动道岔转换完毕后接通道岔表示电路。检查两个道岔都在反位后，由经整流后的直流电使双动道岔的 DBJ 或 FBJ 励磁吸起。由于其电路原理与单动道岔相同，此处不再详述。

四、挤岔报警电路

当道岔发生挤岔事故或因尖轨与基本轨之间有障碍物道岔转换途中受阻时，为了使车站值班员和信号维修人员能及时发现，全站设置一套挤岔报警电路。

挤岔报警电路如图 4-1-10 所示。全站设一个挤岔继电器，将全站各组道岔的 DBJ 和 FBJ 的第 8 组后接点串联后，并联起来接入挤岔继电器 JCJ_1 电路中。平时每组道岔的 DBJ 和 FBJ 总有一个处于吸起状态，JCJ_1 电路不通。当某一道岔被挤后，该道岔的 DBJ 和 FBJ 都落下，接通 JCJ_1 电路，使其励磁吸起。

道岔在正常转换过程中，DBJ 和 FBJ 约有 3 s 的时间也是处在同时失磁状态。为了区别道岔是在正常转换还是发生挤岔，又增设一个挤岔继电器 JCJ_2，它采用 JSBXC-850 型半导体时间继电器。挤岔时，JCJ_1 吸起接通 JCJ_2 电路，13 s 后 JCJ_2 励磁吸起。JCJ_2 吸起后，用其第 4 组前接点接通挤岔表示红灯，又用 JCJ_2 第 3 组前接点接通挤岔电铃，使其鸣响，以引起值班员注意。当值班员按下切断挤岔电铃按钮 JCA，使切断挤岔电铃按钮继电器 JCAJ 励磁，用其第 1 组后接点切断电铃电路，使电铃停响。待被挤道岔修复后，由于 DBJ 或 FBJ 有一个吸起，使挤岔继电器 JCJ_1 和 JCJ_2 都复原，所以又接通电铃电路，挤岔电铃再次鸣响，通知值班员道岔已修复。当拉出 JCA 后，电铃停止鸣响，至此，挤岔报警电路复原。

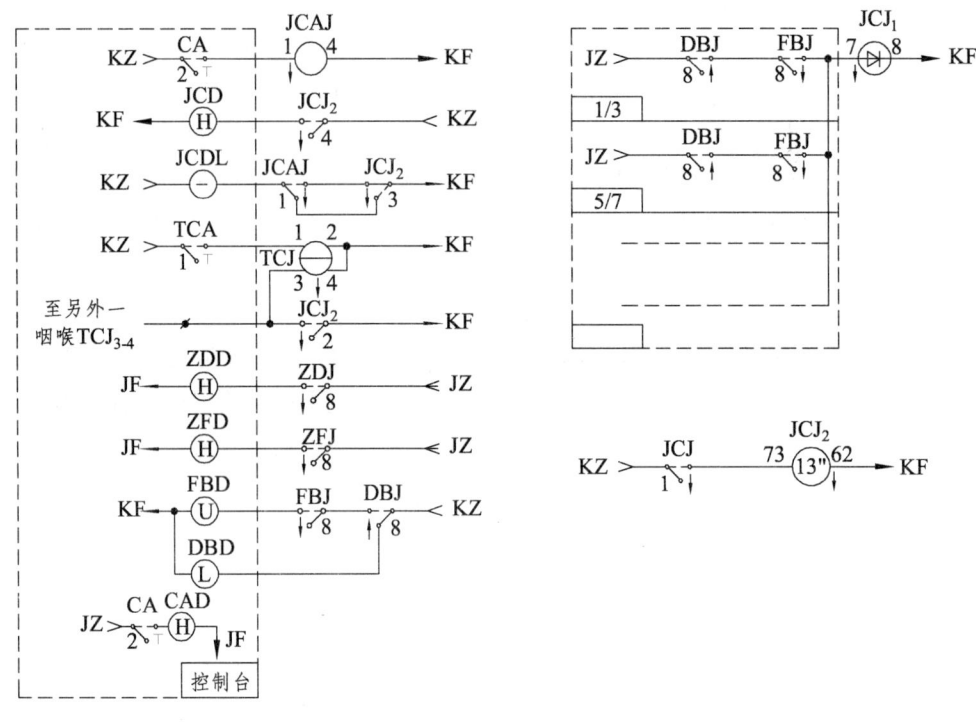

图 4-1-10　挤岔报警电路

当道岔尖轨与基本轨间有障碍物（如夹有道砟）时，道岔转换途中受阻而不能转换到底。此时，由于电动机空转，1DQJ 第 1 组后接点不能接通表示电路，DBJ 和 FBJ 都落下，超过 13 s 后，挤岔电铃也会报警鸣响。这种情况下，由于控制台电流表指针摆动，值班员确认后，可单独操纵道岔，使之转回原位，以免长时间空转烧坏电动机。

对于计算机联锁设备，是通过采集两个表示继电器的接点条件，然后利用软件来实现道岔表示灯及挤岔报警，这里不做介绍。

五、五线制道岔控制电路

为满足列车提速后对行车安全的要求，将车站正线改换为重型道岔（又称提速道岔）。提速道岔采用钩式外锁闭方式，由 S700K 型电动转辙机、ZDJ9 型电动转辙机或 ZYJ7 型电液压转辙机牵引，其道岔控制电路与四线制道岔控制电路有很多不同之处，室内外由五条电缆线联系，因此又称为五线制道岔控制电路。下面主要介绍 S700K 型电动转辙机牵引的道岔控制电路和 ZYJ7 型电液压转辙机牵引的道岔控制电路。

（一）S700K 型电动转辙机五线制交流道岔控制电路

提速道岔采用 S700K 型电动转辙机牵引时，道岔有几个牵引点，对应设置几套完全相同的道岔控制电路，由启动电路和表示电路组成。下面以单点单机牵引为例来进行介绍。

五线制单动道岔启动电路工作原理

1. 道岔启动电路

S700K 型电动转辙机牵引的道岔控制电路如图 4-1-11 所示。启动电路由第一道岔启动继电器 1DQJ、第一道岔启动复示继电器 1DQJF、第二道岔启动继电器 2DQJ、停转继电器 TJ、断相保护器 DBQ、保护继电器 BHJ、S700K 型电动转辙机组成。

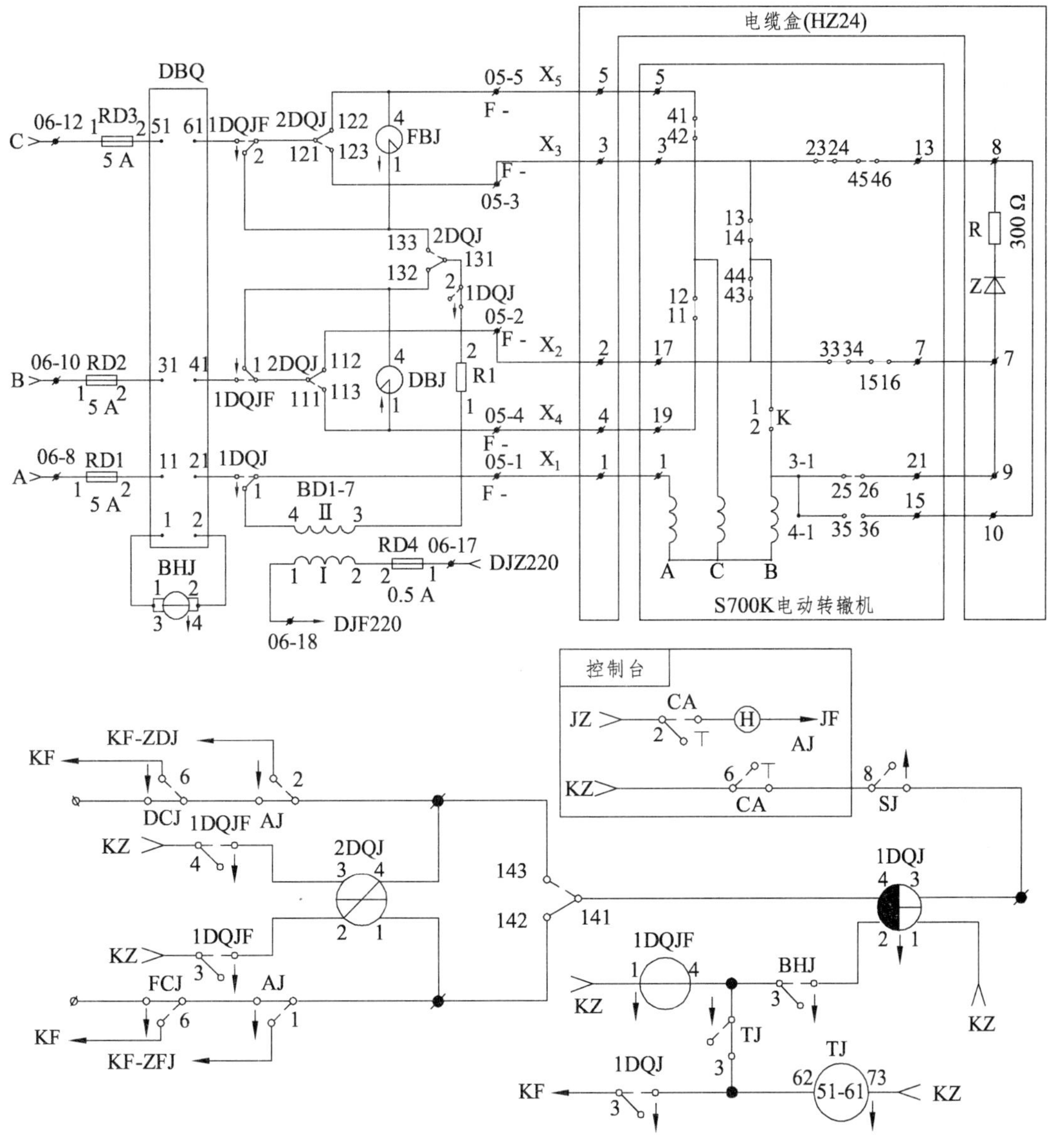

图 4-1-11　S700K 型电动转辙机牵引的道岔控制电路图

1）道岔启动电路的工作原理

如图 4-1-11 所示为道岔在定位状态的道岔控制电路。当进路式操纵，道岔由定位向反位转换时，使 1DQJ 吸起，如图 4-1-12 所示，电路接通路径为 KZ—CA_{63}—SJ_{82}—$1DQJ_{3-4}$ 线圈—$2DQJ_{142}$—AJ_{13}—FCJ_{62}—KF。

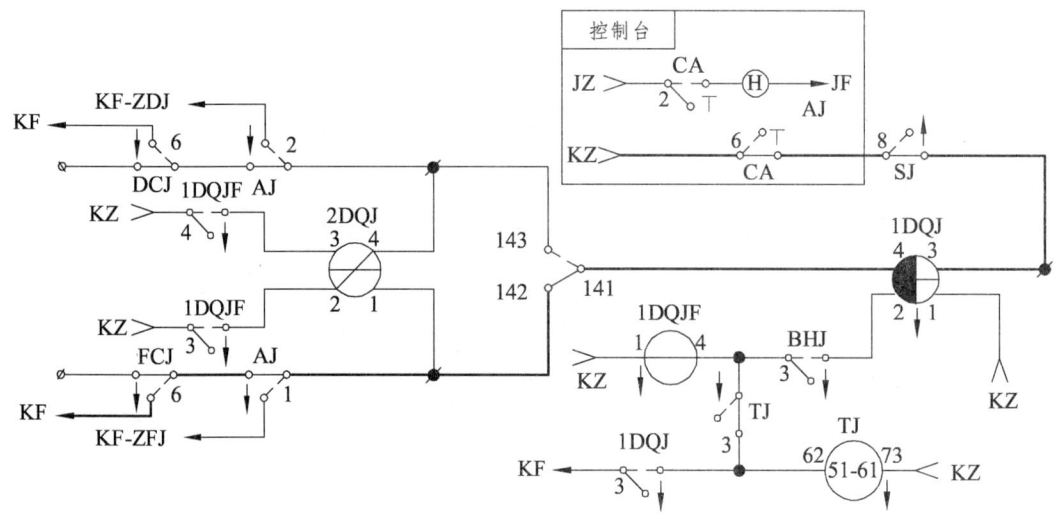

图 4-1-12　1DQJ 励磁电路

1DQJ 吸起后，1DQJF 随之吸起，如图 4-1-13 所示，电路接通路径为 KZ—$1DQJF_{1-4}$ 线圈—TJ_{33}—$1DQJ_{32}$—KF。

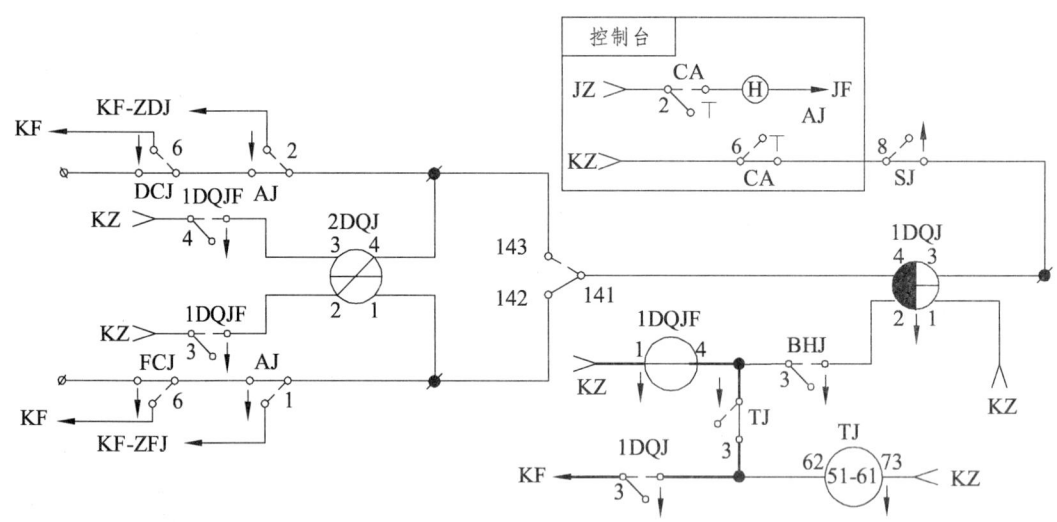

图 4-1-13　1DQJF 励磁电路

1DQJ 励磁吸起，经 SJ 检查区段空闲和进路在解锁状态后由 1DQJF 接通 2DQJ 转极电路，如图 4-1-14 所示，电路接通路径为 KZ—$1DQJF_{32}$—$2DQJ_{2-1}$ 线圈—AJ_{13}—FCJ_{62}—KF。

当 1DQJ、1DQJF 励磁吸起，2DQJ 转极后构成三相交流电动机电路，A、B、C 三相交流电源经 RD1～RD3 进入保护器 DBQ，接通电动机定子线圈，电路如图 4-1-15 所示，电路接通路径分别为

(1) A 相—RD1—DBQ$_{11-21}$—1DQJ$_{12}$—X$_1$—电动机 A 线圈。

(2) B 相—RD2—DBQ$_{31-41}$—1DQJF$_{12}$—2DQJ$_{113}$—X$_4$—转辙机接点 $_{11-12}$—电动机 C 线圈。

(3) C 相—RD3—DBQ$_{51-61}$—1DQJF$_{22}$—2DQJ$_{123}$—X$_3$—转辙机接点 $_{13-14}$—遮断开关 K—电动机 B 线圈。

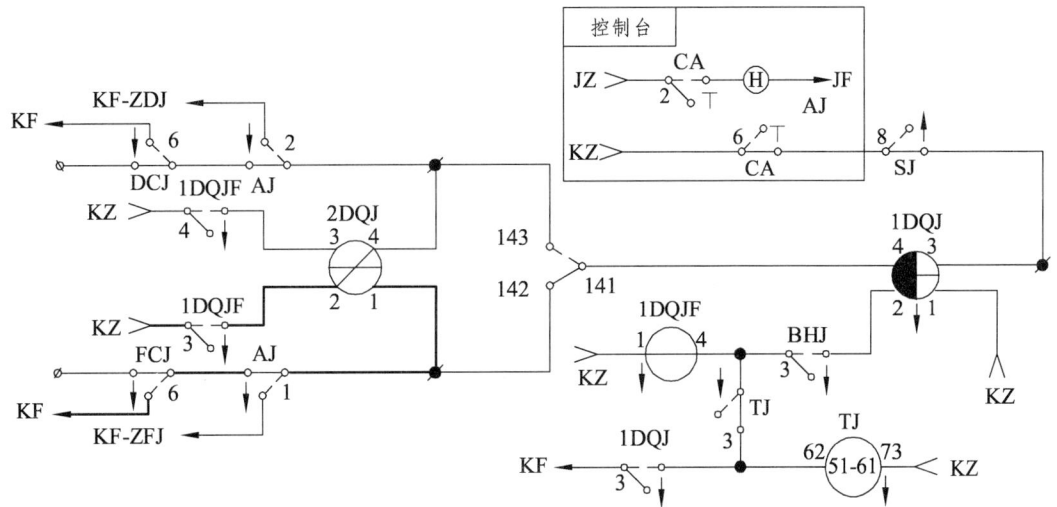

图 4-1-14 2DQJ 励磁电路

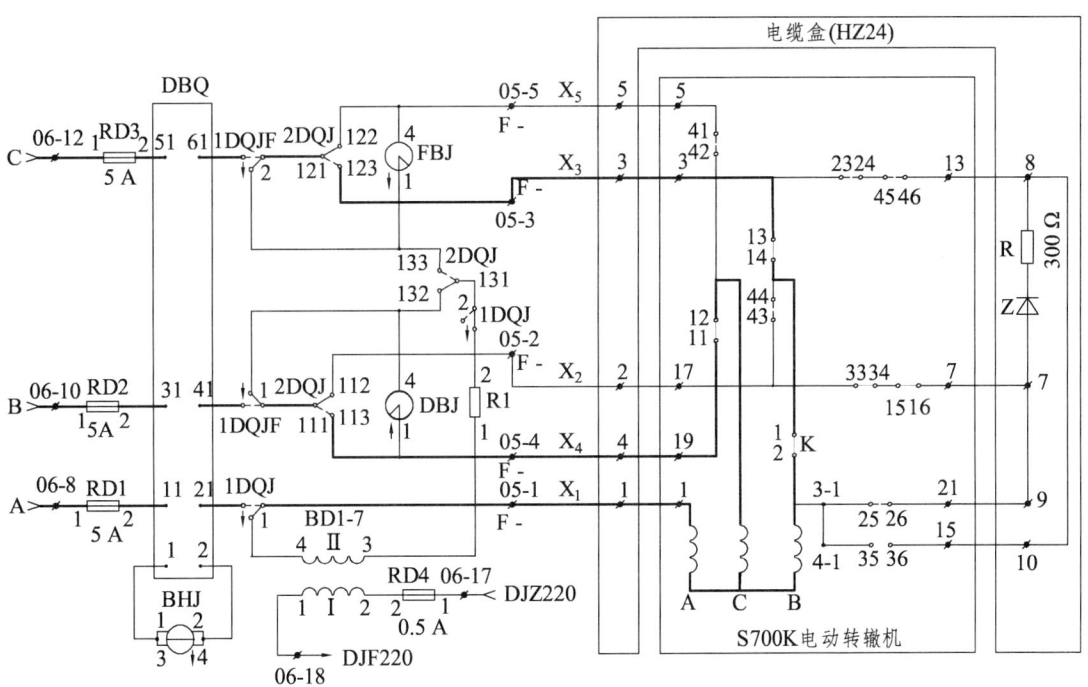

图 4-1-15 定位转反位电机电路

三相交流电相序为 A、C、B，电动机反转。电机电路接通后，电路中有电流流过，DBQ 工作，使 BHJ 吸起。BHJ 继电器的吸起，使 1DQJ 自闭，保证道岔正常转换。其电路如图 4-1-16 所示，电路接通路径为 KZ—1DQJ$_{1-2}$ 线圈—BHJ$_{32}$—TJ$_{33}$—1DQJ$_{32}$—KF。

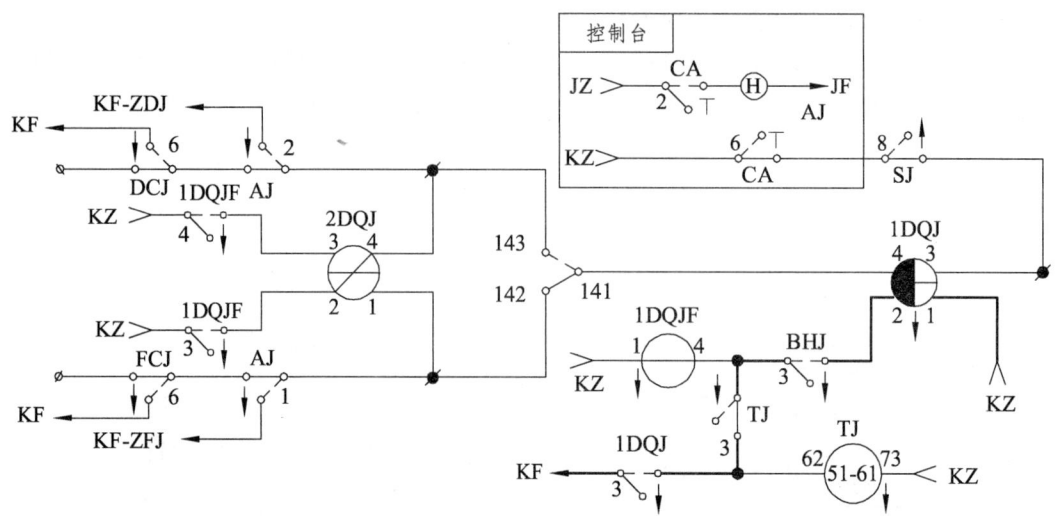

图 4-1-16 1DQJ 自闭电路

当进路式操纵，道岔由反位向定位转换时，1DQJ 吸起，1DQJ 吸起使 2DQJ 转极，构成电动转辙机动作电路。三相交流电 A、B、C 经 RD1～RD3 进入保护器 DBQ，分别接通电动机定子线圈，其电路如图 4-1-17 所示，电路接通路径为

（1）A 相—RD1—DBQ$_{11-12}$—1DQJ$_{12}$—X$_1$—电动机 A 线圈。

（2）B 相—RD2—DBQ$_{31-41}$—1DQJF$_{12}$—2DQJ$_{112}$—X$_2$—转辙机接点 $_{43-44}$—遮断开关 K—电动机 B 线圈。

（3）C 相—RD3—DBQ$_{51-61}$—1DQJF$_{22}$—2DQJ$_{122}$—X$_5$—转辙机接点 $_{41-42}$—电动机 C 线圈。

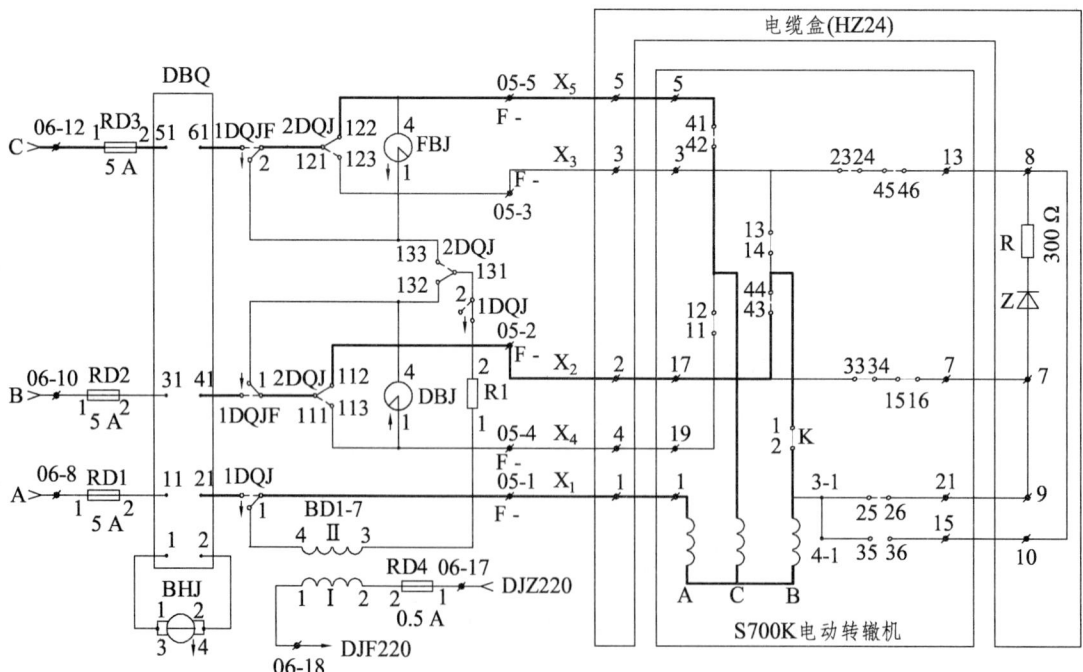

图 4-1-17 反位转定位电机电路

三相交流电动机相序为 A、B、C，电动机正转。

单独操纵道岔时，1DQJ 励磁电路、2DQJ 转极电路与四线制直流电动转辙机电路原理相同。1DQJ 自闭电路、三相交流电动机电路与上述进路式操纵交流转辙机电路原理相同，此处不再多述。

2）道岔启动电路分析

（1）交流转辙机启动电路增设了断相保护器 DBQ 和保护继电器 BHJ，防止因断相而烧坏电机。

交流转辙机采用三相交流电源，供电电压为 380 V。为防止在三相交流电源断相情况下烧坏电动机，在交流转辙机控制电路中设有道岔断相保护器 DBQ。DBQ 电路如图 4-1-18 所示。DBQ 由三个电流互感器、桥式整流器和保护继电器 BHJ 三部分组成。三个电流互感器的一次侧线圈分别串联在交流电路中，二次侧线圈头尾相连，经二极管桥式整流后，输出端接保护继电器 BHJ。

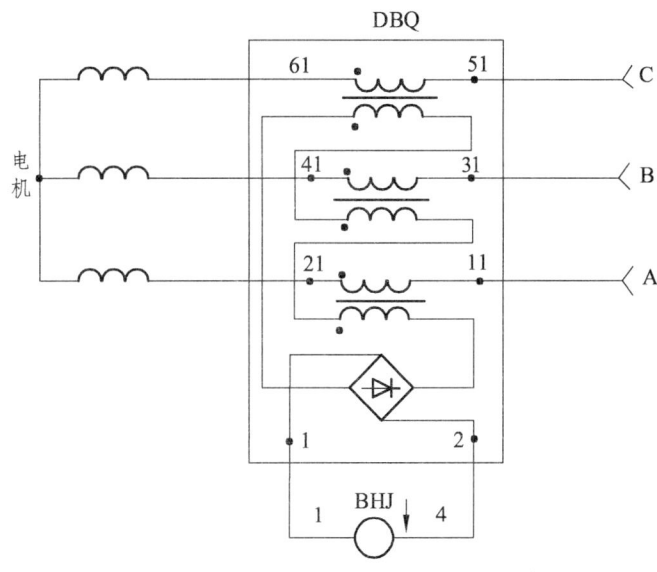

图 4-1-18　DBQ 电路

当三相交流电源正常供电时，电动机线圈中有不平衡的三相电流过，电流互感工作在磁饱和状态，二次侧感应电流再经桥式整流后输出直流电，BHJ 由于得到直流电而励磁吸起，用 BHJ 的接点作为道岔控制电路的条件。当道岔转换到底后，由于三相负载断开，BHJ 复原落下。

三相交流电源出现断相故障。若 B 相断电，则为 A、C 两相供电，其线电压加至电流互感器一次侧，而二次侧两互感器电压相反，桥式整流无输出，使 BHJ 落下，从而断开 1DQJ 电路和三相交流电动机电路，防止因断相运行而烧坏电动机。

（2）交流转辙机启动电路增设时间继电器 TJ，当 1DQJ 吸起后开始计时，延时 30 s（或 13 s）后吸起，其电路如图 4-1-19 所示，接通路径为 KZ—TJ_{73-62} 线圈—$1DQJ_{32}$—KF。

当电动转辙机转动超过 30 s（或 13 s）后，说明该道岔有故障，为防止电动机长时间运行而烧坏，TJ 继电器便励磁，用其后接点 TJ_{31-33} 断开 1DQJ 的自闭电路使其落下，达到切断该道岔转辙机三相电源的目的。

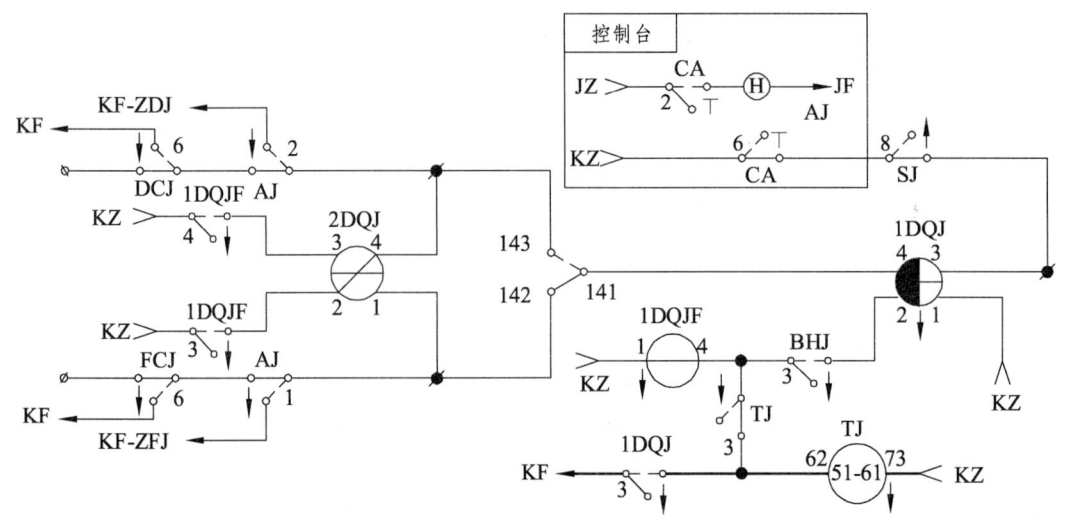

图 4-1-19 TJ 电路

目前，在现场实际应用的设备中，TJ 已经基本取消，原 DBQ 内增置 850 型延时控制板，即从操纵道岔三相电机电路接通，有电流流过时，在道岔的正常转换过程中，因为没有达到 30 s（或 13 s），所以 BHJ 在道岔的转换过程中，不会落下。当道岔因受阻等原因不能转换到底，电机转动 30 s（或 13 s），延时控制电路会自动断开 BHJ 的电路，使 BHJ 落下，切断 1DQJ 的自闭电路使其落下，达到切断该道岔转辙机三相电源的目的。

（3）交流转辙机改变电动机旋转方向是由 2DQJ 转极后改变三相交流电源的相序实现的。

2. 道岔表示电路

表示电路中室内设置一台 DBJ（JPXC-1000）、一台 FBJ（JPXC-1000）、一台表示变压器 BB（BD_1-7），一个 1 kΩ/75 W 的电阻 R1；室外设置一个整流匣（300 Ω/75 W 电阻 R2 与 4 个二极管串联）和 S700K 型转辙机。

五线制单动道岔表示电路

（1）表示电路工作原理。

① 道岔处于定位时，DBJ 励磁电路在电源负半周接通，定位表示电路如图 4-1-20 所示，接通电路：

a. 正半周（二极管支路）：BD_{II-3}—R1—$1DQJ_{23}$—$2DQJ_{132}$—$1DQJF_{13}$—$2DQJ_{112}$—X_2—转辙机接点 $_{33-34}$—转辙机接点 $_{15-16}$—二极管 Z_{1-2}—R2—转辙机接点 $_{36-35}$—电机线圈 B—电机线圈 A—X_1—$1DQJ_{13}$—BD_{II-4}，此时二极管导通。

b. 负半周（DBJ 线圈支路）：BD_{II-3}—R1—$1DQJ_{23}$—$2DQJ_{132}$—DBJ_{4-1}—X_4—转辙机接点 $_{11-12}$—电机线圈 C—电机线圈 A—X_1—$1DQJ_{13}$—BD_{II-4}，此时 DBJ 线圈 1 加正电源，4 加负电源。

在电源负半周时，二极管 Z 截止，使 DBJ 吸起。DBJ 励磁吸起检查了电动转辙机的定位接点接通。在电源正半周时，二极管 Z 导通，表示继电器线圈两端电压接近于零，但线圈上自感电压产生的自感电流经二极管构成回路，使继电器线圈保持吸起，电能消耗在电阻 R2 上。

② 道岔处于反位时，FBJ 励磁电路在电源正半周接通。在电源正半周时，二极管 Z 截止，使 FBJ 吸起。FBJ 励磁吸起检查了电动转辙机的反位接点接通。在电源正半周时，二极管 Z

导通，表示继电器线圈上自感电压产生的自感电流经二极管构成回路，使继电器线圈保持吸起。FBJ 电路原理同 DBJ 电路，这里不再叙述。

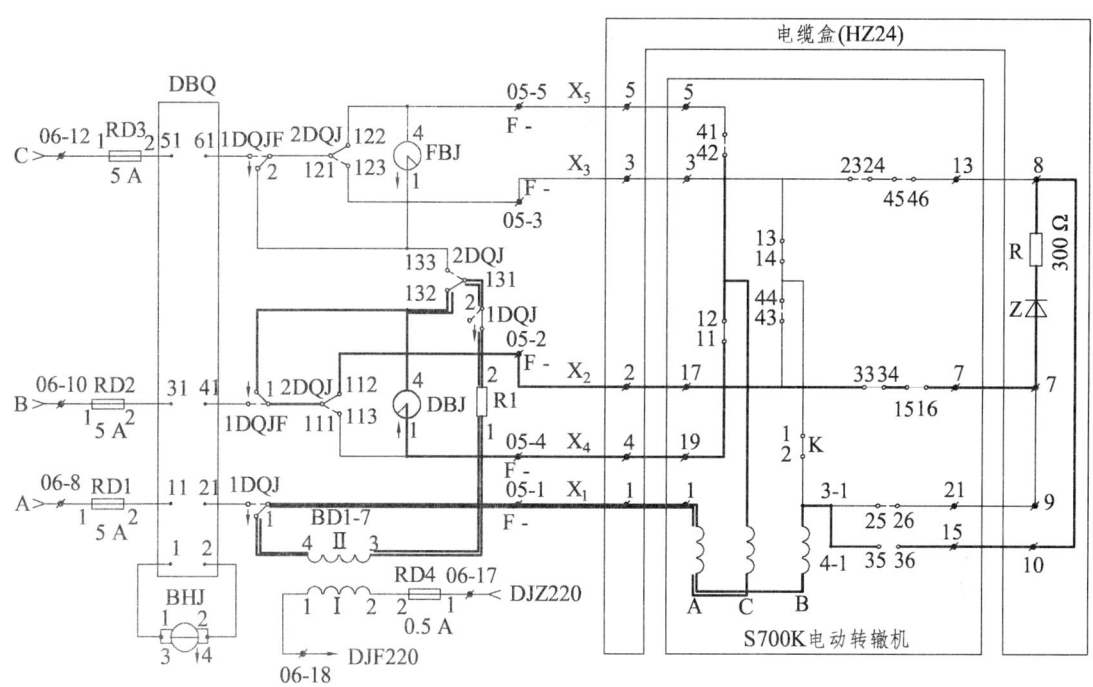

图 4-1-20　定位表示电路

（2）表示电路分析。

① 电源五线制道岔表示电源采用交流 220 V，经 1 A 熔断器后，由 BD_1-7 变压器隔离降压，变为 110 V 电压供电路使用。

② 电阻 R1 的作用，主要是为了防止室外负载短路时，保护电源部分不被损坏。

③ 电阻 R2 的作用：一是当道岔转换到位时，因 JDQJ 具有缓放作用，在转辙机接点接通瞬间，室内 380 V 动作电源由于 1DQJ 还在缓放，将会送至整流匣（定位向反位为 X_1、X_2，反位向定位为 X_1、X_3），如果不接 R2，则有可能使二极管击穿；二是若 X_4、X_5 发生短路，则道岔转换到位后，电机 B 绕组的电源切不断，而 A 绕组由 X_1 送电，C 绕组则由 X_2 或 X_3 经整流匣得到电源，这时 C 绕组中流过直流电流电机仍能转动，当 30 s（或 13 s）后，TJ 吸起切断三相电源，但电机中三相电流不均衡，产生感应电动势，如无 R2，则在 1DQJ 缓放时间里发生反转，使道岔逆转解锁。

（二）ZYJ7 型电液转辙机五线制交流道岔控制电路

ZYJ7 型电液转辙机五线制交流道岔控制电路与 S700K 电动转辙机五线制道岔控制电路除了室外电路有不同之外，整体电路原理基本相同。下面以 ZYJ7 型转辙机单机两点牵引道岔控制电路来进行介绍。

ZYJ7 型道岔表示电路工作原理-以 18 号道岔为例

1. 道岔启动电路

如图 4-1-21 所示为道岔在定位状态的道岔控制电路。当进路式操纵，道岔由定位向反位转换时，使 1DQJ 吸起，电路接通路径为 KZ—CA$_{83}$—SJ$_{82}$—1DQJ$_{3-4}$ 线圈—2DQJ$_{142}$—AJ$_{13}$—FCJ$_{62}$—KF。

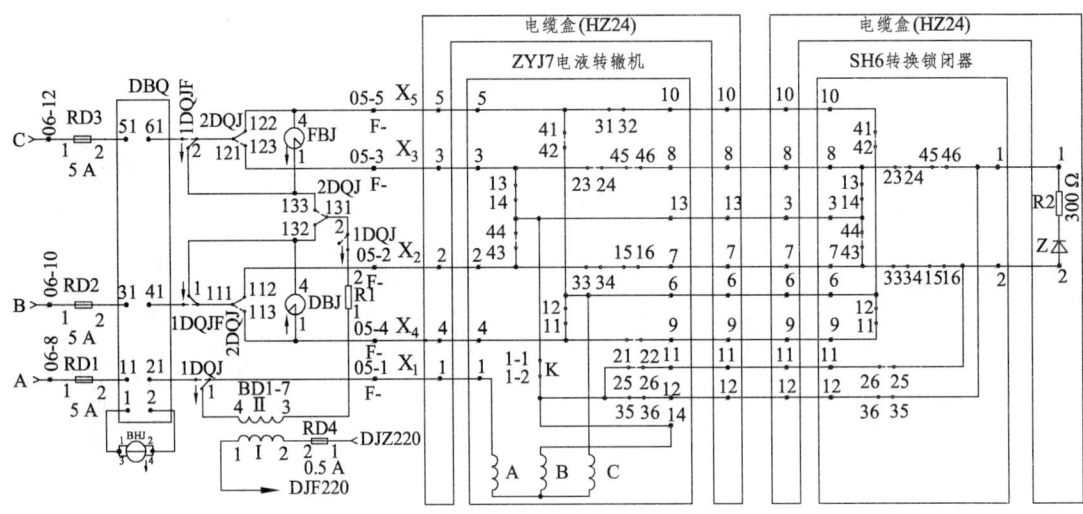

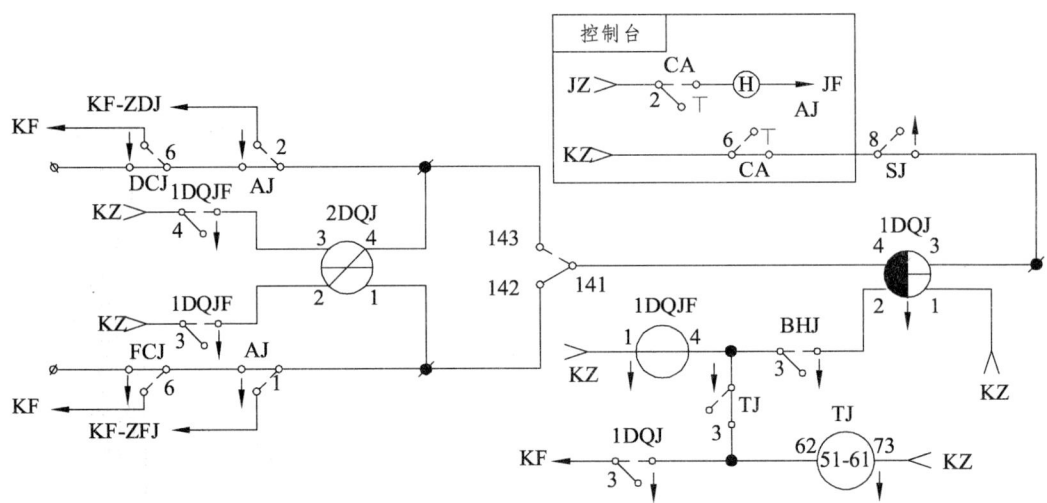

图 4-1-21　ZYJ7 型电液转辙机单机两点牵引道岔控制电路

1DQJ 吸起后，1DQJF 随之吸起，电路接通路径为 KZ—1DQJF$_{1-4}$ 线圈—TJ$_{33}$—1DQJ$_{32}$—KF。

1DQJ 励磁吸起，经 SJ 检查区段空闲和进路在解锁状态后由 1DQJF 接通 2DQJ 转极电路，电路接通路径为 KZ—1DQJF$_{32}$—2DQJ$_{2-1}$ 线圈—AJ$_{13}$—FCJ$_{62}$—KF。

当 1DQJ、1DQJF 励磁吸起，2DQJ 转极后构成三相交流电动机电路，A、B、C 三相交流电源经 RD1～RD3 进入保护器 DBQ，接通电动机定子线圈，电路如图 4-1-22 所示，电路接通路径分别为

（1）A 相—RD1—DBQ$_{11-21}$—1DQJ$_{11-12}$—X$_1$—电机线圈 A。

（2）B 相—RD2—DBQ$_{31-41}$—1DQJF$_{11}$—2DQJ$_{113}$—X$_4$—ZYJ7$_{11-12}$—电机线圈 C。

（3）C 相—RD3—DBQ$_{51-61}$—1DQJF$_{22}$—2DQJ$_{123}$—X$_3$—ZYJ7$_{13-14}$—安全接点 K1-K2—电机线圈 B。

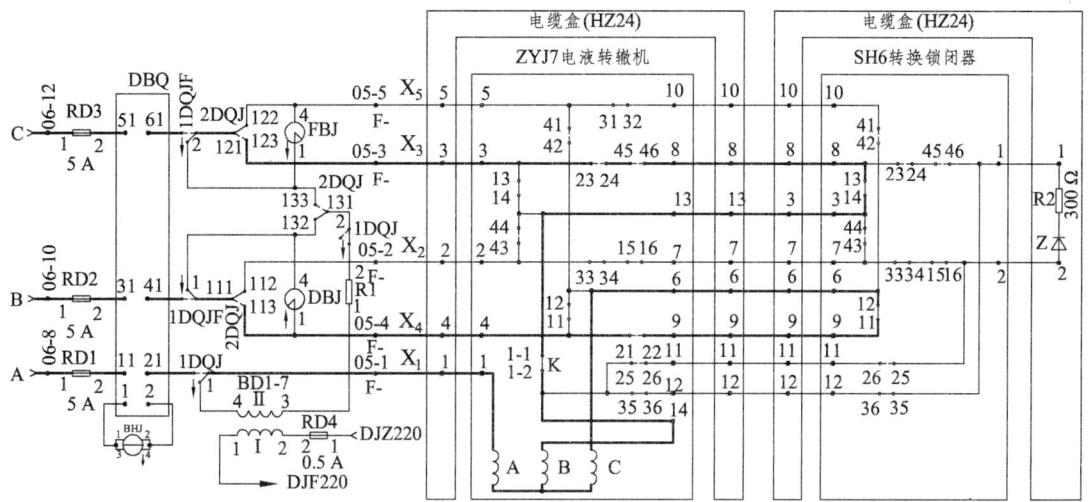

图 4-1-22　定位转反位电机电路

三相交流电相序为 A、C、B，电动机反转。电机电路接通后，电路中有电流流过，DBQ 工作，使 BHJ 吸起。BHJ 继电器的吸起，使 1DQJ 自闭，保证道岔正常转换。

道岔由反位向定位转换的原理，这里不再叙述。

理论上两个牵引点是同步的，但实际设备多数都存在不同步问题，在室外控制电路中采取了措施，当第一牵引点到达规定位置而第二牵引点还未到达规定位置时，第一牵引点 ZYJ7 型电液转辙机中的电机仍需继续转动，直至第二牵引点到达规定位置时止。操纵道岔定位向反位转换为例，第一牵引点密贴锁闭后，自动开闭器已为 2、4 闭合，第二牵引点此时仍为 1、4 闭合，所以 ZYJ7 型电液转辙机中的电机仍然能够通电，继续转动，称为续操电路，如图 4-1-23 所示，电路接通路径为

（1）A 相—RD1—DBQ$_{11-21}$—1DQJ$_{12}$—X$_1$—电机线圈 A。

（2）B 相—RD2—DBQ$_{31-41}$—1DQJF$_{12}$—2DQJ$_{113}$—X$_4$—ZYJ7$_{21-22}$—ZYJ7 电缆盒端子 9—SH6 电缆盒端子 9—SH6$_{11-12}$—SH6 电缆盒端子 6—ZYJ7 电缆盒端子 6—电机线圈 C。

（3）C 相—RD3—DBQ$_{51-61}$—1DQJF$_{22}$—2DQJ$_{123}$—X$_3$—ZYJ7 电缆盒端子 3—ZYJ7$_{23-24}$—ZYJ7$_{45-46}$—ZYJ7 电缆盒端子 8—SH6 电缆盒端子 8—SH6$_{13-14}$—SH6 电缆盒端子 3—ZYJ7 电缆盒端子 13—安全接点 K1-K2—电机线圈 B。

2. 道岔表示电路

与 S700K 道岔表示电路室内设备相同，室外设置一个整流匣（300 Ω/75 W 电阻 R2 与 4 个二极管串联）、ZYJ7 型电液转辙机和 SH6 型转换锁闭器，其中整流匣设置在 SH6 中。

道岔处于定位时，DBJ 励磁电路在电源负半周接通，定位表示电路如图 4-1-24 所示，接通电路：

（1）正半周（二极管支路）：BD_{II-3}—R1—$1DQJ_{23}$—$2DQJ_{132}$—$1DQJF_{13}$—$2DQJ_{112}$—X_2—ZYJ7 转辙机接点 $_{33-34}$—ZYJ7 转辙机接点 $_{15-16}$—SH6 接点 $_{33-34}$—SH6 接点 $_{15-16}$—二极管 Z_{1-2}—R2—ZYJ7 转辙机接点 $_{36-35}$—SH6 接点 $_{36-35}$—电机线圈 B—电机线圈 A—X_1—$1DQJ_{13}$—BD_{II-4}，此时二极管导通。

（2）负半周（DBJ 线圈支路）：BD_{II-3}—R1—$1DQJ_{23}$—$2DQJ_{132}$—DBJ_{4-1}—X_4—ZYJ7 转辙机接点 $_{11-12}$—电机线圈 C—电机线圈 A—X_1—$1DQJ_{13}$—BD_{II-4}，此时 DBJ 线圈 1 加正电源，4 加负电源。

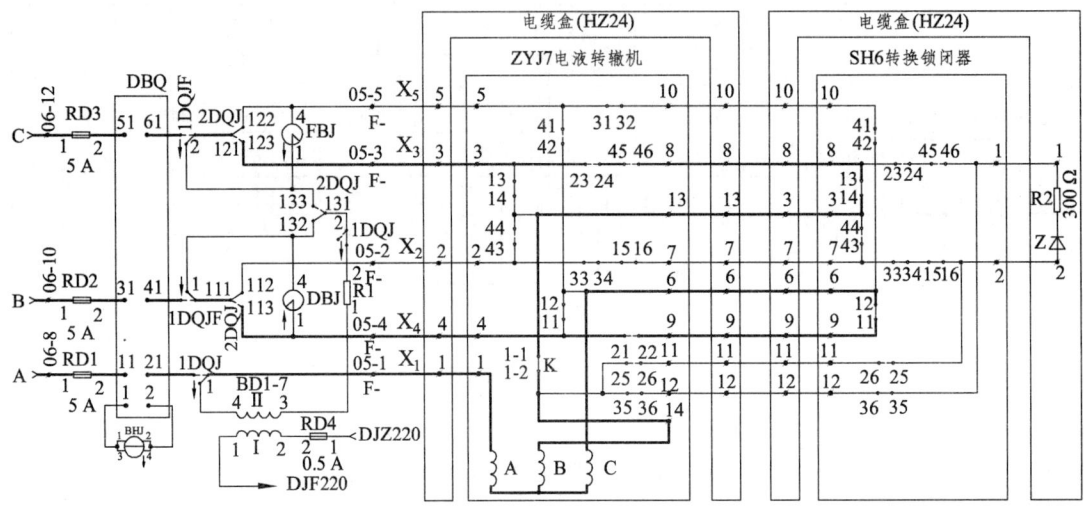

图 4-1-23 定位转反位续操电路

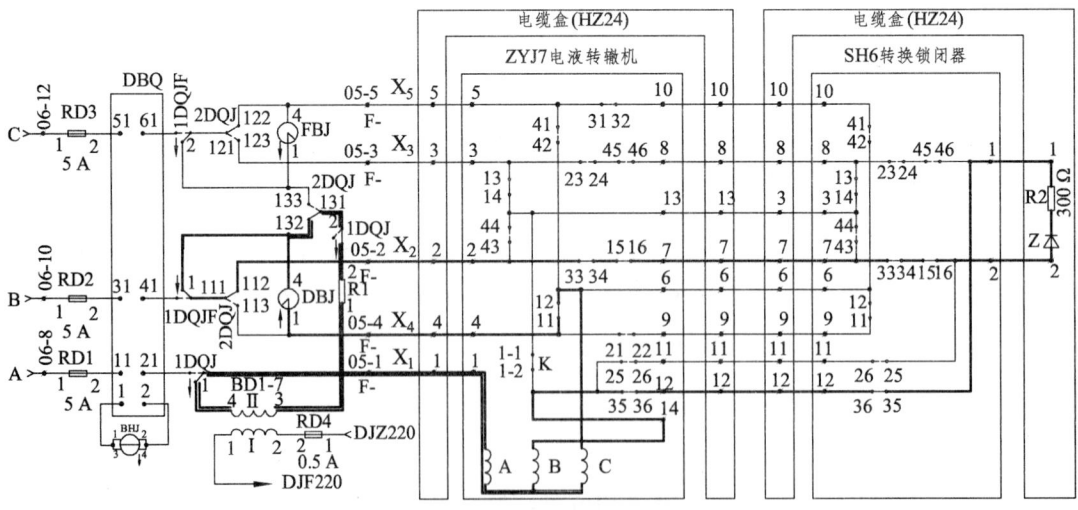

图 4-1-24 定位表示电路

DBJ 励磁吸起检查了 ZYJ7 型电液转辙机和 SH6 型转换锁闭器的定位接点接通。其他原理同 S700 型电动转辙机牵引道岔表示电路一样,这里不再分析。

FBJ 同 DBJ 电路,这里不再叙述。

(三) ZDJ9 型电动转辙机五线制交流道岔控制电路

如图 4-1-25 所示为 ZDJ9 型电动转辙机五线制交流道岔控制电路室外电路。其室内电路与 S700K 型交流电动转辙机室内电路相同,室外电路略有差别,这里不再叙述。该图是定位时 1、3 排接点闭合,若定位为 2、4 排接点闭合,需要将 X_2 和 X_3、X_4 和 X_5 互换,二极管极性互换即可。

五线制双机牵引单动控制电路

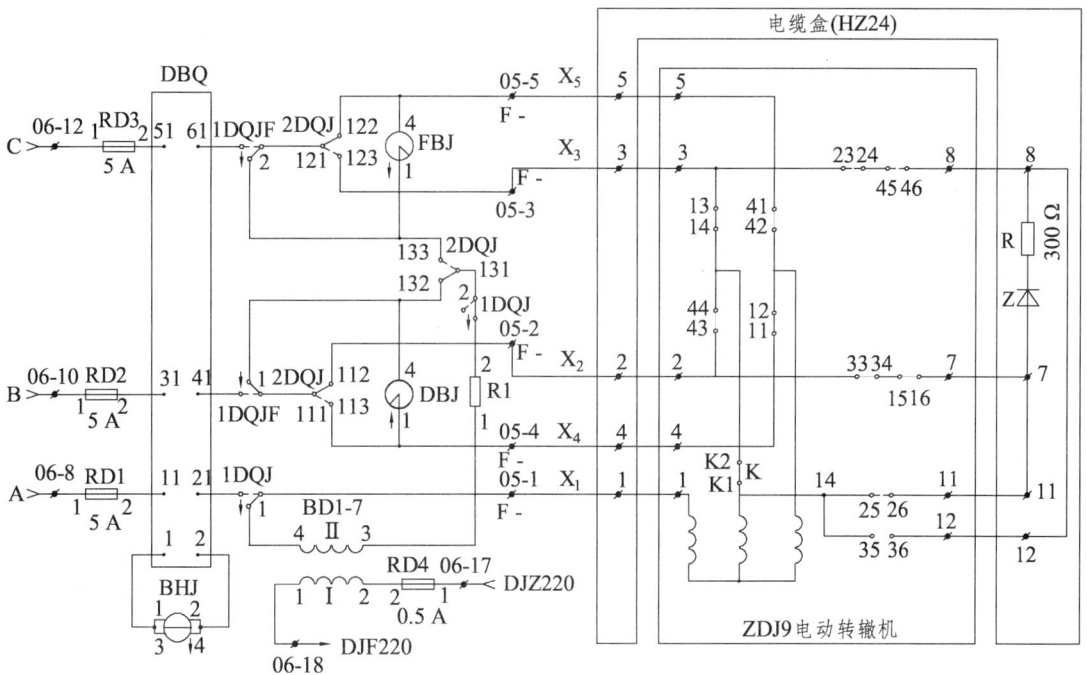

图 4-1-25 ZDJ9 电动转辙机控制电路

六、道岔控制电路维护

(一) 道岔控制电路电气特性测试

1. 四线制道岔控制电路电气特性测试(见表 4-1-4)

ZYJ7 转辙机电气参数测试作业

表 4-1-4　四线制道岔控制电路电气特性测试记录表

日期	工作状态		故障状态		二极管（带劣化）				转子电阻/Ω	挤切削	开口/mm		安装装置良好	测试人	备注
	电压	电流	电压	电流	正向电阻	反向电阻	压降/V				定位	反位			
							交流	直流							

2. 五线制道岔控制电路电气特性测试（见表 4-1-5 和表 4-1-6）

表 4-1-5　五线制道岔控制电路电气特性测试记录表（S700K/ZD9）

道岔名称：

日期	工作状态		故障状态		二极管（带劣化）				保险检查	开口/mm		杆件绝缘良好	测试人	备注
	电压	电流	电压	电流	正向电阻	反向电阻	压降/V			定位	反位			
							交流	直流						

表 4-1-6　五线制道岔控制电路电气特性测试记录表（ZYJ7）

道岔名称：

日期	工作电压/V		工作电流/A		工作油压/MPa		溢流压力/MPa		二极管（带劣化）				保险检查	开口/mm		测试人	备注
	定位	反位	定位	反位	定↓反	反↓定	定↓反	反↓定	正向电阻	反向电阻	压降/V			定位	反位		
											交流	直流					

（二）道岔控制电路故障处理

1. 四线制道岔控制电路故障处理（见图 4-1-26）

单动ZD6控制电路故障处理过程：反操为例（询问了解→登记停用→看、试、查、测、处理→试验核对→登记销点→汇报反馈）

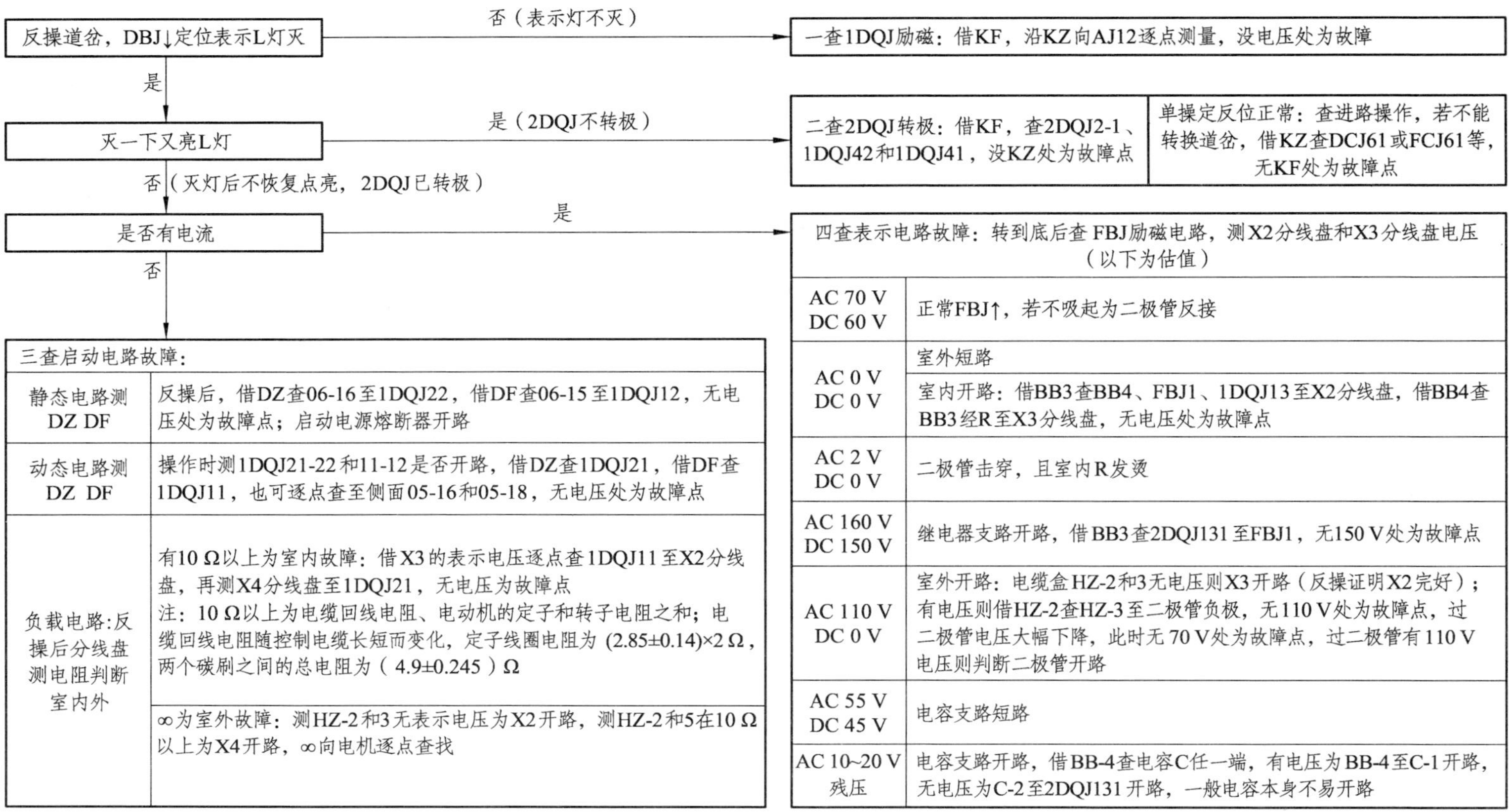

```
反操道岔，DBJ↓定位表示L灯灭
         │
    ┌────┴────┐
    是        否（表示灯不灭）
    │         │
 灭一下又亮L灯  是(2DQJ不转极)
    │
 否(灭灯后不恢复点亮，2DQJ已转极)   是
    │
 是否有电流
 ┌──┴──┐
 是    否
```

一查1DQJ励磁：借KF，沿KZ向AJ12逐点测量，没电压处故障

二查2DQJ转极：借KF，查2DQJ2-1、1DQJ42和1DQJ41，没KZ处为故障点

单操定反位正常：查进路操作，若不能转换道岔，借KZ查DC J61或FCJ61等，无KF处为故障点

四查表示电路故障：转到底后查FBJ励磁电路，测X2分线盘和X3分线盘电压（以下为估值）

AC 70 V DC 60 V	正常FBJ↑，若不吸起为二极管反接
AC 0 V DC 0 V	室外短路 室内开路：借BB3查BB4、FBJ1、1DQJ13至X2分线盘，借BB3经R至X3分线盘，BB3经R至X3分线盘，无电压为R发烫
AC 2 V DC 0 V	二极管击穿，且室内R发烫
AC 160 V DC 150 V	继电器支路开路：电缆盒HZ-2查HZ-3至二极管负板，借BB3查2DQJ131至FBJ1，无150 V处为故障点
AC 110 V DC 0 V	室外开路：电缆盒HZ-2和3至电压测X3开路（反操证明X2完好）；有电压则借HZ-3至二极管下降，无110 V处为故障点，过二极管有110 V，无电压则判断70 V处为故障点，过二极管断70 V处为故障点，二极管开路
AC 55 V DC 45 V	电容支路短路
AC 10~20 V 残压	电容支路开路，借BB-4电容C任一端，有电压为BB-4至C-1开路，无电压为C-2至2DQJ131开路，一般电容本身不易开路

三查启动电路故障：

静态电路测DZ DF	反操后，借DZ查06-16至1DQJ22，借DF查06-15至1DQJ12，无电压处为故障点，启动电源熔断器开路
动态电路测DZ DF	操作时测1DQJ21-22和11-12是否开路，借DZ查1DQJ21，借DF查1DQJ11，也可逐点至侧面05-16和05-18，无电压处为故障点
负载电路：反操后分线盘测电阻判断室内外	有10Ω以上为室内故障，借X3的表示电压逐点测1DQJ11至X2分线盘，再测X4分线盘至1DQJ21，无电压时查1DQJ21，电动机的定子和转子电阻之和；电缆回线和控制电缆长短而变化，定子线圈总阻为(2.85+0.14)×2Ω，注：10Ω以上为电缆回线电阻，两个碳刷之间的总阻为(4.9+0.245)Ω ∞为室外故障：测HZ-2和3无电压X2开路，测HZ-2和5至10Ω以上X4开路，∞向电机逐点查找

外线断线查找方法（含侧面至电缆盒）：

X1断：反操有表示，判断X2、X3好，反位操定位后表示不能转换	定位操反位后表示不能转换，测电缆盒1-3端子无表示电压
X2断：定位有表示，判断X1、X3好	定位操都能转换，但外线无表示电压
X3断：定位能转换，但外线无表示	X1、X2、X4完好；测电缆盒2-3端子无表示电压
X4断：定位操反位能转换，但外线有一个位置的表示（表示继电器吸起）和另一位置有表示	测电缆盒1-3和2-3端子无表示电压

图4-1-26 四线制道岔控制电路故障处理流程图

2. 五线制道岔控制电路故障处理

五线制道岔控制电路故障处理（见图 4-1-27）。

单动五线制道岔控制电路故障处理过程：反棘对例（询问了解→登记停用→看、试、查、测、处理→试验核对→登记销点→汇报反馈）

一查 1DQJ 励磁：借 KF 沿 KZ 方向 AJ12 逐点测量，没电压处为故障点

二查 2DQJ 转极：借 KF 沿 KZ 方向逐点测量（2DQJ2-1、1DQJF32、1DQJF31 等），没电压处为故障点
单棘定反位正常，进路操作非正常，查 AJ、FCJ 相关接点等，无 KF 相关接点处为故障点

三查 1DQJF 励磁电路：借 KF 沿 KZ 方向逐点测量（TJ33、TJ31、1DQJ32、1DQJ32、1DQJ31 等），没电压处为故障点

四查表示电路故障：在分线盘测量电压（以下为估值）

X3 与 X1（反位） X2 与 X1（反位）	AC 60 V DC 22 V	正常 FBJ↑，FBJ 线圈 AC 58 V/DC 21 V 正常 DBJ↑，DBJ 线圈 AC 58 V/DC 21 V
X3 与 X1（反位） X2 与 X1（反位）	AC 0 V DC 0 V	1.测室内 R1 两端电压，无电压则室内开路，有电压（约 AC 110 V）低压，R1 较正常短路（此时可测到约 2 V 电压）则室外短路 2.用钳形电流表测量电流，无电流则室外开路，有电流则室外短路
X3 与 X1（反位） X5（反位） X2 与 X1（反位） X4（定位）	AC 110V DC 0 V	室外开路，逐点测量开闭器，遮断开关接点，机内配线，二极管，电阻 R等，查找到有无电压的临界点即为故障点（过二极管电压大幅下降）
X3 与 X1（反位） X2 与 X1（反位）	AC 20 V DC 0 V	室外整流二极管短路，室内 R1 发烫
X5 与 X1（反位） X4 与 X1（定位）	AC 65 V DC 35 V	X5/X4 所在支路室外开路，先确认分线盘至电缆盒的电缆是否开路，如完好，再逐点测量支路上相关接点及连线
X5 与 X1（反位） X4 与 X1（定位）	AC 11V DC 0 V	X5/X4 所在支路室外开路，先测量表示变压器 I 次 II 次侧电压是否正常，先测量表示正常再逐点测量支路上相关接点及连线

反棘道岔，DBJ↓定位 表示 L 灯灭
│ 否（表示灯不灭）
│ 是
▼
灭一下又亮 L 灯
│ 否
│ 是（2DQJ 不转极）
▼
灭一下又亮 L 灯
│ 否
│ 是（灭灯启不恢复启亮，2DQJ 已转极）
▼
三查启动电路故障
│ 否
│ 是
▼
切断表示电源
│ 否
│ 是

观察 1DQJF↑
│ 是
│ 否
▼
1DQJ 自闭电路：借 KF 沿 KZ 方向逐点测量，无电压处为故障点
▼
BHJ↑
│ 否
│ 是
▼
DBQ 无输出 BHJ1-4 开路 熔断器开路
▼
分线盘测线路回线电阻 <54 Ω（约16Ω，也可扩展到 1DQJF11、1DQJF21 之后）
│ 是
│ 否
▼
室外故障

转到底
│ 是
│ 否
▼
空转超过 30s 时 TJ 电源灯亮，TJ↑
│ 是
│ 否
▼
室外故障

1DQJF↓1DQJ↑切断启动电路
▼
用电阻法查找故障
▼
小于电源电压处为故障点

通电，静态测 DBQ 入口和出口三相电压
▼
等于电源电压：为 1DQJ12、1DQJF12、1DQJF22 之后至分线盘间开路
▼
操作分别借电，逐点测量相关接点及连线，小于电源电压处为故障点，也可先用形表测量哪一相断，再用电压表测量故障点

1.测表示静态电压：棘至定位或手摇至反位后，注意 2DQJ 状态与转辙机位置一致性；按本表点亮表示电路故障，查表示故障
2.测启动动态电压：DBQ 动作灯是否点亮

点亮：说明 ABC 相动态，X1 完好，此时有定表则 X3 断，无定表则 X4 断
不点亮：ABC 相静态，此前接点可测静态，之后接断电路需测动态，查找断电处故障点（注意参考感应电压）

图 4-1-27　五线制道岔控制电路故障处理流程图

四线制单动道岔表示电路断线故障处理

四线制单动道岔启动电路断线故障处理

道岔控制电路-自动开闭器33-34 开路故障

道岔控制电路 2DQJ141-142开路故障

道岔控制电路-自动开闭器13-14 开路故障

ZYJ7 启动电路故障分析

ZYJ7 道岔续操电路故障举例分析

任务二　信号机点灯电路

【工作任务】

（1）能识读信号机点灯电路的原理图。
（2）能根据信号机点灯电路原理图找到实物设备对应的位置（点）。
（3）能测试、分析信号机点灯电路的电气特性。
（4）能在《行车信号设备检查登记簿》上登、销记。
（5）能对信号机点灯电路及设备进行常见故障分析与处理。
（6）能参与电务故障应急处理过程。
（7）通过学习交流，完成派工单任务（见表 4-2-1～表 4-2-3）。

【知识链接】

一、信号机点灯电路的基本要求

控制信号机灯光显示的电路称为信号机点灯电路，而信号显示直接指示列车及车列的运行；用准确可靠的信号显示保证车站作业安全是车站联锁设备的主要任务。车站信号机包括进站信号机、出站兼调车信号机及调车信号机点灯电路等。

表 4-2-1 派工单 015

专业班级		姓名		学号		分数	
作业内容							完成情况说明
在"6502 电气集中电路图册/计算机联锁图册"上手画进站、出站信号机各种显示的接通电路。							
信号机名称		点亮灯位及颜色			接通电路		
X		显示 1：					
^		显示 2：					
^		显示 3：					
^		显示 4：					
^		显示 5：					
S_II		显示 1：					
^		显示 2：					
^		显示 3：					
^		显示 4：					
^		显示 5：					
注意事项							
（1）工作准备方面： （2）工作要求方面： （3）安全风险方面： （4）查阅资料方面： （5）其他注意事项：							
存在问题描述							
理论联系实际							
本次作业内容与"企业案例"是否有相同、相近或相关联之处？请说明							

表 4-2-2　派工单 016

专业班级		姓名		学号		分数	

作业内容	完成情况说明
测试进/出站信号机电气特性，做好记录，并对电气特性不符合要求的进行调整。 | 日期	灯位	组合侧面输出/V	分线盘端电压/V	变压器输入/V	变压器输出/V	主灯丝/LED点灯端电压/V	副灯丝点灯端电压/V	LED点灯电流/A	灯丝转换试验	灯泡更换日期	测试人	备注 | |---|---|---|---|---|---|---|---|---|---|---|---|---| | 标准值 | | | | | | | | | | | | | | 测试值 | | | | | | | | | | | | | | 调整值 | | | | | | | | | | | | |	
注意事项	
（1）工作准备方面： （2）工作要求方面： （3）安全风险方面： （4）查阅资料方面： （5）其他注意事项：	
存在问题描述	
理论联系实际	
本次作业内容与"企业案例"是否有相同、相近或相关联之处？请说明	

表 4-2-3　派工单 017

专业班级		姓名		学号		分数	
<td colspan="6" align="center">作业内容</td>	完成情况说明	
<td colspan="6">　　根据"派工单 004",排列 X 至 ⅡG 列车进路,X 进站信号机点亮什么灯?如果 2U 灯因室外故障灭灯,信号机改点什么灯?为什么? 　　如果 2U 灯因室外故障灭灯,举例某个故障点,分析说明故障查找方法</td>		
<td colspan="6" align="center">注意事项</td>		
<td colspan="6">(1)工作准备方面: (2)工作要求方面: (3)安全风险方面: (4)查阅资料方面: (5)其他注意事项:</td>		
<td colspan="6" align="center">存在问题描述</td>		
<td colspan="6"> </td>		
<td colspan="6" align="center">理论联系实际</td>		
<td colspan="6">　　本次作业内容与"企业案例"是否有相同、相近或相关联之处?请说明</td>		

在 6502 电气集中车站或计算机联锁车站，采用集中供电方式，由设在信号楼继电器室里的电源屏供给专用的交流 220 V 点灯电源。

信号机灯光一般采用 12 V/25 W 双灯丝灯泡。由于点灯电源是 220 V，为此在站场高柱信号机旁设置有变压器箱，在箱内对每一个灯泡分别设有一台信号点灯变压器（矮型信号机在机构后盖内）。该变压器型号为 BX-30 或 BX-40 型，初级电压为 220 V，次级电压为 13～14 V。这种供电方式，可以减少线路压降，在保证控制点灯距离的基础上而不增加电缆芯线，便于信号人员对设备的维修。

信号机点灯电路是故障-安全电路，除有室内控制条件外，还有室外电缆线路，所以信号机点灯电路既要考虑断线防护，又要考虑混线防护。

信号机点灯电路断线，信号机就要灭灯。允许灯光灭灯要使信号显示降低，如绿灯或黄灯灭灯时，要自动改点红灯。禁止灯光灭灯时，不允许信号机再开放（对进站信号机和正线出站信号机而言）。因此，在每一个信号灯泡的电路上都串接有灯丝继电器，用来监督灯泡的完整性。由于禁止灯泡和允许灯光不能同时点灯，根据每架信号机同时点亮几个灯泡，就设置几个灯丝继电器，这样既能监督灯泡的完整性，又节省了器材。

信号机点灯电路混线，将会点亮平时不应该点亮的灯光。在进站信号机上，同时点亮一个红灯和一个月白灯是引导信号，因而月白灯因混线错误点灯是不允许的。红灯和绿灯或红灯和黄灯同时点亮是乱显示，乱显示被认为是禁止信号，但万一这时红灯突然灭灯，将会造成危险，因此绿灯和黄灯因混线错误点灯也是不允许的。在出站兼调车信号机上，同时点亮红灯和月白灯是乱显示，在调车信号机上，同时点亮蓝灯和月白灯也是乱显示。在这种情况下，如果红灯或蓝灯突然灭灯，将变为准许调车的信号。因为调车信号的月白灯显示对列车无效，仅对调车有效，所以，为了减少室外连线，对调车信号降低要求，对出站兼调车信号机和调车信号机上的月白灯，可不加混线防护措施。

信号灯泡是双灯丝的，在点灯电路中，灯泡的主灯丝电路都串接有一个灯丝转换继电器 DZJ，这个继电器都设在变压器或机构后盖内。当主灯丝断丝时，DZJ 失去电流而落下，所以能通过它的后接点，自动地将副灯丝接在电路中，使副灯丝亮灯，继续给出信号显示。由于副灯丝寿命比较短（约 200 h），只有主灯丝寿命的 1/5，所以主灯丝断丝报警后，应及时更换灯泡。

信号电灯电路的
混线防护

下面分别对进站、出站兼调车和调车信号机点灯电路进行说明。

二、进站信号机点灯电路

进站信号机点灯电路图如图 4-2-1 所示。进站信号机有五个灯位，从上至下顺序为 1U、L、H、2U、YB，这五个灯泡中的 U、L 和 H 是不会同时亮灯的，2U 和 YB 也不会同时亮灯，只有 1U 和 2U 或 H 和 YB 能同时亮灯。能同时亮灯的两个灯泡，不能用一个灯丝继电器进行监督，因

进站信号机点灯电路
（自动闭塞区段）

为两个灯泡中损坏一个，无法区分是哪一个。不能同时亮灯的几个灯泡，可以用同一个灯丝继电器进行监督，因为它们可以用控制灯光的条件进行区分。

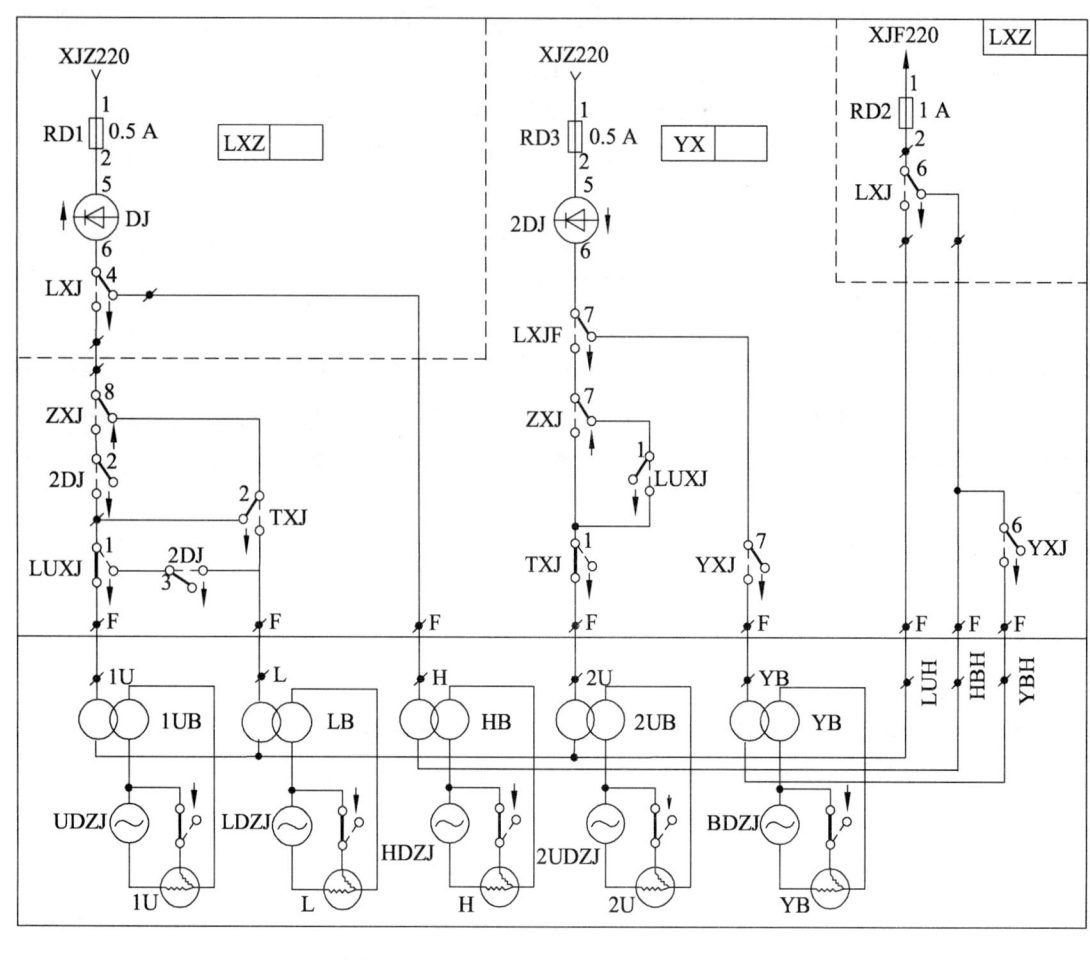

图 4-2-1　进站信号机点灯电路

根据上述分析，在进站信号机点灯电路中，U、L 和 H 用一个灯丝电器（JZXC-H18）监督，叫作第一灯丝继电器；而 2U 和 YB 用另一个灯丝继电器进行监督，叫第二灯丝继电器。平时进站信号机点红灯，信号点灯变压器 HB 次级有输出，因此在初级线圈中串接的 DJ 在励磁吸起状态，表示灯光完好。假如此时红主、副灯丝都烧断而灭灯，那么 DJ 将因 HB 的次级没有输出，初级线圈电路中的电流大大减少而失磁落下。用 DJ 的落下接点使控制台相应的信号复示器闪红灯，及时反映出红灯灯泡断丝。在进站信号机开放时，当 LXJ 励磁吸起，一方面切断红灯变压器，另一方面把点灯电源接向允许灯光。允许灯光亮什么灯，取决于建立什么样的进路，由信号辅助继电器动作配合接通有关允许灯光点灯电路。各种情况下接通的点灯电路如下：

（1）平时进站信号机显示红色灯光，电路如图 4-2-2 所示，电路接通路径为 XJZ220—RD1—DJ_{5-6} 线圈—LXJ_{43}—HB_{11-12}—LXJ_{63}—RD2—XJF220。

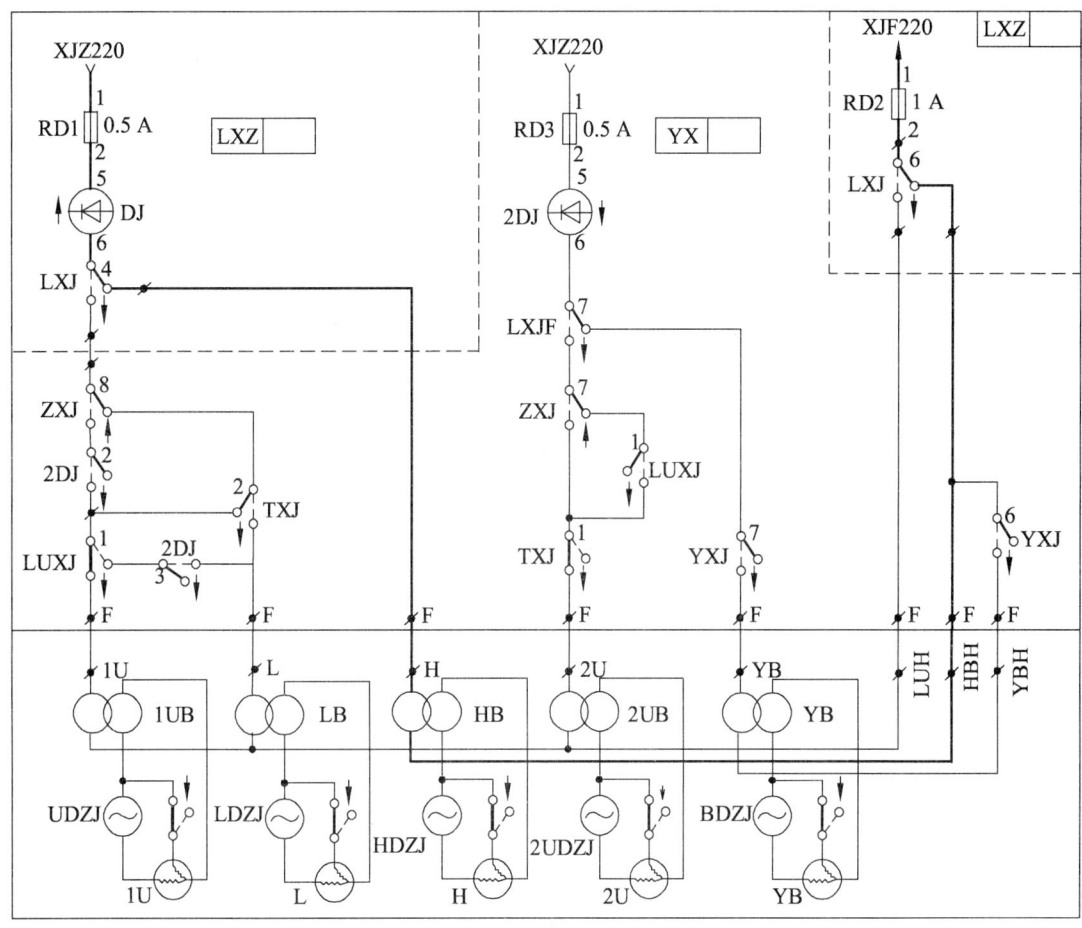

图 4-2-2　进站信号机红灯点灯电路图

（2）正线通过时，显示一个绿色灯光，电路如图 4-2-3 所示，电路接通路径为 XJZ220—RD1—DJ_{5-6} 线圈—LXJ_{42}—ZXJ_{82}—TXJ_{22}—LB_{11-12}—LXJ_{62}—RD2—XJF220。

电路中检查了 LXJ、ZXJ 和 TXJ 的励磁吸起条件。

（3）正线接车时，显示一个黄色灯光，电路如图 4-2-4 所示，电路接通路径为 XJZ220—RD1—DJ_{5-6} 线圈—LZJ_{42}—ZXJ_{82}—TXJ_{23}—$LUXJ_{23}$—UB_{11-12}—LXJ_{62}—RD2—XJF220。

电路中检查了 LXJ、ZXJ 的励磁吸起条件，TXJ 和 LUXJ 的落下条件。

（4）到发线接车时，显示两个黄色灯光，首先接通第二黄灯电路，电路接通路径为 XJZ220—RD3—$2DJ_{5-6}$ 线圈—$LXJF_{72}$—ZXJ_{73}—TXJ_{13}—$2UB_{11-12}$—LXJ_{62}—RD2—XJF220。

该电路由 LXJ 吸起和 ZXJ、TXJ 落下构成，电路中用 2DJ 吸起证明第二黄灯完好，同时构成第一黄灯点灯电路，电路接通路径为 XJZ220—RD1—DJ_{5-6} 线圈—LXJ_{42}—ZXJ_{83}—$2DJ_{22}$—$1UB_{11-12}$—LXJ_{62}—RD2—XJF220。

点双黄灯的电路如图 4-2-5 所示。在电路中接有 2DJ 第 2 组前接点，若第二黄灯灭灯，则用 2DJ 落下断开第一黄灯点灯电路，防止出现信号升级显示。

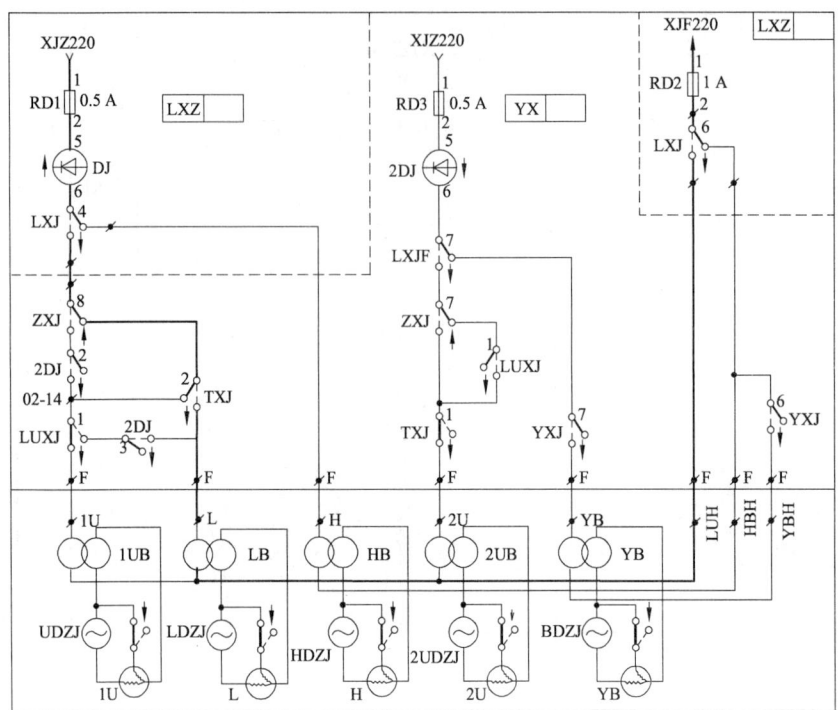

图 4-2-3 进站信号机绿灯点灯电路图

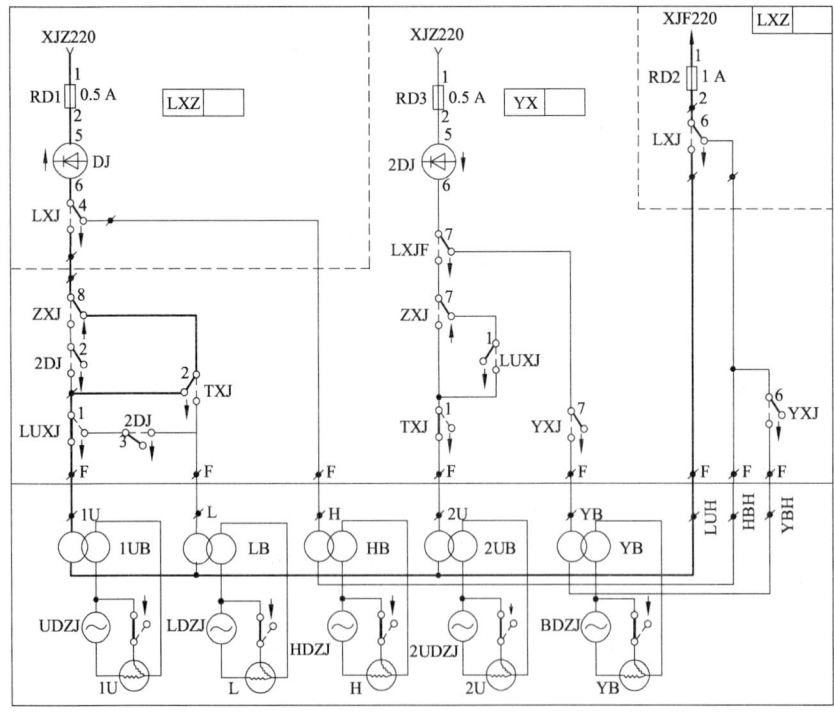

图 4-2-4 进站信号机点黄灯电路图

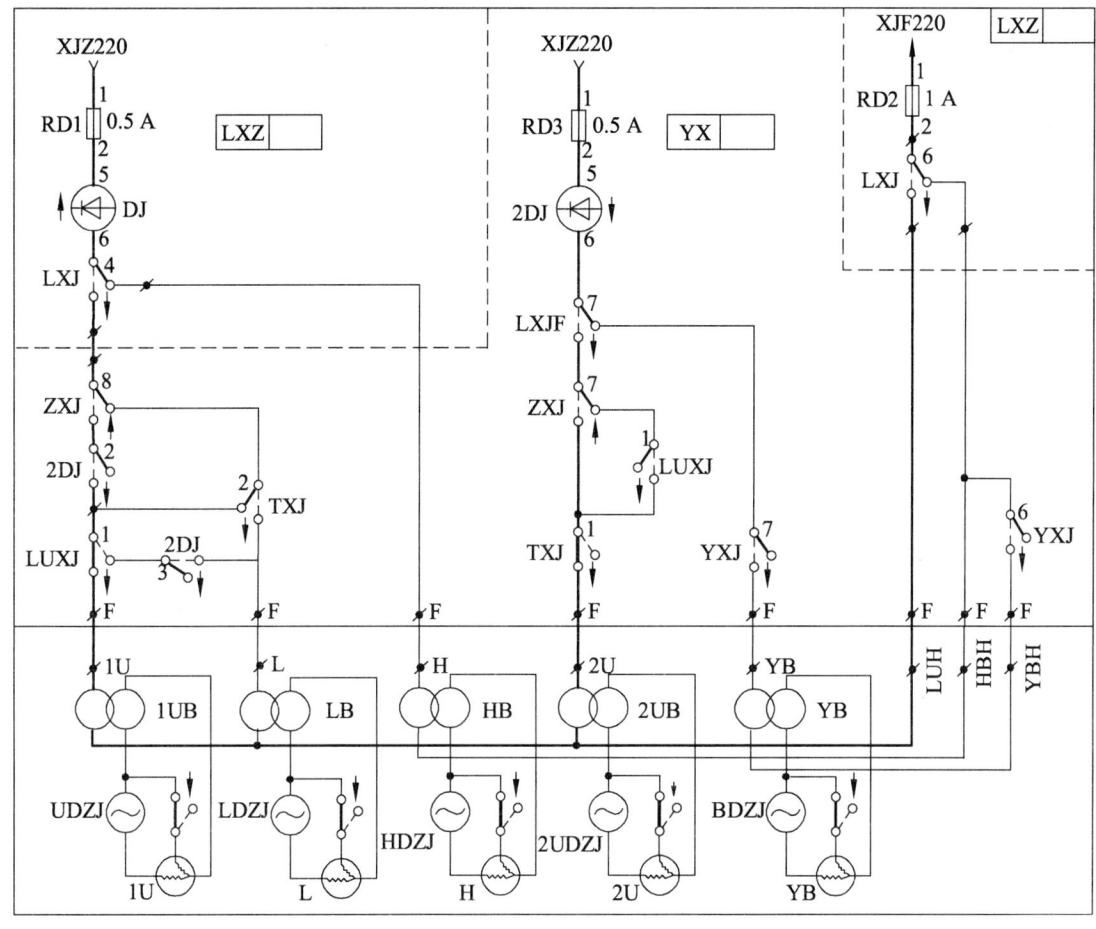

图 4-2-5 进站信号机双黄点灯电路图

（5）当进站列车通过第一个车场到另一个车场去时或在四显示自动闭塞区段通过车站但同方向出现信号机显示黄灯时显示一绿一黄灯光，该点灯先接通二黄灯电路，后接通绿灯电路，电路接通路径为 XJZ220—RD3—$2DJ_{5-6}$ 线圈—$LXJF_{72}$—ZXJ_{72}—$LUXJ_{13}$—TXJ_{13}—$2UB_{11-12}$—LXJ_{62}—RD2—XJF220。

电路由 LXJ、ZXJ、LUXJ 励磁吸起，TXJ 落下构成。用 2DJ 吸起构成绿灯电路条件，电路接通路径为 XJZ220—RD1—DJ_{5-6} 线圈—LXJ_{42}—ZXJ_{82}—TXJ_{23}—$LUXJ_{22}$—$2DJ_{32}$—LB_{11-12}—LXJ_{62}—RD2—XJF220。

进站信号机点绿黄灯电路如图 4-2-6 所示。

（6）引导接车时，进站信号机显示一个红色灯光和一个月白色灯光，红灯电路和平时一样，其月白灯电路接通路径为 XJZ220—RD3—$2DJ_{5-6}$ 线圈—$LXJF_{73}$—YXJ_{72}—YBB_{11-12}—TXJ_{62}—LXJ_{63}—RD2—XJF220。

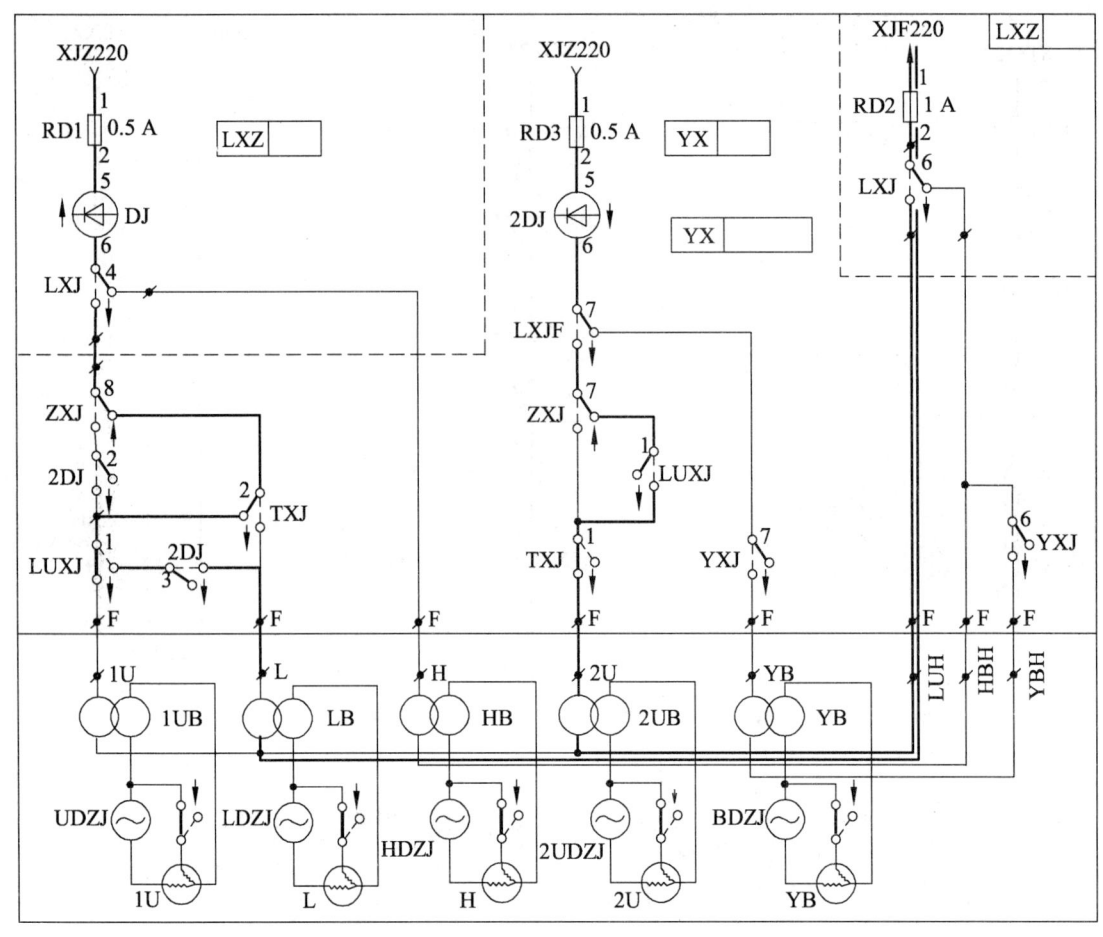

图 4-2-6　进站信号机绿黄点灯电路图

进站信号机点红白灯电路如图 4-2-7 所示。

（7）经过 18 号道岔及其以上道岔侧向通过的进路时，进站信号机显示黄闪和黄色灯光，先接通二黄灯电路，使第二个黄灯先点亮，电路接通路径为 XJZ220—RD3—2DJ$_{5-6}$ 线圈—LXJF$_{72}$—ZXJ$_{72}$—TXJ$_{13}$—2UB$_{11-12}$—LXJ$_{62}$—RD2—XJF220。

由于侧向通过信号继电器 CTXJ 吸起，在 2DJ 吸起后，经 2DJ 第二组前接点及闪光继电器 SNJ 的第三组前接点与 2 kΩ 电阻并联接通 UB 电路。由于 SNJ 脉动，SNJ 的前接点断开时电流很小，再使第一个黄灯闪光，从而构成黄闪黄的信号显示。这里并联 2 kΩ 电阻是保证监督第一个黄灯的 DJ 能够稳定吸起。

黄闪电路接通路径为 XJZ220—RD1—DJ$_{5-6}$ 线圈—LXJ$_{42}$—ZXJ$_{83}$—2DJ$_{22}$—CTXJ22—SNJ32—1UB$_{11-12}$—LXJ$_{62}$—RD2—XJF220。

其简化的点灯电路如图 4-2-8 所示。

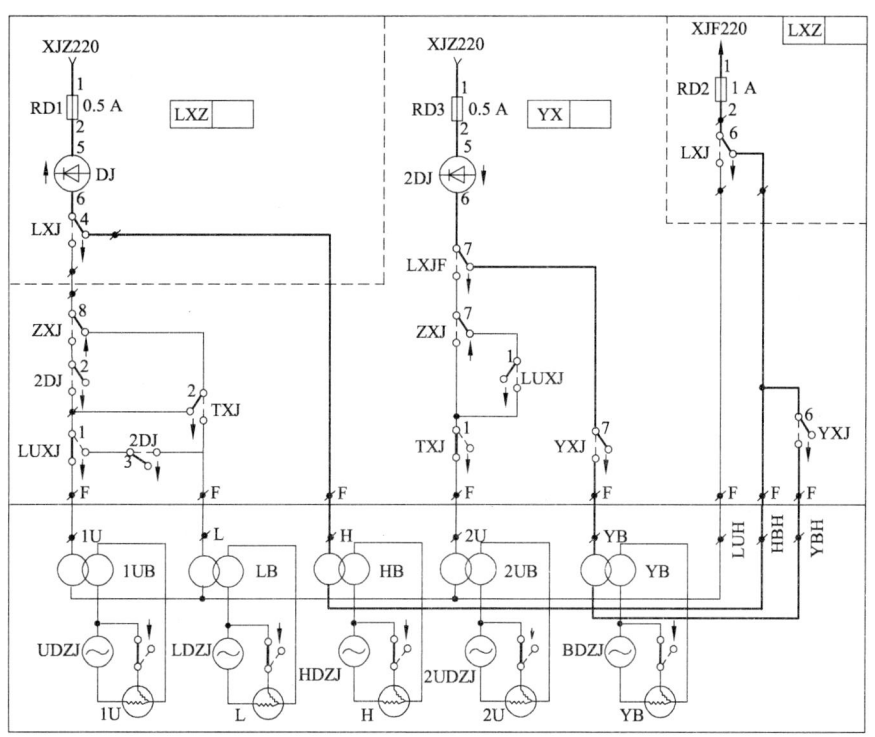

图 4-2-7 进站信号机红白点灯电路图

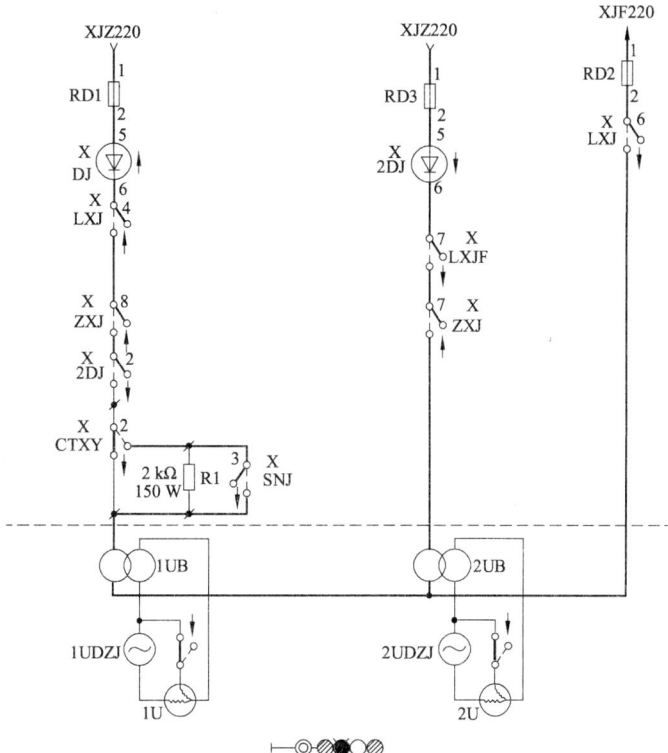

图 4-2-8 进站信号机黄闪黄点灯电路

在上述点灯电路中，凡是同时点两个允许信号的灯光时，在接有 DJ 的灯光电路中都接有 2DJ 的前接点，其目的是当二黄灯灭灯时，使绿灯或一黄灯也随之灭灯，防止信号升级显示，以便用 DJ 的前断开进站信号机 LXJ 电路，使信号自动改点红灯。

在进站信号机点灯电路中，电路控制条件均设置在电源与负载之间，满足对混线防护提出的位置法的要求。对于混线防护除采用位置法外，对允许灯光和月白灯光都采用了双断法。为了减少连线，简化电路，在点灯电路中 U、L 和 2U 灯共用一条回线。应当注意，只有要集中供电方式且使用信号点灯变压器的情况下，像 U 和 2U 能同时点灯的两个灯泡，才可以共用一条回线，否则是不允许的。因为两个点灯电流共有一条回线，会产生较大的电压降，将会影响信号显示的距离。

非自动闭塞区段的进站信号机应设预告信号机。当预告信号机显示黄灯时，表示进站信号机在关闭状态，列车必须在进站信号机前停车；当预告信号机显示绿灯时，表示进站信号机在开放状态。其原理图如图 4-2-9 所示，点灯电路的基本原理和自动闭塞区段的进站信号机点灯电路原理类似，这里不再叙述。

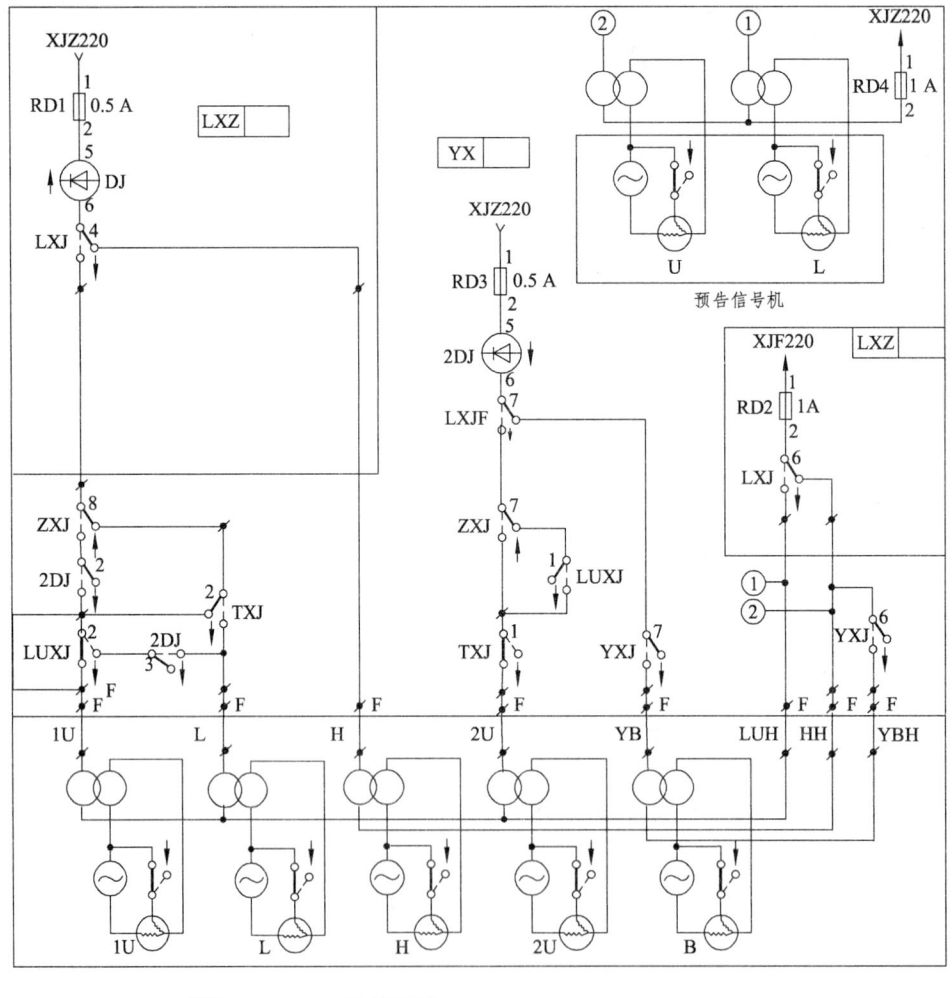

图 4-2-9　进站信号机点灯电路图（带预告信号机）

三、出站兼调车信号机点灯电路

因区间的闭塞方式不同、发车口的数量及联锁方式不同，出站信号机的灯位数量和点灯电路的形式也不相同。如图 4-2-10 所示为四显示自动闭塞区段的两方向出站兼调车信号机的点灯电路。其他的出站信号机兼调车信号机以及其他类型的出站信号机点灯电路原理与之类似。下面介绍其点灯电路的工作原理。

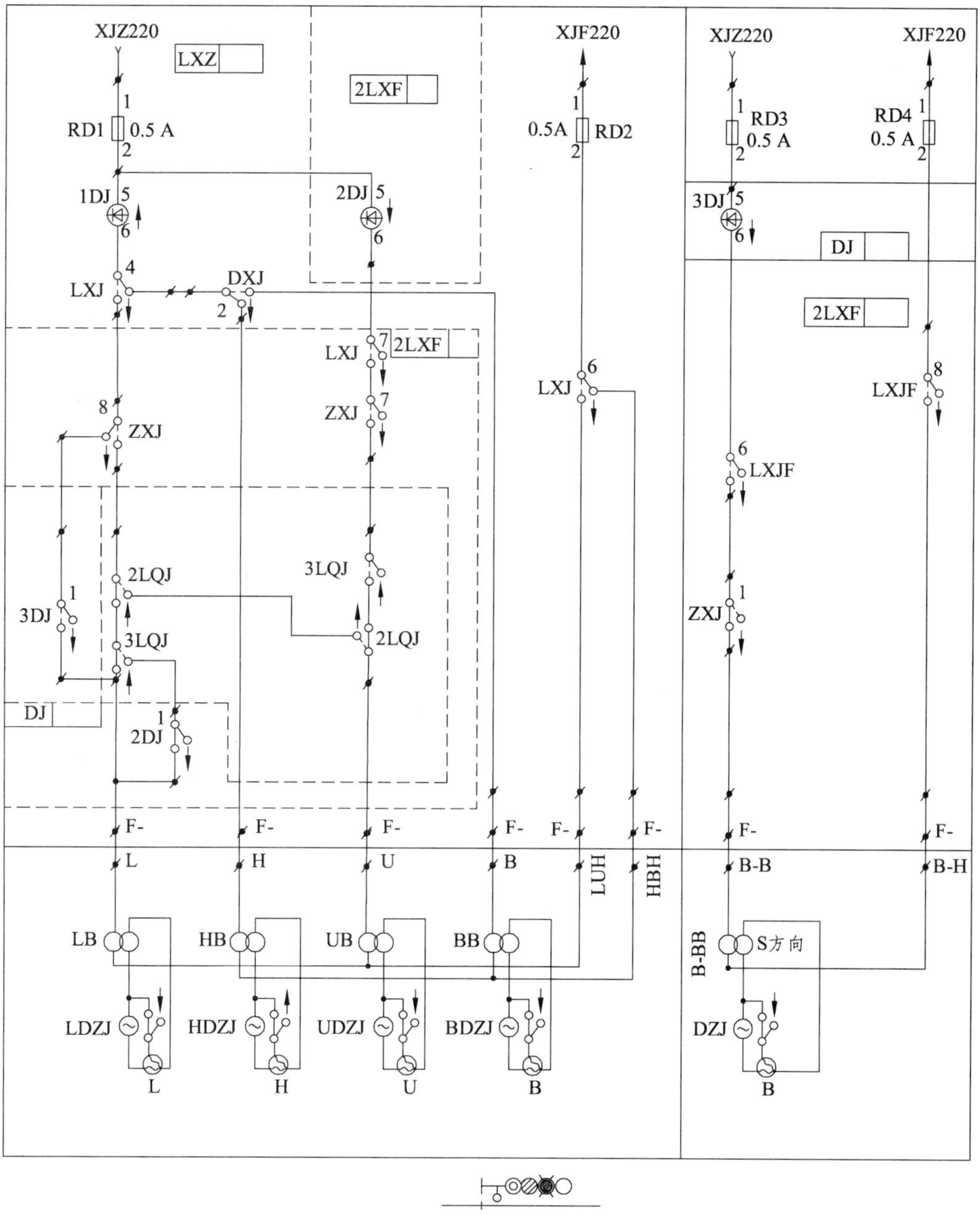

出站兼调车信号机点灯电路
（两方向四显示自动闭塞区段）

图 4-2-10　两方向出站信号机点灯电路

在自动闭塞区段有两个发车方向时，位于正线上的出站兼调车信号机一般采用高柱信号机，设有两个信号机构4个灯位。灯光由上至下排列为L、H、U和YB，最下方还设置了一个进路表示器白灯。到发线出站兼调车信号机设置为矮型信号机，用两个信号机构，并排设置。靠近线路侧设一个两显示信号机构，从上至下灯光为月白、红，并排设置另一个三显示信号机构，从上到下灯光为绿、空灯位、黄，最下方还设置了一个进路表示器白灯。

在电路中，用正方向信号继电器 ZXJ 区分正方向和反方向发车，正方向运行时，进路表示器不亮灯，反方向运行时，进路表示器白灯点亮；由第二离去继电器 2LQJ 和第三离去继电器 3LQJ 的前后接点区分点绿灯、绿黄灯或黄灯。

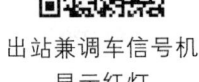

出站兼调车信号机
显示红灯

（1）出站兼调车信号机显示红灯，禁止发车和调车。电路如图 4-2-11 所示，电路接通路径为 XJZ220—RD1—DJ$_{5-6}$—LXJ$_{43}$—DXJ$_{63}$—HB$_{11-12}$—LXJ$_{61-63}$—RD2—XJF220。

电路中检查 LXJ 和 DXJ 均在落下状态。

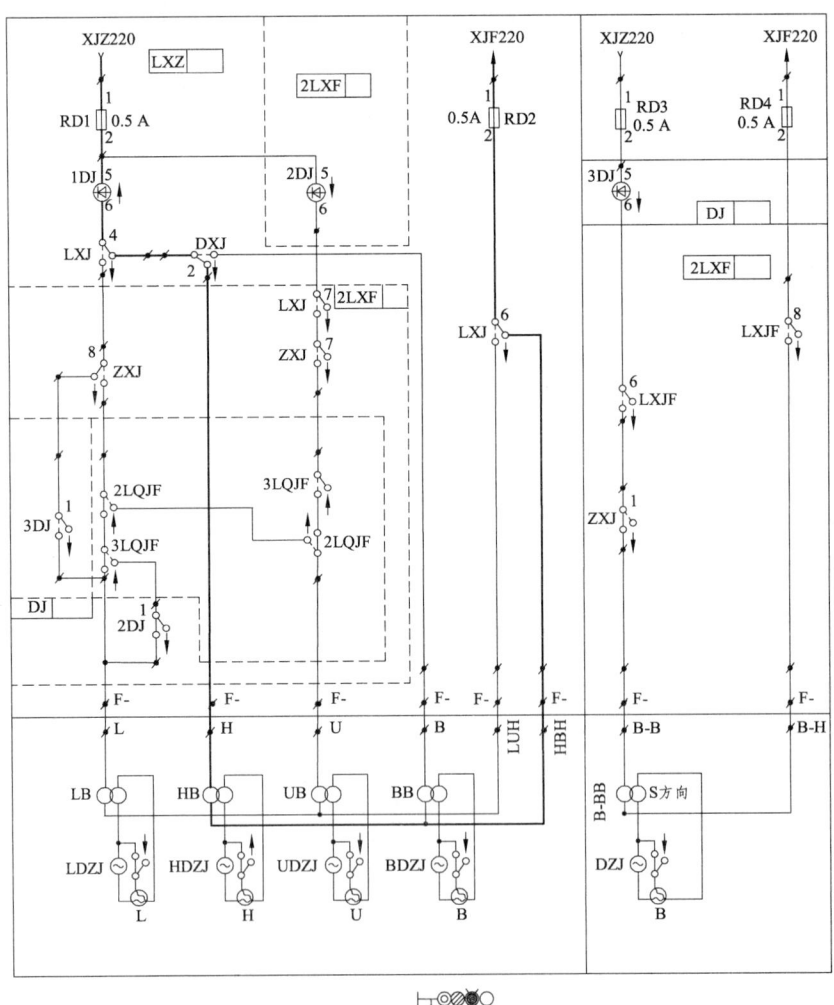

图 4-2-11 两方向出站兼调车信号机点红灯电路

（2）向正方向发车，前方有三个及以上闭塞分区空闲，应显示一个绿灯。电路如图 4-2-12 所示，电路接通路径为 XJZ220—RD1—DJ$_{5-6}$ 线圈—LXJ$_{42}$—ZXJ$_{82}$—2LQJ 前接点—3LQJ 前接点—1LB$_{11-12}$—LXJ$_{62}$—RD2—XJF220。

电路中检查 LXJ、ZXJ、2LQJ 和 3LQJ 均在吸起状态。

出站兼调车信号机显示绿灯

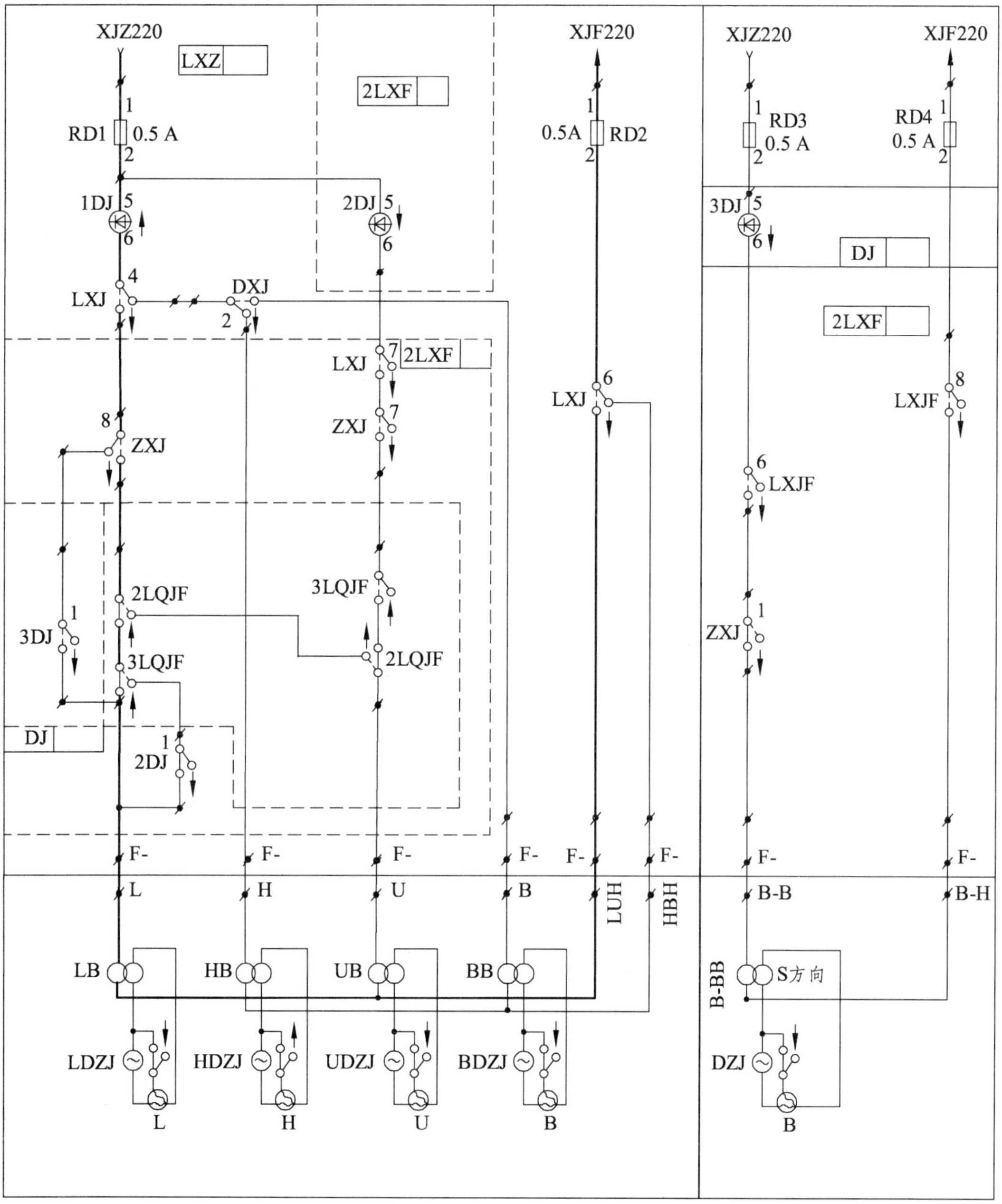

图 4-2-12　两方向出站兼调车信号机点绿灯电路

（3）向正方向发车，前方有两个闭塞分区空闲显示一个绿灯和一个黄灯，电路为 XJZ220—RD1—2DJ$_{5-6}$—LXJ$_{72}$—ZXJ$_{72}$—3LQJ 后接点—2LQJ 前接点—UB$_{11-12}$—LXJ$_{62}$—RD2—XJF220。

电路中检查 LXJ、ZXJ 和 2LQJ 励磁吸起，3LQJ 落下条件。当 2DJ 吸起后接通绿灯电路。其电路为 XJZ220—RD1—DJ$_{5-6}$—LXJ$_{42}$—ZXJ$_{82}$—2LQJ 前接点—3LQJ 后接点—2DJ$_{12}$—LB$_{11-12}$—LXJ$_{62}$—RD2—XJF220。

在绿灯点灯电路中要检查 2DJ 的励磁吸起，用以证明黄灯的完好，是为了防止向正方向发车时，开放或关闭信号时出现黄灯闪光，给出错误显示。

两方向出站兼调车信号机点绿黄灯电路如图 4-2-13 所示。

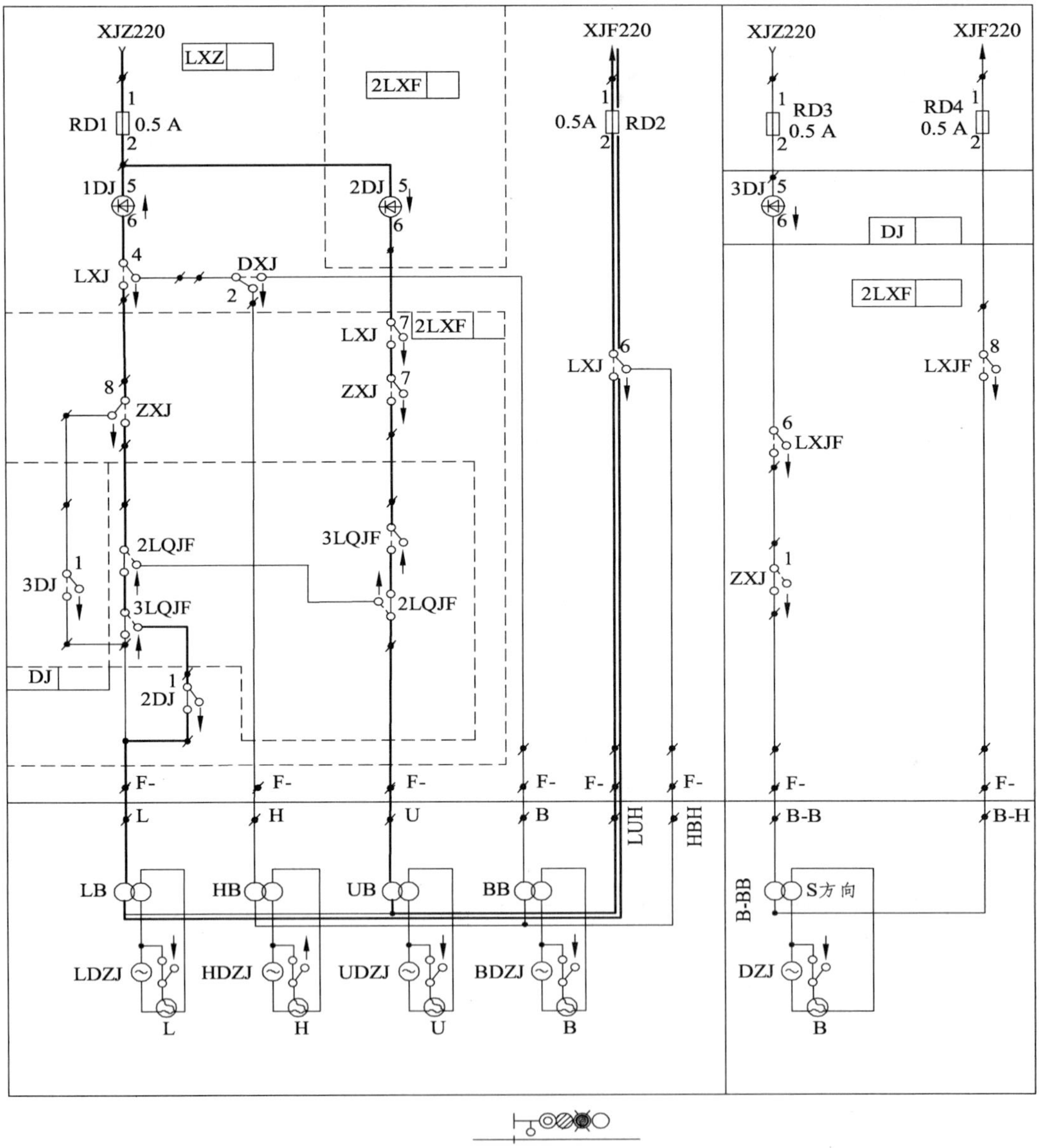

出站兼调车信号机
显示绿黄灯

图 4-2-13 两方向出站兼调车信号机点绿黄灯电路

（4）向正方向发车，前方只有一个闭塞分区空闲显示一个黄灯，电路如图 4-2-14 所示，电路接通路径为 XJZ220—RD1—2DJ$_{5-6}$—LXJ$_{72}$—ZXJ$_{72}$—3LQJ 后接点—2LQJ 后接点—UB$_{11-12}$—LXJ$_{62}$—RD2—XJF220。

电路中检查 LXJ、ZXJ 励磁吸起，3LQJ、2LQJ 落下的条件。

出站兼调车信号机
显示黄灯

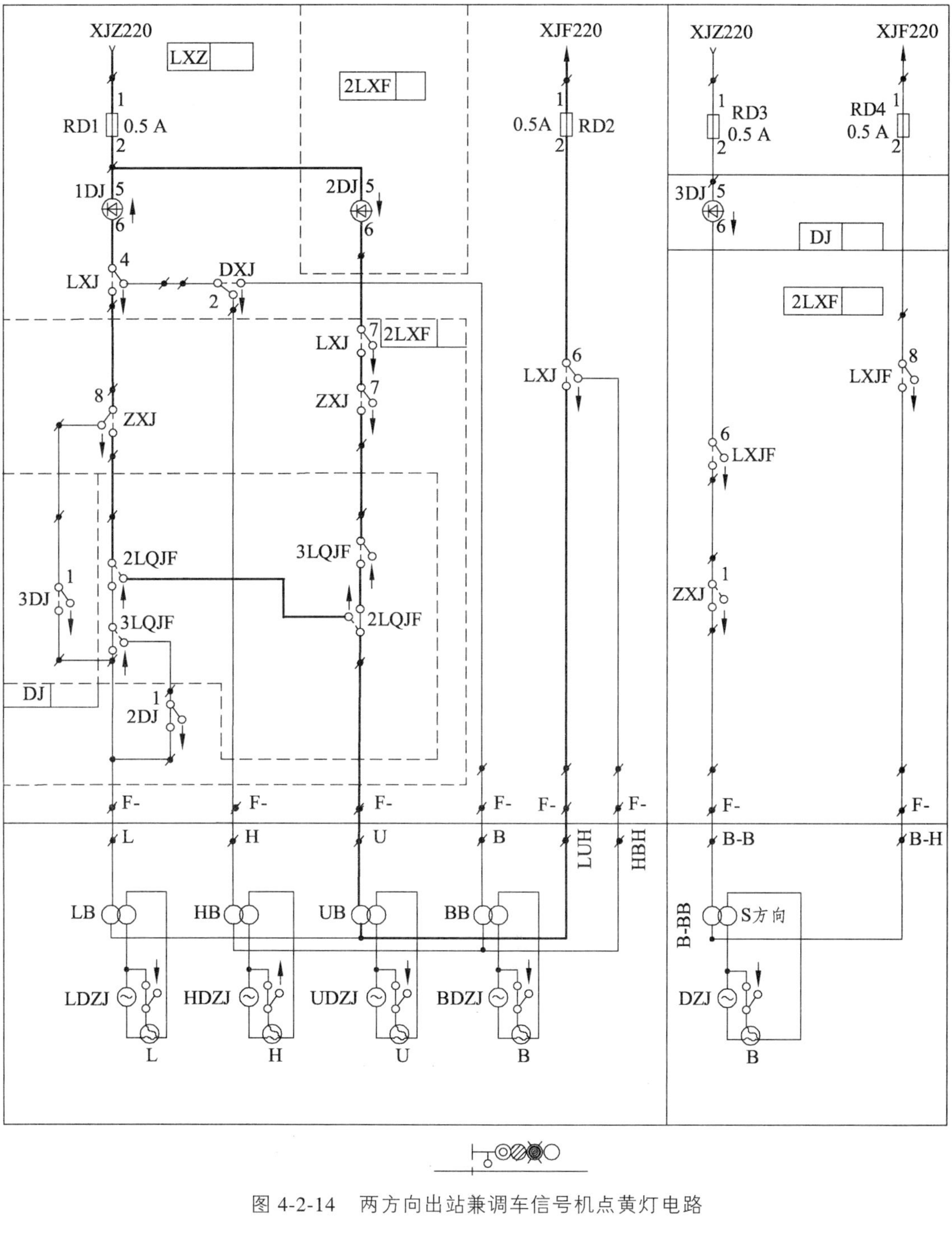

图 4-2-14 两方向出站兼调车信号机点黄灯电路

（5）办理调车进路时，出站兼调车信号机显示月白色灯光，电路如图 4-2-15 所示，电路接通路径为 XJZ220—RD1—DJ_{5-6} 线圈—LXJ_{43}—BB_{11-12}—LXJ_{63}—RD2—XJF220。

电路中检查 DXJ 励磁吸起、LXJ 落下的条件。在出站兼调车信号机点灯电路中，也采用了位置法和双断法的混线防护措施。

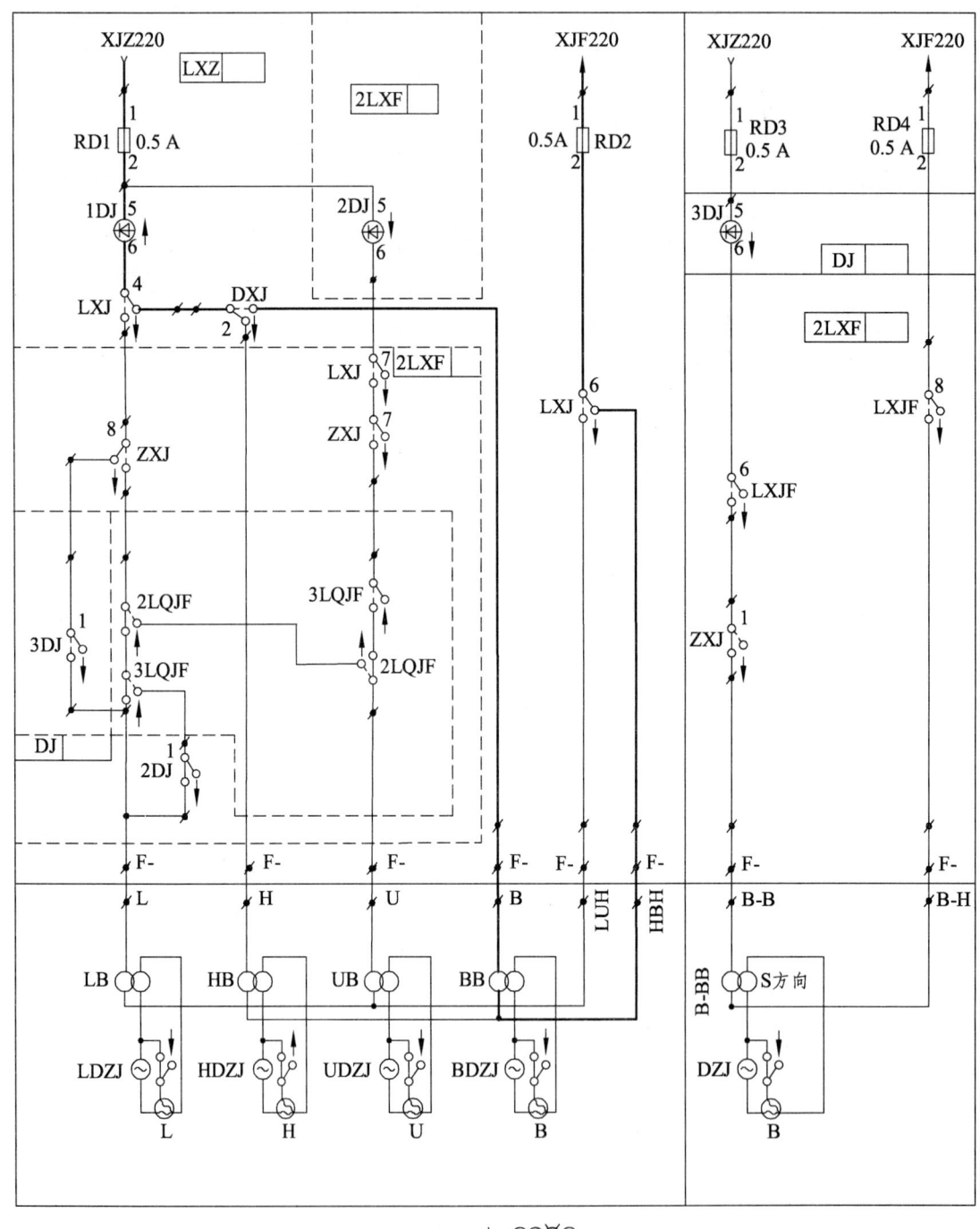

图 4-2-15 两方向出站兼调车信号机点白灯电路

（6）反方向发车时，显示一个绿灯和发车进路表示器白灯，首先是发车进路表示器白灯电路接通，其电路为 XJZ220—RD3—3DJ$_{5-6}$—LXJF$_{62}$—ZXJ$_{13}$—B-BB$_{11-12}$—LXJF$_{82}$—RD4—XJF220。

电路中检查 LXJ（LXJF）、ZXJ 励磁吸起。当 3DJ 吸起后接通绿灯电路，其电路为 XJZ220—RD1—DJ$_{5-6}$—LXJ$_{42}$—ZXJ$_{83}$—3DJ$_{12}$—LB$_{11-12}$—LXJ$_{62}$—RD2—XJF220。

两方向出站兼调车信号机点绿灯和电路发车进路表示器白灯电路图 4-2-16 所示。

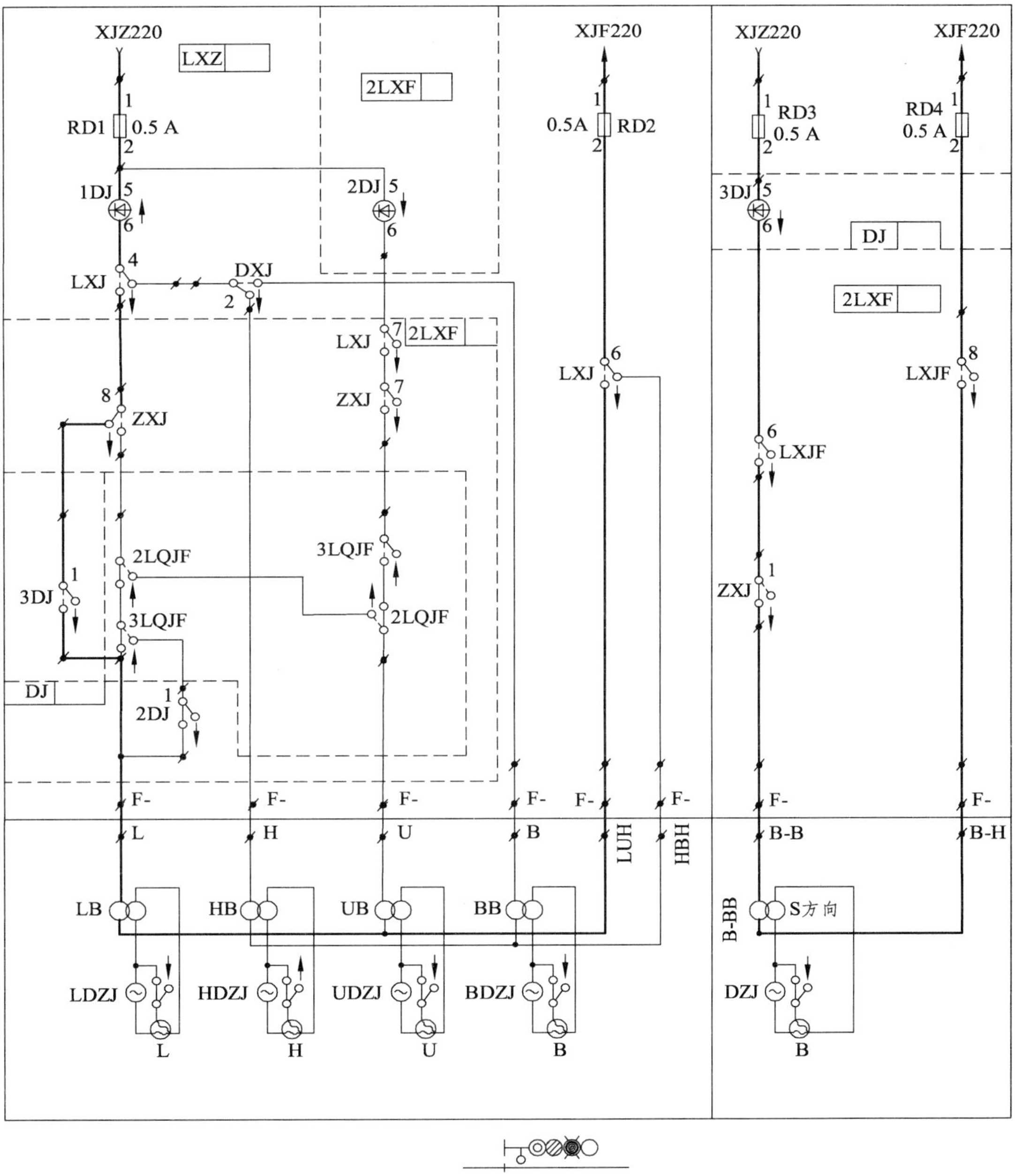

出站兼调车信号机显示绿灯和进路表示器白灯

图 4-2-16 两方向出站兼调车信号机点绿灯和进路表示器白灯电路

在绿灯点灯电路中要检查 3DJ 的励磁吸起，用以证明发车进路表示器白灯的完好，是为了防止向反方向发车时，发车进路表示器白灯灭灯，只显示绿灯，给出错误显示。

在双线双向四显示自动闭塞区段，有三个发车方向时，出站兼调车信号机点灯电路如图 4-2-17 所示，其点灯电路工作原理以及其他类型的出站信号点灯电路工作原理与图 4-2-1 基本类似，这里不再叙述。

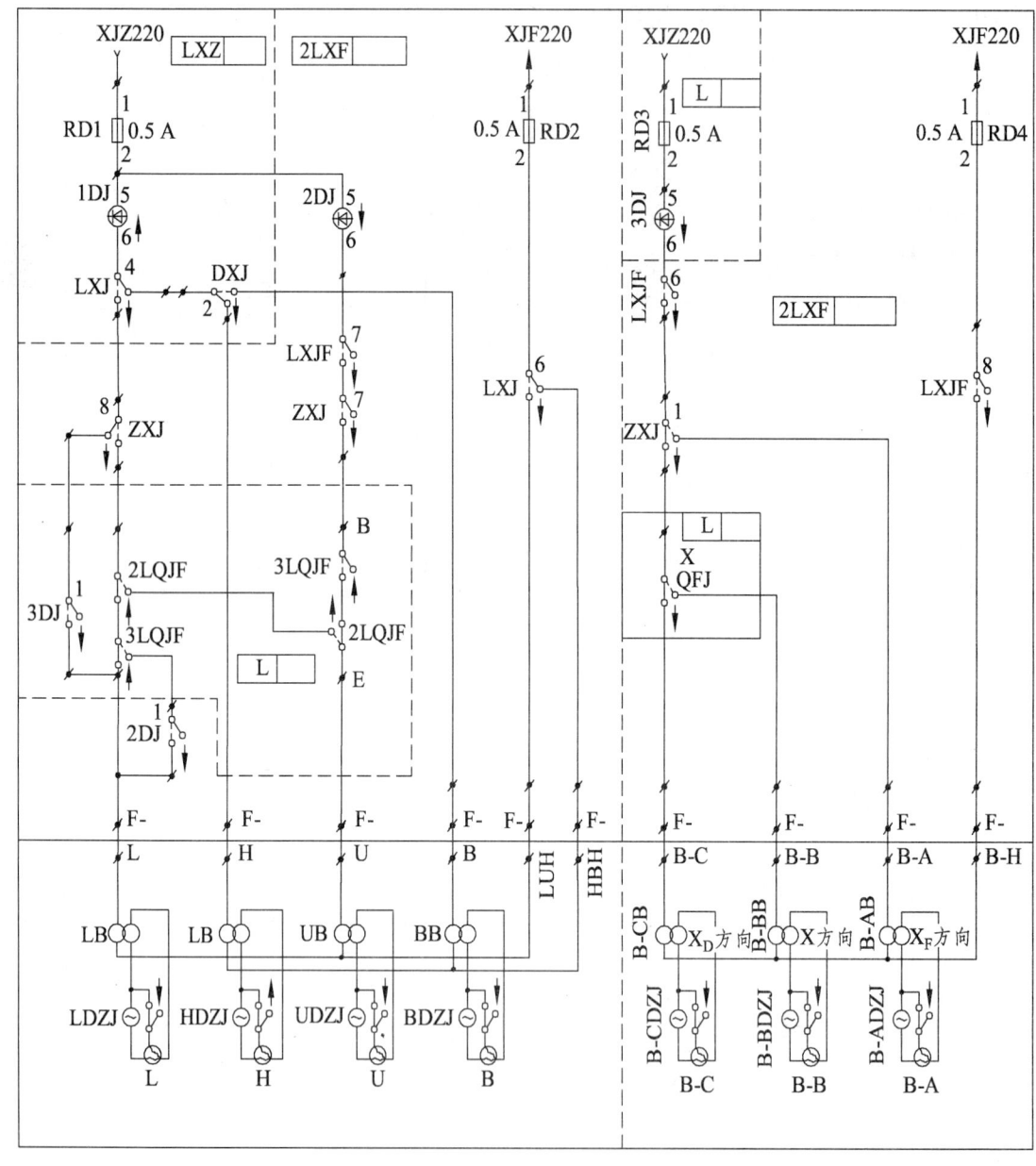

图 4-2-17 三方向出站兼调车信号机点灯电路

四、调车信号机点灯电路

调车信号机点灯电路如图 4-2-18 所示。由于调车速度低，灯泡断丝对行车作业影响小，为了节省器材，对调车信号机点灯电路降低了技术要求。调车信号灯泡可选用单灯丝灯泡，未装设灯丝转换继电器，电路上也未采用混线的防护措施。调车信号机一般采用矮型信号机，点灯用信号变压器都安装在信号机构的后盖里，不需要设置信号变压器箱。

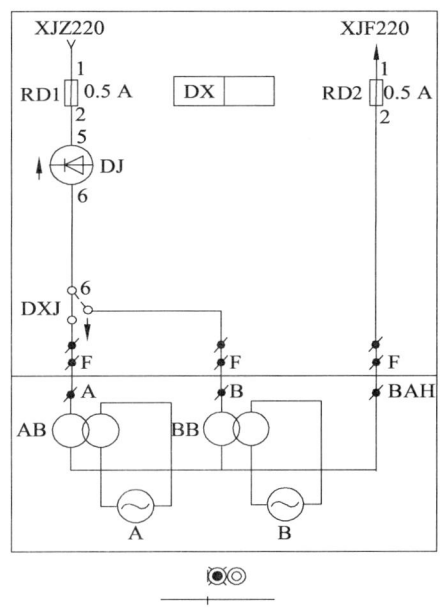

调车信号机点灯
电路工作原理

图 4-2-18 调车信号机点灯电路图

平时调车信号机点蓝灯，其电路如图 4-2-19 所示，电路接通路径为 XJZ220—RD1—DJ_{5-6} 线圈—DXJ_{63}—AB_{11-12}—RD2—XJF220。

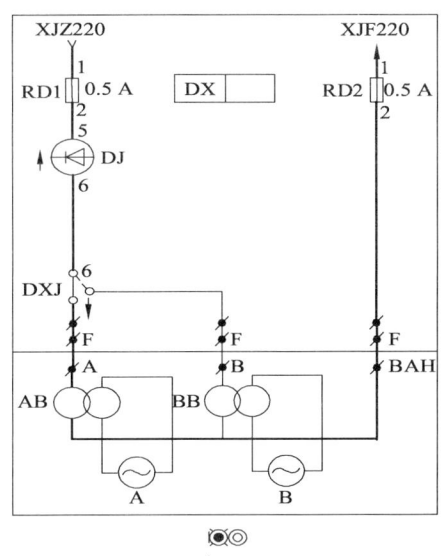

图 4-2-19 调车信号机点蓝灯电路图

当 DXJ 励磁吸起后亮月白灯，其月白灯点灯电路如图 4-2-20 所示，电路接通路径为 XJZ220—RD1—DJ_{5-6} 线圈—DXJ_{62}—BB_{11-12}—RD2—XJF220。

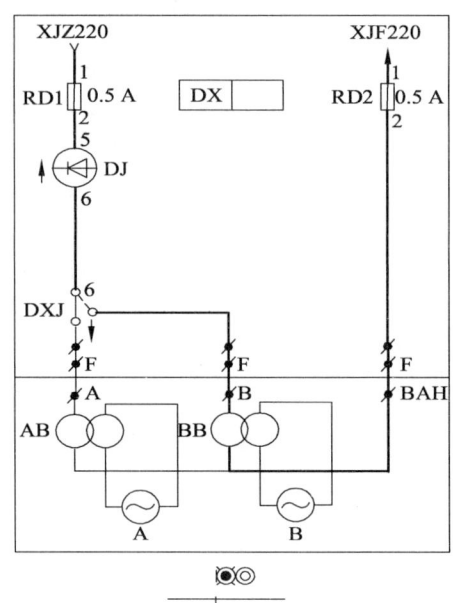

图 4-2-20　调车信号机点白灯电路图

五、灯丝断丝报警电路

为了监督列车信号灯泡主灯丝断丝并及时报警，以防止因列车信号灭灯而影响接发列车的作业，每个咽喉要设一套主灯丝报警电路，如图 4-2-21 所示。列车信号采用双灯丝灯泡，当灯泡的主灯丝断丝后虽然立即接通副灯丝保持继续亮灯，但因副灯丝寿

信号主丝断丝报警电路

命短，且副灯丝断丝后，列车信号就会中断信号显示。因此，在列车信号的主灯丝断丝后就要及时更换灯泡，确保列车信号的连续显示。

在电路中设有一个断丝报警继电器 DSJ、一个断丝报警 DSD、一个全断丝报警电铃 DSDL 和一个断丝报警按钮 DSA。电路组成原理：本咽喉每架进站信号机和出站信号机的灯丝转换继电器 DZJ 后接点串联，各架信号机串联支路并联，然后接入室内的 DSJ 电路中。如果该信号同时点两个灯。再将第二个灯的 DZJ 后接点和监督其状态的 2DJ 前接点串接后接向 DSJ 电路。主灯丝断丝报警继电器 DSJ 采用时间继电器，平时处于失磁落下。当任何一架信号机的点灯灯泡主灯丝断丝时，该架信号机的 DZJ 都落下，接通 DSJ 电路，使 DSJ 延时 3 s 后吸起。主灯丝断丝使 DSJ 吸起后，控制台上的下行咽喉主灯丝断丝表示灯 DSD 闪红灯，并使 DSDL 电铃鸣响。当确认是灯泡的主灯丝断丝后，值班员按下非自复式的灯丝报警按钮 DSA，使电铃停响。等维修人员更换信号机断丝的灯泡后，由于 DZJ 吸起使 DSJ 落下，断丝报警电铃再次鸣响，值班员拉出 DSA，电铃停响。至此，主灯丝断丝报警电路复原。

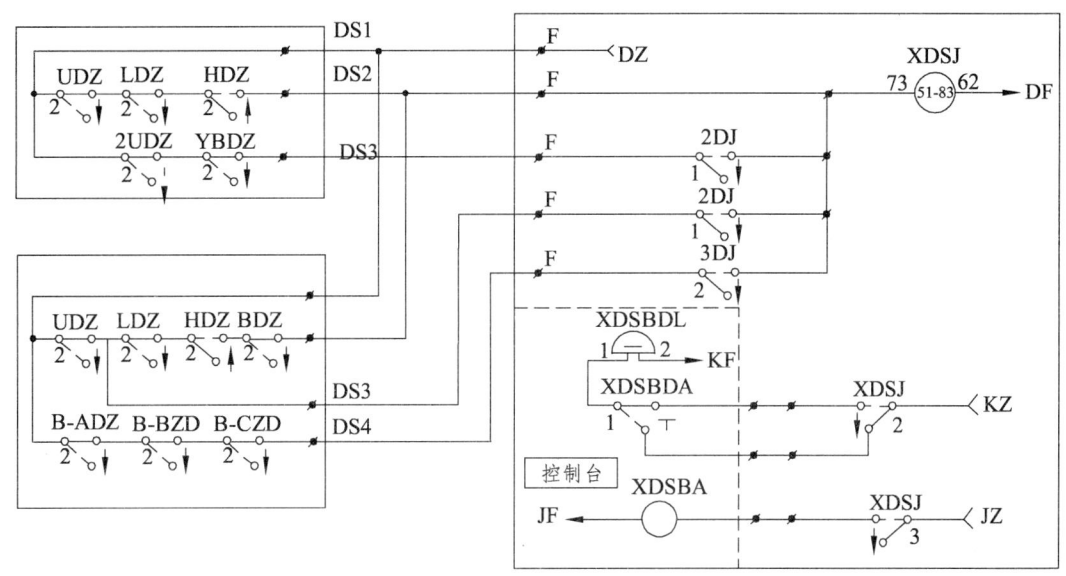

图 4-2-21 主信号断丝报警电路图

例如 X 进站信号机开放正线接车信号,黄灯灯泡主灯丝断丝,UDZJ 落下接通 DSJ 电路,其励磁吸起电路为 KZ—RD—外线—$UDZJ_{23}$—$LDZJ_{23}$—$HDZJ_{23}$—外线—$XDSJ_{73-62}$—KF。

对于同时点两个灯的信号机,如进站信号机点双黄灯,当第二黄灯灯丝断丝时,2UDZJ 落下接通 DSJ 电路,其励磁吸起电路为 KZ—RD—外线—$2UDZJ_{23}$—$YBDZJ_{23}$—外线—$2DJ_{12}$—外线—$XDSJ_{73-62}$—KF。

在电路中,第二黄灯主灯丝断丝后,副灯丝仍在点亮,2DJ 励磁吸起。检查 2DJ 第 1 组前接点后使 DSJ 励磁吸起,发出第二黄灯主灯丝断丝报警。

主灯丝断报警继电器 DSJ 采用时间继电器的原因,是为了在信号机改变信号显示时,熄灭灯光的 DZJ 已失磁落下,而新显示灯光的 DZJ 还未来得及励磁吸起的时刻,防止报警电路错误鸣响。

六、信号机点灯电路维护

(一)信号机电气特性测试(见表 4-2-4)

表 4-2-4 色灯信号机电气特性测试记录表

设备编号:										
日期	灯位	变压器输入/V	变压器输出/V	主灯丝/LED点灯端电压/V	副灯丝点灯端电压/V	LED点灯电流/A	灯丝转换试验	灯泡更换日期	测试人	备注

（二）信号机点灯电路故障处理

1. 信号机点灯电路故障判断

信号点灯电路故障处理

先区分是信号机点灯电路故障还是室内其他控制电路故障。

（1）当开放信号时，进路已锁闭，信号复示器允许灯光亮一下又恢复。应重新按压始端按钮办理重复开放信号，若不能重复开放（信号复示器允许灯光不能点亮），为室内控制电路故障。

（2）若能重复开放，且在开放列车信号机时，信号复示器闪光后（进站信号机闪红光，出站兼调车信号机闪白光）关闭，为信号点灯电路故障；在开放调车信号机时，需观察继电器的动作情况，若是由于DJ的跳动引起DXJ落下，为信号点灯电路故障。

控制台盘面每一架信号机设置一个信号复示器，每一个咽喉设置一个主丝报警表示灯，根据这些表示灯的显示情况，结合分线盘测试比较分析，能迅速判断故障范围，甚至故障点。

2. 信号机点灯电路故障分析

根据控制台显示确认灭灯的灯位。

（1）调车信号机复示器平时灭灯，其复示器闪白灯为蓝灯故障，其复示器在开放调车信号时闪一下白灯后又灭，为白灯故障。

（2）出站信号机复示器平时灭灯，其复示器闪白灯为红灯故障；其复示器在开放调车信号时闪一下白灯后又灭，为白灯故障；其复示器在开放列车信号时闪一下白灯后又灭，再根据离去分区的占用情况确认。一离去空闲、二离去占用为黄灯故障；一、二离去均空闲，三离去占用为绿灯或黄灯故障；一、二、三离去均空闲为绿灯故障。

（3）进站信号机复示器平时亮红灯，其复示器闪红灯为红灯故障，其复示器在开放列车信号时闪一下红灯后又灭，再根据开放信号情况确认：开放正线接车信号为黄灯故障；开放侧线接车信号为双黄灯故障；开放正线通过信号，再看出站信号机亮黄灯时为绿灯或黄灯故障；出站信号机亮绿灯或绿黄时为绿灯故障。

如果列车信号机开放双黄灯或绿黄时故障，先观察一下灯丝继电器落下的顺序，如果2DJ先落DJ后落为2U灯位故障，如果DJ先落2DJ后落为1U或L灯故障。

3. 信号机点灯电路故障处理

信号机点灯电路涉及室内外电路，先区分故障点在室内还是在室外。

（1）当信号机未开放，控制台信号复示器闪光且发生灯丝断丝报警，说明禁止信号点灯电路故障。应在分线盘处测试禁止信号点灯电压，如果有交流220 V电压，可断定故障点在室外；如果电压较小或为0 V，可初步确定为室内故障；再观察组合侧面的断路器是否落下，如果推上断路器后又落下，说明有短路故障。

区分短路故障在室外还是在室内，应再次在分线盘处进行测试。其方法是：在分线盘上拆下一根故障回路的电缆线，先测室内部分的回路电阻（断路器必须在断开位置），如果有电阻值，则室内混线；如果电阻为无穷大，则故障在室外。

（2）当信号开放后自动关闭，信号复示器一直闪光或复示器闪光后自动灭灯，说明允许灯光点灯电路故障。如果开放的允许信号同时点亮两个灯，先要区分哪个灯位故障。区分故障在室内还是在室外的方法与上述禁止信号点灯电路方法相同。

（3）处理方法。经测试判断为室内故障时，先在室内查看熔断器，检查电源是否有电，再检查测试控制条件是否满足。室内电路故障要根据控制条件逐段分析查找。

经测试判断为室外故障时，先在信号变压器箱或电缆盒的电缆端子测试，无电压则为电缆故障；有~220 V 电压则为电缆端子之后的故障，一般为信号变压器故障，灯泡接触不良，主、副灯丝均断或灯丝转换继电器故障等。当电缆故障时，应在该电缆路径上的电缆盒端子测试，找出故障断线点并进行相应处理或换上备用电缆芯线。当信号机内元器件故障时，进行相应处理或更换元器件即可。

任务三　25 Hz 相敏轨道电路

【工作任务】

（1）能标准化操作与运用轨道电路及控制电路。
（2）能识读轨道电路的原理图。
（3）能根据轨道电路原理图找到实物设备对应的位置（点）。
（4）能测试、分析轨道电路的电气特性。
（5）能在《行车信号设备检查登记簿》上登、销记。
（6）能对轨道电路及设备进行常见故障分析与处理。
（7）能参与电务故障应急处理过程。
（8）通过学习交流，完成派工单任务（见表 4-3-1 和表 4-3-2）。

【知识链接】

轨道电路是利用钢轨线路和钢轨绝缘构成的电路，用来监督线路的占用情况，以及将列车运行与信号显示等联系起来，即将通过轨道电路向列车传递行车信息。轨道电路是铁路信号的重要基础设备，它的性能直接影响行车安全和运输效率。

一、轨道电路的基本原理

轨道电路是以铁路线路的两根钢轨作为导体，两端加上机械绝缘（或电气绝缘），接上送电和受电设备构成的电路。最简单的轨道电路如图 4-3-1 所示。

表 4-3-1　派工单 018

专业班级		姓名		学号		分数	
作业内容							完成情况说明
根据本单位实训基地设备情况，指认某个轨道电路区段设备，教师抽查评分。 （1）拍照上传并标注室外送/受端电源变压器。 （2）拍照上传并标注室外送/受端扼流变压器。 （3）拍照上传并标注室外送/受端隔离盒。 （4）拍照上传并标注室外送/受端限流电阻。 （5）拍照上传并标注室外送/受端断路器。 （6）拍照上传并标注室外送/受端扼流变压器中连板。 （7）拍照上传并标注室外送/受端电源引接线。 （8）拍照上传并标注室外钢轨接续线/道岔跳线。 （9）拍照上传并标注室内防雷补偿器。 （10）拍照上传并标注室内防护盒。 （11）拍照上传并标注室内电子接收器/二元二位继电器。 （12）拍照上传并标注室内轨道继电器。 （13）拍照上传并标注室内轨道测试盘（测试当前值）。 （14）绘制上传本区段轨道电路原理图							
注意事项							
（1）工作准备方面： （2）工作要求方面： （3）安全风险方面： （4）查阅资料方面： （5）其他注意事项：							
存在问题描述							
理论联系实际							
本次作业内容与"企业案例"是否有相同、相近或相关联之处？请说明							

表 4-3-2　派工单 019

专业班级													姓名			学号		分数	
作业内容																		**完成情况说明**	
测试轨道电路的电气特性，做好记录，并对电气特性不符合要求的进行调整。																			

日期	电源变压器电压/V		扼流变压器电压/V		隔离盒电压/V		限流电阻压降/V		轨面电压/V		极性交叉检查		钢轨及杆件绝缘检查	断路器检查	入口电流/mA	测试人	备注
	Ⅰ次	Ⅱ次	Ⅰ次	Ⅱ次	Ⅰ次	Ⅱ次	Ⅰ次	Ⅱ次	Ⅰ次	Ⅱ次	送端	受端					
标准值																	
测试值																	
调整值																	

注意事项
（1）工作准备方面：
（2）工作要求方面：
（3）安全风险方面：
（4）查阅资料方面：
（5）其他注意事项：

存在问题描述

理论联系实际
本次作业内容与"企业案例"是否有相同、相近或相关联之处？请说明

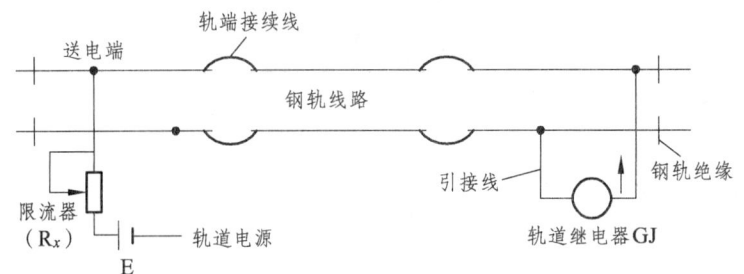

图 4-3-1 轨道电路原理图

轨道电路的送电设备在送电端，由轨道电源 E 和限流电阻 R_x 组成。限流电阻的作用是保护电源不致因过负荷而损坏，同时保证列车占用轨道电路时，轨道继电器可靠落下。接收设备设在受电端，一般采用继电器，称为轨道继电器，用它来接收轨道电路的信号电流。

送、受电设备一般放在轨道旁的变压器箱或电缆盒内，轨道继电器设在信号楼内。送、受电设备由引接线（钢丝绳）直接接向钢轨或通过电缆过轨后由引接线接向钢轨。

钢轨是轨道电路的导体，为减小钢轨接头的接触电阻，增设了轨端接续线。钢轨绝缘是为分隔相邻轨道电路而装设的。两钢轨绝缘之间的钢轨线路，称为轨道电路的长度。

当轨道电路内钢轨完整，且没有列车占用时，轨道继电器吸起，表示轨道电路空闲。轨道电路被列车占用时，它被列车轮对分路，轮对电路远小于轨道继电器线圈电阻，流经轨道继电器的电流大大减小。轨道继电器落下，表示轨道电路被占用。

二、轨道电路的作用

轨道电路的第一个作用是监督列车占用。由轨道电路反映线路是否空闲，为开放信号、建立进路或构成闭塞提供条件；同时，还利用轨道电路的占用来关闭信号，把信号显示与轨道电路结合起来。

轨道电路的第二个作用是传递行车信息。例如移频自动闭塞区段利用轨道电路传递不同频率的信息来确定信号的显示，并为列车提供相关的行车信息。

三、25 Hz 相敏轨道电路

轨道电路主要应用于区间和站内。下面以站内常用的 25 Hz 相敏轨道电路来进行介绍。

（一）相敏轨道电路的定义

轨道电路的工作频率为 25 Hz，接收设备在满足局部电压超前轨道电压 $0°<\theta<180°$ 相位角时（局部电压超前轨道电压 90°相位角时为最佳可靠工作状态）工作的轨道电路均称为 25 Hz 相敏轨道电路。

（二）相敏轨道电路的类型

现用轨道电路有两种：一种是 25 Hz 轨道电路；另一种是 25 Hz 轨道电路叠加 ZPW-2000 A 闭环电码化轨道电路。区别在于 25 Hz 轨道电路叠加 ZPW-2000A 闭环电码化轨道电路的室内外设备增加了室内隔离盒（NGL-T）、送受电端室外隔离盒（WGL-T），用来实现 25 Hz 轨道电源和移频信号共用传输通道而互不干扰。这两种轨道电路原理基本相同。

（三）相敏轨道电路的构成

25 Hz 轨道电路和 25 Hz 轨道电路叠加 ZPW-2000 A 闭环电码化轨道电路原理图如图 4-3-2 和图 4-3-3 所示。

25 Hz 轨道电路室内设备由防雷补偿器（FB1、FB2）、轨道继电器（JRJC-240/70）、防护盒（HF3-25）组成。室外设备由送受电端轨道变压器（BG3130/25）、限流电阻、扼流变压器（电气化区段用）组成。

25 Hz 轨道电路叠加 ZPW-2000A 闭环电码化轨道电路室内设备由防雷补偿器（FB1、FB2）、轨道继电器（JRJC-240/70）、防护盒（HF3-25）、室内调整变压器（BMT-25）、送受电端室内隔离盒（NGL-T）组成。室外设备由送受电端轨道变压器（BG2130/25）、送受电端室外隔离盒（WGL-T）、限流电阻、扼流变压器（电气化区段用）组成。各部分作用如下。

（1）防护盒（HF3-25），防护 JRJC 型轨道继电器，使其不受 50 Hz 牵引电流干扰；对 25 Hz 信号频率的无功分量进行补偿；减少 25 Hz 信号在传输中的衰耗和相移；保证 JRJC 型轨道继电器的正常工作。

（2）室内隔离盒（NGL-T），适用于电气化、非电气化区段 25 Hz 轨道电路，为室内送受电端通用的隔离设备，用来实现 25 Hz 轨道电源和移频信号共用传输通道而互不干扰。

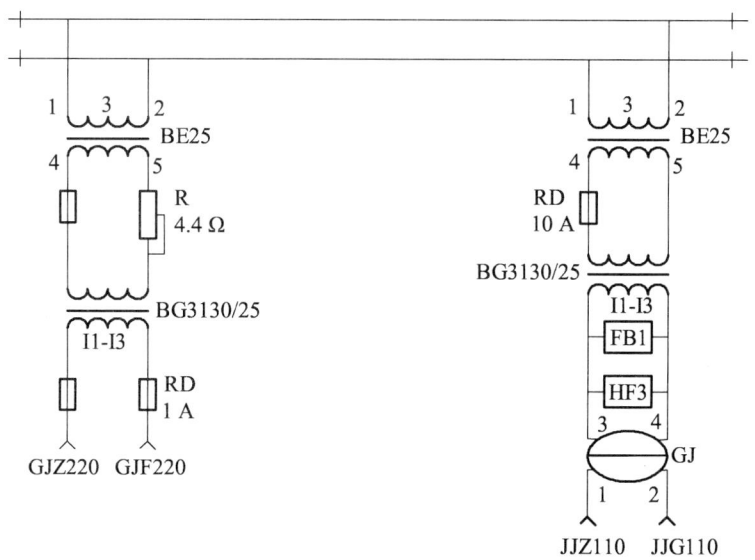

图 4-3-2　25 Hz 轨道电路原理图

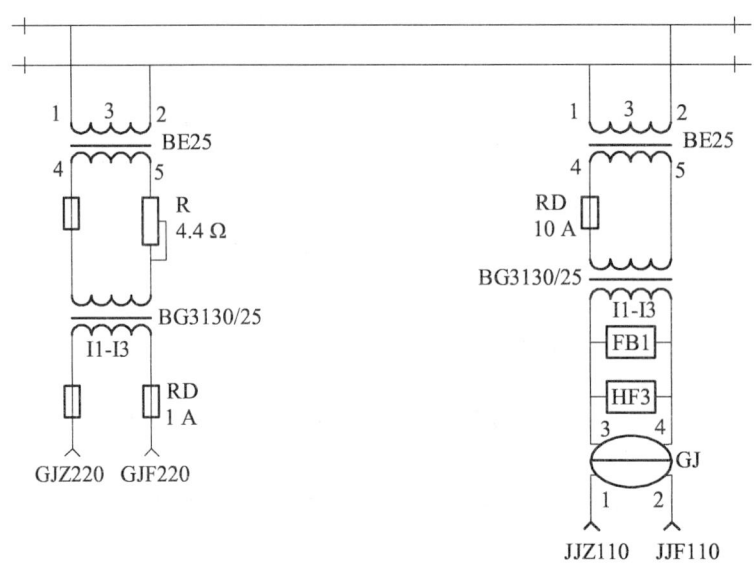

图 4-3-3　25 Hz 轨道电路原理图

（3）室外隔离盒（WGL-T），适用于电气化、非电气化区段 25 Hz 轨道电路，为室外送受电端通用的隔离设备，用来实现 25 Hz 轨道电源和移频信号共用传输通道而互不干扰。

（4）轨道变压器（BG2130/25），适用于电气化、非电气化区段 25 Hz 轨道电路，实现电码化设备与轨道电路的匹配连接。

（5）防雷补偿器（FB1、FB2），FB1 内有两套防雷单元；FB2 内有一套防雷单元，用于 25 Hz 轨道电路的受电端。

（四）25 Hz 相敏轨道电路的工作原理

GJZ220、GJF220 电源由站内交流电源屏送出到站内分线盘上，由站内分线盘经室外电缆将 GJZ220、GJF220 电源直接送到各轨道区段送电端相应的箱盒内，再经过 1 A 断路器，送给轨道变压器（BG3130/25）的一次侧经过变压由二次侧送出，再经过限流电阻和 10 A 断路器送至扼流变压器（电化区段）二次侧（非电化区段直接送至钢轨上）3∶1 降压后到扼流变压器一次侧，最后送至送电端钢轨并传送到受电端钢轨，再送到扼流变压器（电化区段）一次侧（非电化区段直接送至轨道变压器二次）1∶3 升压后到扼流变压器二次侧，经 10 A 断路器再送到轨道变压器二次侧，经过变压再到一次侧后经由电缆送回室内分线盘，由分线盘端子送至轨道继电器线圈 3-4（并联防雷补偿器和防护盒端子）线圈。

GJZ110、GJF110 电源由站内交流电源屏送出到站内轨道柜零层，再送到各区段轨道继电器线圈 1-2 线圈。

轨道继电器线圈 1-2 线圈有 110 V 局部电源，3-4 线圈上有轨道电源并且相位角符合要求则轨道继电器吸起。

（五）25 Hz 轨道电路叠加 ZPW-2000A 闭环电码化轨道电路的工作原理

GJZ220、GJF220 电源由站内交流电源屏送出到站内综合柜零层上，由站内综合柜零层直接将GJZ220、GJF220电源送到各轨道区段送电端相应的室内调整变压器（BMT-25）内，经室内调整变压器变压大概在50~60 V，送到室内隔离盒（NGL-T），经室内隔离盒后送到站内综合柜零层，在站内综合柜零层由室外电缆将电源直接送到本轨道区段送电端相应的箱盒内，再经过1 A断路器送至室外隔离盒Ⅰ1-Ⅰ2，从室外隔离盒Ⅰ3-Ⅰ4出来送给轨道变压器（BG2130/25）的一次侧并经过变压由二次侧送出，经过限流电阻后至室外隔离盒Ⅱ3-Ⅱ4由Ⅱ1-Ⅱ2出来，经过10 A断路器送至扼流变压器（电化区段）二次侧（非电化区段直接送至钢轨上）3:1降压后到扼流变压器一次侧，最后送至送电端钢轨传送到受电端钢轨，再送到扼流变压器（电化区段）一次侧（非电化区段直接送至轨道变压器二次）1:3升压后到扼流变压器二次侧，经10 A断路器再送到室外隔离盒Ⅱ1-Ⅱ2由Ⅱ3-Ⅱ4出来后送到轨道变压器二次侧，经过变压再到一次侧后经由电缆送回室内分线盘，由分线盘端子送至轨道继电器线圈3-4（并联防雷补偿器和防护盒端子）线圈。

GJZ110、GJF110电源由站内交流电源屏送出到站内轨道柜零层，再送到各区段轨道继电器线圈1-2线圈。

轨道继电器线圈1-2线圈有110 V局部电源，3-4线圈上有轨道电源并且相位角符合要求则轨道继电器吸起。

四、25 Hz 相敏轨道电路维护

（一）25 Hz 相敏轨道电路电气特性测试（见表4-3-3）

表4-3-3　25 Hz 相敏轨道电路测试记录表

设备名称：												
日期及天气	25 Hz电源屏轨道/局部电压及相角β	送电端				受电端				继电器轨道线圈（测试值）		轨道绝缘检查	极性交叉检查
		BG25		限流电阻压降	BE25	轨面电压/V	BE25		限流电阻压降	BG25			
		Ⅰ次/V	Ⅱ次/V	/V	Ⅰ次/V	Ⅱ次/V		Ⅱ次/V	Ⅰ次/V	/V	Ⅱ次/V	Ⅰ次/V	相角/(°)	残压/V

（二）25 Hz 相敏轨道电路故障处理

轨道电路用来检查进路是否空闲，反映区段或进路的锁闭和解锁状态，监督列车和调车车列的运行情况。当轨道电路故障时，会出现两种情况：有车占用无红光带，无车占用亮红光带。原因分析如下：

1. 有车占用无红光带

当有车占用时，控制台无红光带显示故障是非常危险的，当发生这类故障后应首先通知车站值班员停用设备，然后进行处理。可先检查控制台光带表示灯是否有故障，轨道继电器是否落下、接点卡阻或黏连等。这类故障一般是室外设备原因所致。

（1）在道岔区段轨道电路，设有轨端绝缘但没有设在受电端的双动道岔渡线或测线上，因轨端接续线或岔后跳线断开、脱落，而造成死区段。

（2）轨面电压调整过高或送电端可调电阻调整的阻值过小，造成轨道电路不能正常分路。

（3）一送多受轨道区段，因各受电端距离较远，轨面电压调整不平衡，有个别受电端轨面电压过高而造成分路不良。

（4）因钢轨轨面生锈，车辆自重较轻或轮对电阻过大等，使车辆轮对分路不良。

（5）室外发生混线，有其他电源混入，或牵引电流干扰等使轨道继电器误动。

2．无车占用亮红光带

发生这种故障时，应先在控制台观察故障现象，做出初步判断。

（1）如果几个轨道电路区段同时出现红光带，应重点在分线盒检查轨道电源熔断器熔丝和送电电缆芯线。

（2）若相邻两个轨道区段同时出现红光带，一般是相邻两轨道电路轨道绝缘双破损。

（3）只有一个轨道区段亮红光带，应首先在分线盘处测试送电电缆端子有无电压，若有电压，确认为室外故障时，再去室外处理。

判断轨道电路是开路故障还是短路故障是分析故障的关键。

轨道电路开路故障：轨道电路开路后继电器落下，控制台点亮红光带。开路故障应检查钢轨接续线、道岔跳线、箱盒与轨面的引导线（是否断线）。

轨道电路短路故障：应检查绝缘，绝缘破损；其他异物短路，如铁丝等金属搭连或跳线、引导线混线造成。

3．轨道电路常见故障的判断与处理方法

（1）轨道电路故障的判断。

首先要判断是开路故障还是短路故障。

开路故障：故障点到受电端电压下降、电流减小，故障点到送电端电压升高、电流减小。

短路故障：故障点到受电端电压下降、电流减小，故障点到送电端电压下降、电流增大。

先从送电端着手，测量送电端限流电阻上的压降，即可判断轨道电路故障性质，其基本原理就是欧姆定律。当测量限流电阻的电压比正常测试的记录电压降低时，是开路故障；当测量限流电阻的电压比正常测试的记录电压升高时，是短路故障。

（2）轨道电路故障的查找处理。

① 开路故障：沿送电端向受电端（相反的方向也一样）使用万用表的 2.5 V 电压挡，逐段测量轨面电压，当测量发现轨面电压有明显降低时，在高与低之间即为故障点，应细致观察问题所在。对怀疑的断点两端用表测量有压降即可确定故障。

判断室内室外故障：在分线盘上甩开回楼电缆（两根甩净），用交流 100 V 电压挡测回楼电缆电压，大于 50 V 说明故障在室内，电压没有变化说明故障在室外。

常见开路故障点：送、受电端保险接触不良或熔断、电缆断线；端子松动接触不良；变压器内外部断线；限流电阻接触不良；扼流变压器内外端子接触不良；扼流线塞钉与钢轨眼间生锈或松动；钢轨接续线、岔后长跳线松动或接触不良；钢轨折断、导接线断线等。室内器材和继电器插接不良、继电器线圈断线、防护盒内部断线、分线盘螺丝松动、侧面端子焊点开焊、正线电码化区段内 FMJ 未复原、电容断线等。

②短路故障：无论短路点在哪一端，测量轨面电压从送端到受端都没有明显变化，无法判断故障点具体位置。使用感应式轨道电路故障测试仪来逐段测量轨面电流变化的情况，有明显变化之处即已接近造成短路的短路点，这时还应查找不应该有电流的地方是不是有了电流，如果有了就证明是短路点，要认真查明原因，针对性地处理。

判断室内室外故障：在分线盘上甩开回楼电缆（两根甩净），用交流 100 V 电压挡测回楼电缆电压，大于 50 V 说明故障在室内，电压很低（一般在 10 V 以下）说明故障在室外。

常见短路故障点：扼流变压器内部线圈短路；扼流线之间相连或接中心连接板、两端都接鱼尾板；长扼流线与内侧钢轨或通过卡钉与钢轨垫板短路；轨端绝缘损坏；绝缘鱼尾板连接两端扣件；钢轨肥边封鱼尾板；外界金属件短路两轨条；供电接地线短路；扼流变压器绝缘损坏；道岔装置绝缘损坏；轨距杆绝缘损坏；电缆混线（电缆盒进水）；室内防雷元件击穿；电容击穿、硒片击穿短路、防护盒内部混线、继电器线圈混线、分线盘和侧面端子有异物等。

③其他故障：牵引电流不平衡干扰轨道电路；瞬间大电流冲击造成扼流变压器磁饱和影响轨道电路；扼流适配器不良；适配器保险熔断；区间轨道电路除与站内的一些共性故障外，还包括本身的器材、元件、电缆、端子等不良造成的故障。

思考题

（1）检修信号机时，都应检查哪些内容？
（2）对信号机的 Ⅰ 级测试，有哪些项目？如何测试？标准是什么？
（3）信号开放的过程中，若允许灯光主灯丝断丝，控制台有何现象？信号是否能继续开放？如何确定断丝的灯泡？应如何处理？
（4）信号点灯电路是如何实现断线和混线防护的？为何采用双断法？
（5）进站信号有几种灯光显示？如何点亮？
（6）对于三个发车去向的出站兼调车信号机，各个方向发车出站信号机如何显示？
（7）当两个灯光构成一种信号显示时，为何分别用不同的 DJ 监督？为何先点亮第 2 个灯光后才点亮第 1 个灯光？
（8）如何判定信号点灯电路的故障范围？发现信号点灯电路故障应如何处理？
（9）四线制道岔控制电路由什么组成？其电路是如何动作的？
（10）道岔启动电路和表示电路的技术要求有哪些？是如何实现的？
（11）如何区分四线制道岔控制电路启动电路和表示电路室内外故障范围？
（12）如何查找四线制道岔控制电路室外断线及混线故障？
（13）S700K 型电动转辙机道岔五线制交流道岔控制电路由什么组成？其电路是如何动作的？

（14）对于 S700K 型电动转辙机道岔，当遮断器打开时操纵道岔电路如何动作？

（15）画出提速道岔表示电路等效电路图，并说明当整流匣开路、短路，电机绕组开路、短路时控制台有何现象？为什么？

（16）对于 S700K 型电动转辙机道岔，当道岔中途受阻时电路如何动作？

（17）ZYJ7 型电液转辙机道岔五线制交流道岔控制电路由什么组成？其电路是如何动作的？

（18）对于 ZYJ7 型电液转辙机道岔，当第一牵引点先到位而第二牵引点没到位时，电路如何动作？

（19）如何区分五线制交流道岔控制电路启动电路和表示电路室内外故障范围？

（20）如何查找五线制交流道岔控制电路室外断线及混线故障？

（21）25 Hz 相敏轨道电路如何组成？有何特点？

（22）电码化区段和非电码化区段 25 Hz 轨道电路有什么区别？

（23）简述 25 Hz 轨道电路的工作原理。

项目五　车站信号设备防雷

【项目描述】

高速铁路的飞速发展，加上铁路信号系统对微电子设备的广泛使用，使得铁路的信号系统发生了质的飞跃，而微电子设备受到外界的影响较大，尤其是雷电产生的强大干扰。据统计，目前雷暴、台风和暴雨已成为我国最严重的三大自然灾害，严重影响铁路信号设备的正常工作。针对雷雨季节灾害极易发生，严重影响铁路运输安全的事实，铁路部门逐步优化完善防雷系统，切实提高防雷的有效性，同时开展信号设备防雷专项整治，做好应急处置工作，尽最大努力确保铁路运营安全和人身安全。

本项目以铁路信号综合防雷体系为主线，从防雷必要性、防雷措施、防雷设施、防雷设施维护四个维度入手，培养学生能够系统标准化操作和测试防雷元器件、标准化维护防雷设施以及简单处理故障的能力及职业素养。

【岗位技能要求】

（1）能标准化操作与运用信号防雷设施及元器件。
（2）能识读相关信号设备及设施防雷原理图。
（3）能根据相关信号设备及防雷设施原理图找到实物设备对应的位置（点）。
（4）能测试、分析防雷设施及元器件的电气特性。
（5）能在《行车信号设备检查登记簿》上登、销记。
（6）能对相关信号设备及设施进行标准化检维修作业。
（7）能对相关信号设备及设施进行简单故障分析与处理。
（8）能参与电务故障应急处理过程。

【岗位职业守则】

（1）只有预防万一，才能万无一失。
（2）自控互控加他控，安全生产不失控。
（3）劳保用品穿戴好，遇险可把生命保。
（4）工作认真负责，具有高度责任感和良好的团队合作精神。
（5）爱护设备及工具、仪器、仪表。
（6）着装整洁，符合规定。
（7）保持工作环境清洁有序，文明生产。
（8）刻苦学习、钻研业务，努力提高技能水平和职业素质。

【教学目标】

（1）了解铁路信号设备防雷的必要性和重要性。
（2）了解雷电防护的基本措施。
（3）掌握铁路信号综合防雷体系。
（4）掌握铁路信号设备的防雷措施和方式。
（5）掌握铁路信号防雷相关技术图纸的原理、组成及作用。
（6）掌握铁路信号防雷设备的标准化检修作业流程。
（7）掌握铁路信号防雷设备的电气特性测试方法。
（8）掌握铁路信号防雷设备简单故障的分析处理。
（9）了解电务故障处理流程。

【项目案例】

案例一 2016年4月14日01:23，雷雨中。益湛线江永站3DG、5-11DG轨道区段闪红光1s后自动恢复，调阅发现两个区段轨道电压同时瞬间下降后恢复如图5-0-1所示。

原因分析：经对分线盘防雷元件进行测试，发现部分防雷元件测性超标，说明曾有较强的雷电侵入。通过外观检查发现，3DG、5-11DG轨道区段室内防雷补偿器FB-1防雷硒片有明显介质溢出。判断造成轨道电路闪红光的原因为强雷电从室外侵入后未完全流入地，而残留部分电流引入室内，经防雷补偿器继续泄流，使3DG、5-11DG区段二元二位轨道继电器电压瞬间下降，出现闪红光现象。

案例二 2017年5月3日22:15，雷雨中。益湛线零陵站对楠木塘站方向半自动闭塞发车表示灯在无车占用区间的情况下，由绿灯变成红灯，造成已开放好的上行Ⅱ道车站信号非正常关闭。调阅发现ⅡAG区段轨道电压瞬间下降如图5-0-2所示，说明信号非正常关闭是由于ⅡAG轨道区段红光带造成的。

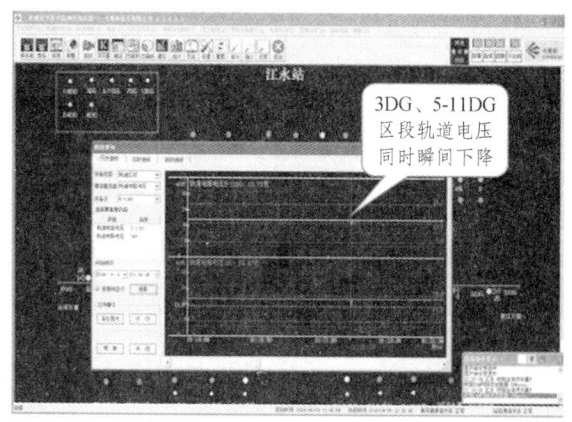 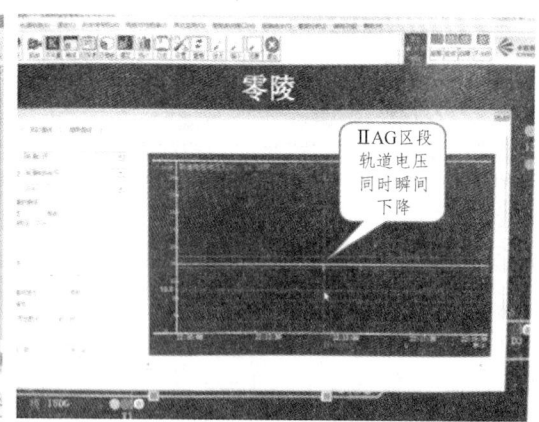

图5-0-1　江永站雷害故障轨道电压调阅图　　图5-0-2　零陵站雷害故障轨道电压调阅图

原因分析：该站所处地区雷电活动较为频繁，雷击造成室内FB-1型防雷补偿器放电泄流，使ⅡAG二元二位轨道继电器线圈瞬间短路、电压下降、失磁落下，导致闪红光带。

任务一　雷电及防雷

【工作任务】

（1）能标准化操作与运用信号防雷设施及元器件。
（2）能识读相关信号设备及防雷设施原理图。
（3）能根据相关信号设备及防雷设施原理图找到实物设备对应的位置（点）。
（4）能参与电务故障应急处理过程。
（5）通过学习交流，完成派工单任务（见表5-1-1）。

表 5-1-1　派工单 020

专业班级		姓名		学号		分数	
作业内容							完成情况说明
（1）根据本单位实训基地设备情况，参考"图5-1-7"拍摄相关图片，如拍摄信号机接地，则命名"信号机接地"，上传图片6处以上，教师抽查评分。 （2）根据本单位实训基地设备情况，参考"图5-1-21"拍摄相关图片，以用途命名，如"等电位连接线"，拍摄上传图片6处以上，教师抽查评分							
注意事项							
（1）工作准备方面： （2）工作要求方面： （3）安全风险方面 （4）查阅资料方面： （5）其他注意事项：							
存在问题描述							
理论联系实际							
本次作业内容与"案例一、二"是否有相同、相近或相关联之处？请说明							

【知识链接】

一、雷　电

（一）雷电的产生

雷电是自然界中最普遍的大气变异现象，其物理成因仍处于探索阶段，比较流行的观点是起电学说，是由发生在大气层中大气或云块在气流作用下产生异性电荷的积累使某处空气被击穿，电荷中和产生强烈的声、光、电并发的一种物理现象，通常是指带电的云层对大地之间、云层与云层之间、云层内部的放电现象。这个放电的过程会产生强烈的闪电和巨大的声响，即人们常说的"电闪雷鸣"（见图5-1-1）。

图 5-1-1　雷电现象

（二）雷电的特点

（1）放电时间短，一般为 50～100 μs。
（2）冲击电流大，其电流可高达几万到几十万安培。
（3）冲击电压高，强大的电流产生的交变磁场，其感应电压可高达 10^4 V。
（4）释放热能大，瞬间能使局部空气温度升高至数千摄氏度。
（5）产生冲击压力大，空气的压强可高达几十个大气压。

因此，雷电极具破坏力，它不仅释放能量巨大，再加上剧变的电磁场和强烈的电磁辐射，常常造成人畜伤亡，建筑物损毁，电力、通信和计算机系统的瘫痪，引发火灾或爆炸事故，给国民经济和人民生命财产带来巨大的损失。

（三）雷电的危害

由雷电的特点可知，雷电主要造成的灾害为直接雷击、雷击电磁脉冲，其破坏主要表现为放电时所显示的物理效应和作用，如表 5-1-2 所示。

表 5-1-2 雷电危害性一览表

雷电危害	物理效应	物理特征	影响后果
直接雷击（直击雷）	电效应	产生数十万至数千万的冲击电压	足以烧毁电力系统的发动机、变压器、断路器等设备，使绝缘击穿发生短路，影响信号设备正常使用
	热效应	产生几十至几千安电流，此电流流经导体时，在极短时间内转换为大量的热量，雷击点的热能可达 500~2 000 J	此热量能击穿信号电缆，造成混线故障，影响行车
	机械力	物体水分受高热而气化膨胀，产生强大的内部压力	能够使被击树木劈裂和使建筑构件崩塌
雷击电磁脉冲	静电感应	产生高达几万伏的对地电压	可击穿数十厘米的空气间隙，发生火花放电
	电磁感应	雷击点周围产生较大的交变电磁场，感生出巨大电流	可引起变电器局部过热而导致火灾
	电磁脉冲	雷击高架电力线路、金属管路时，产生冲击电压，使雷电波沿着线路或管道迅速传播，侵入建筑物内	可造成分配电装置和电器线路绝缘击穿而产生短路
	雷电反击	间距较近的电气线路、金属管道遭雷击时，产生火花，这种现象叫反击	可引起电器绝缘破坏、金属管路烧穿

（四）雷电危害信号设备的主要途径

我国发布的《铁道信号设备雷电电磁脉冲防护技术条件》（TB/T 3074—2017）中明确说明，雷电危害信号设备的主要途径如下：

（1）雷电直击装置有信号设备的建筑物及装置有信号设备的场所附近的构筑物、地面突出物或大地时，雷电电磁脉冲将在信号系统内产生过电压和过电流。该现象亦称空间电磁感应。

（2）与信号系统相连的信号传输线路、钢轨等设施上遭受直接雷击时产生的电磁脉冲，或与信号系统设备相连的信号传输线路附近遭受直接雷击时，感应在信号传输线路上的电磁脉冲，经线路传导侵入信号系统内的过电压和过电流。

（3）向信号设备供电的电源系统上遭受直接雷击产生的电磁脉冲，或电源馈线附近遭受直接雷击时感应在电源线上的雷电电磁脉冲，经电源馈线传导，在信号系统电源设备上产生的过电压和过电流。

（4）雷击信号设备场地避雷针（或避雷带、避雷网），雷电流沿避雷针（或避雷带、避雷网）引下线进入接地装置引起地电位升高，这时在信号系统接地导体和其他导体间产生的反击雷电压。

二、基本防雷措施

（一）接　闪

接闪指利用避雷针（网、线带）和建筑物自身的金属来遭受直击雷，以免建筑物自身遭到损坏。将直接截受雷击的避雷针、避雷带（线）、避雷网、避雷器及用作接闪的金属表面和金属构件称为接闪器。所有接闪器都必须经过接地引下线与接地装置相连。引下线是指将雷电电流传导至接地装置的导线。接闪原理如图 5-1-2 所示。

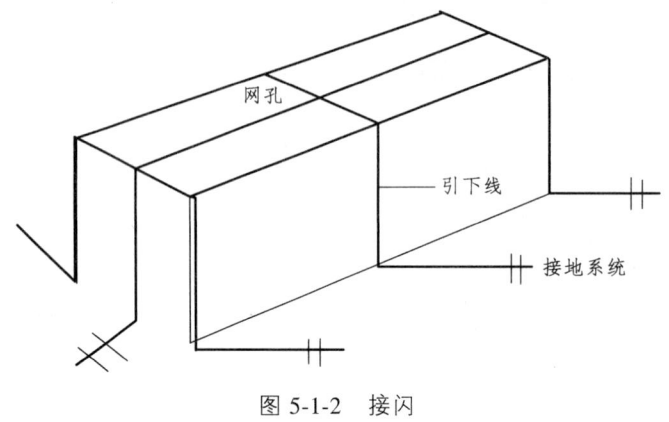

图 5-1-2　接闪

（二）泄　放

因雷电能量巨大，可采用逐级降低能量的方式对设备进行保护，即泄放能量（见图 5-1-3）。

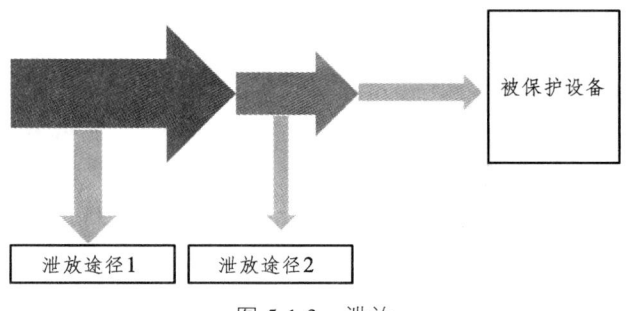

图 5-1-3　泄放

（三）等电位

等电位防雷技术是在被保护设备的附近把各端口连线都与"等电位"避雷器相接，此时不论雷电脉冲从设备的任何外接线侵入，避雷器可通过内部电位平衡处理，使设备的各端口之间及同一端口的芯、皮之间都达到一个全方位电位差为"零"的等电位状态（见图 5-1-4）。从而使雷击电流无法流入设备，因而保护了设备，形同小鸟站高压线上、变电检修工人穿上导电性良好的特殊工作服等都不触电一般。

（四）空间电磁屏蔽

屏蔽是使建筑物内的各种金属构件接地构成屏蔽体（包括法拉第笼），使其与地电位等值。电磁干扰到达屏蔽体时，部分电磁脉冲和屏蔽体的接地体形成通路，并被接地体导入大地，从而阻挡和衰减电磁干扰能量。对于建筑物来说，除了建筑物结构钢筋做成的屏蔽网外，还要和建筑物内的其他金属结构如金属构架、电缆屏蔽层、防静电地板等搭接并可靠接地,组成初级屏蔽网。

我国发布的《铁道信号设备雷电电磁脉冲防护技术条件》(TB/T 3074—2017)最新标准中明确划分了防雷保护区(见图 5-1-5)。

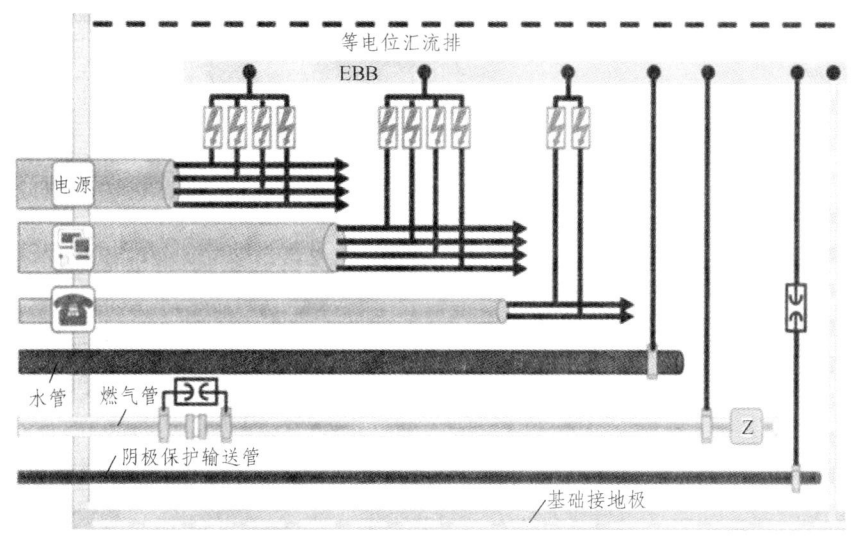

图 5-1-4　等电位连接示意图

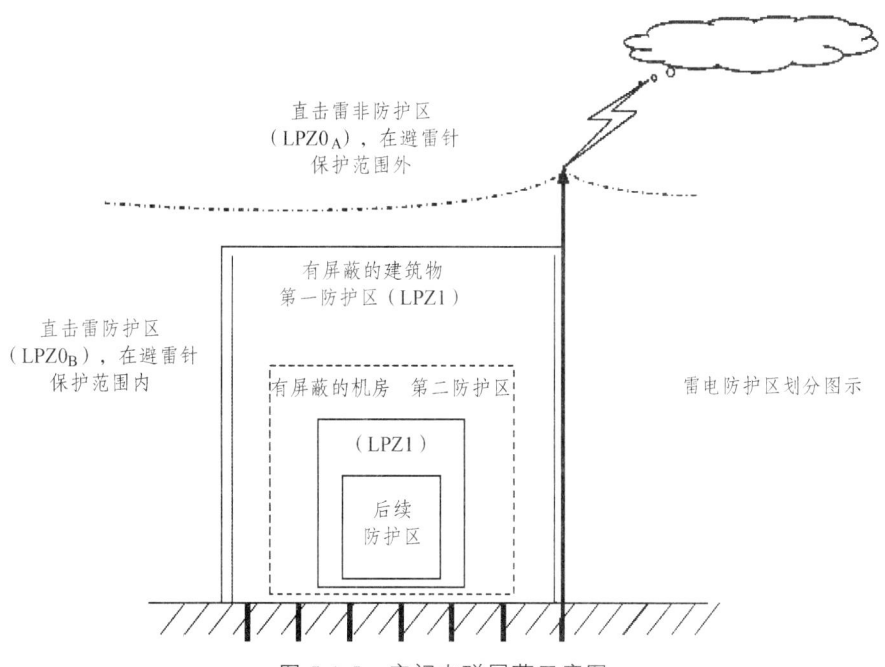

图 5-1-5　空间电磁屏蔽示意图

(1)外部区域:LPZ0,直接暴露在雷电威胁下的区域。其又分为两类:LPZ0$_A$ 直击雷非保护区;LPZ0$_B$ 直击雷保护区。

(2)内部保护区域:可由多层分区组成(LPZ1……LPZn),逐层防护。

当有屏蔽时,在格栅形大空间屏蔽内,在 LPZ1 区内的磁场强度从 H_0 变为 H_1,即公式

$H_1=H_0/10^{SF/20}$。其中，H_0 为没有屏蔽时区域内某点的电场强度；H_1 为采取了屏蔽措施后该点的电场强度；SF 为屏蔽系数（取决于屏蔽材料及其结构）。

（五）电缆屏蔽

发生雷电时，系统应该具有抵御外来电磁干扰的能力以及系统本身向外辐射电磁干扰的能力。因此，需在线缆和连接件外表包上一层金属材料屏蔽层，这可有效地滤除不必要的电磁波（这也是目前绝大多数屏蔽系统采用的方法）。为了安全更重要的是将屏蔽层完全良好地接地，才能把干扰电流有效地导入大地，电缆屏蔽方式举例如图 5-1-6 所示。

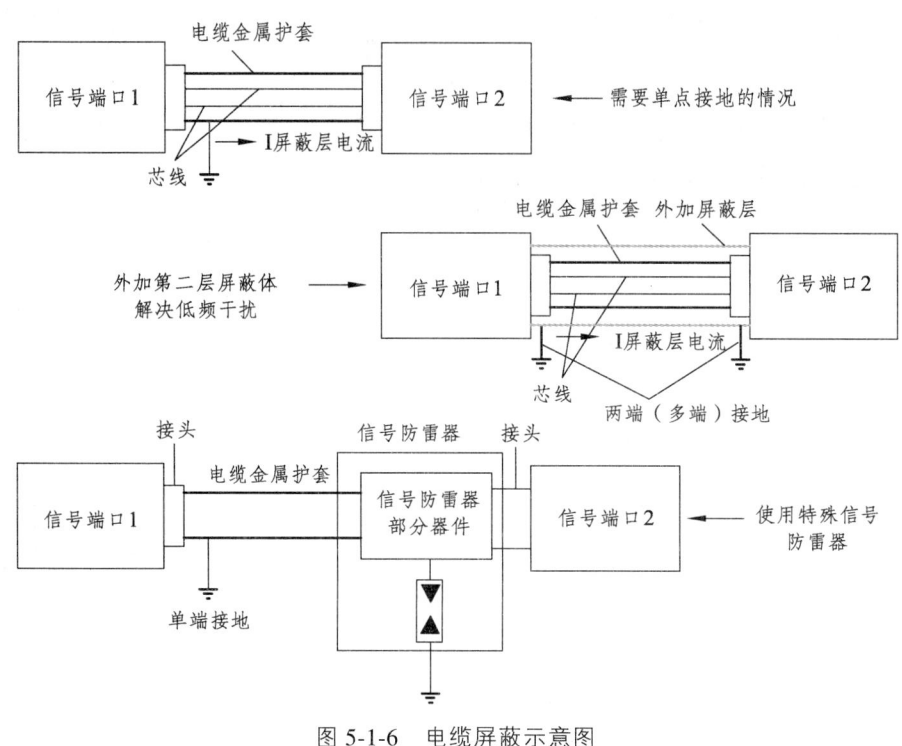

图 5-1-6　电缆屏蔽示意图

（六）接　地

接地是整个防雷安全的基础，是保证人身安全和设备正常工作的前提。良好的可靠接地能有效抑制过电压带来的危害，如图 5-1-7 所示。对于防雷而言，接地装置的形状及尺寸比接地体的电阻的具体数值更重要，但就铁路系统的信号楼接地而言，不但要满足雷电流的泄放，还要考虑低频电流的危险，因此接地电阻值不大于 1 Ω。

（七）合理布线

合理布线可减少外部环境对线路的干扰，改善电磁兼容性，提高线路的抗干扰能力，如图 5-1-8 所示。例如，净线与脏线分开布放；容易遭受大雷电流的线缆与容易遭受较小雷电流的线缆分开布放；减少电源线与通信线间形成的回路面积等。

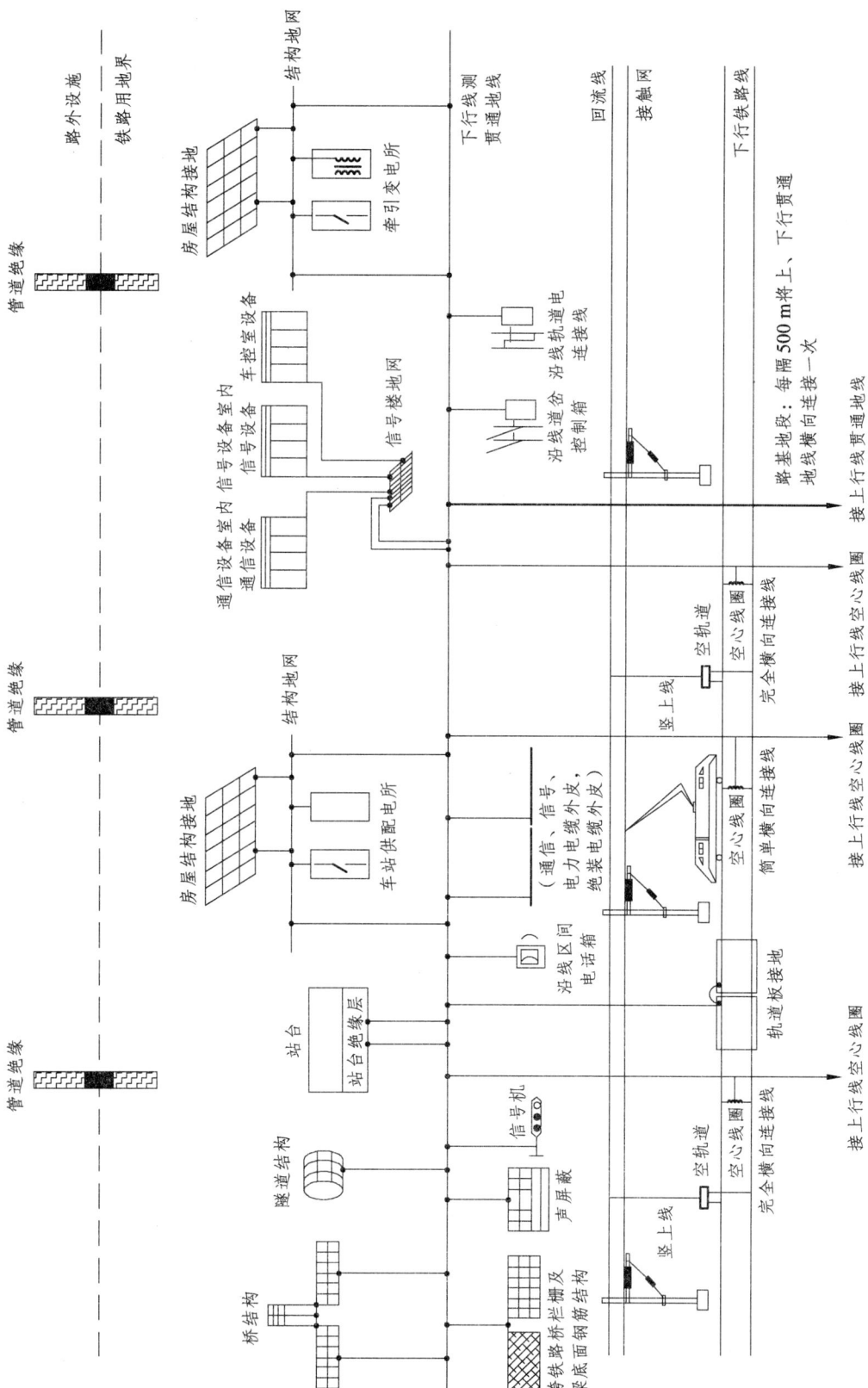

图 5-1-7 铁路综合接地示意图

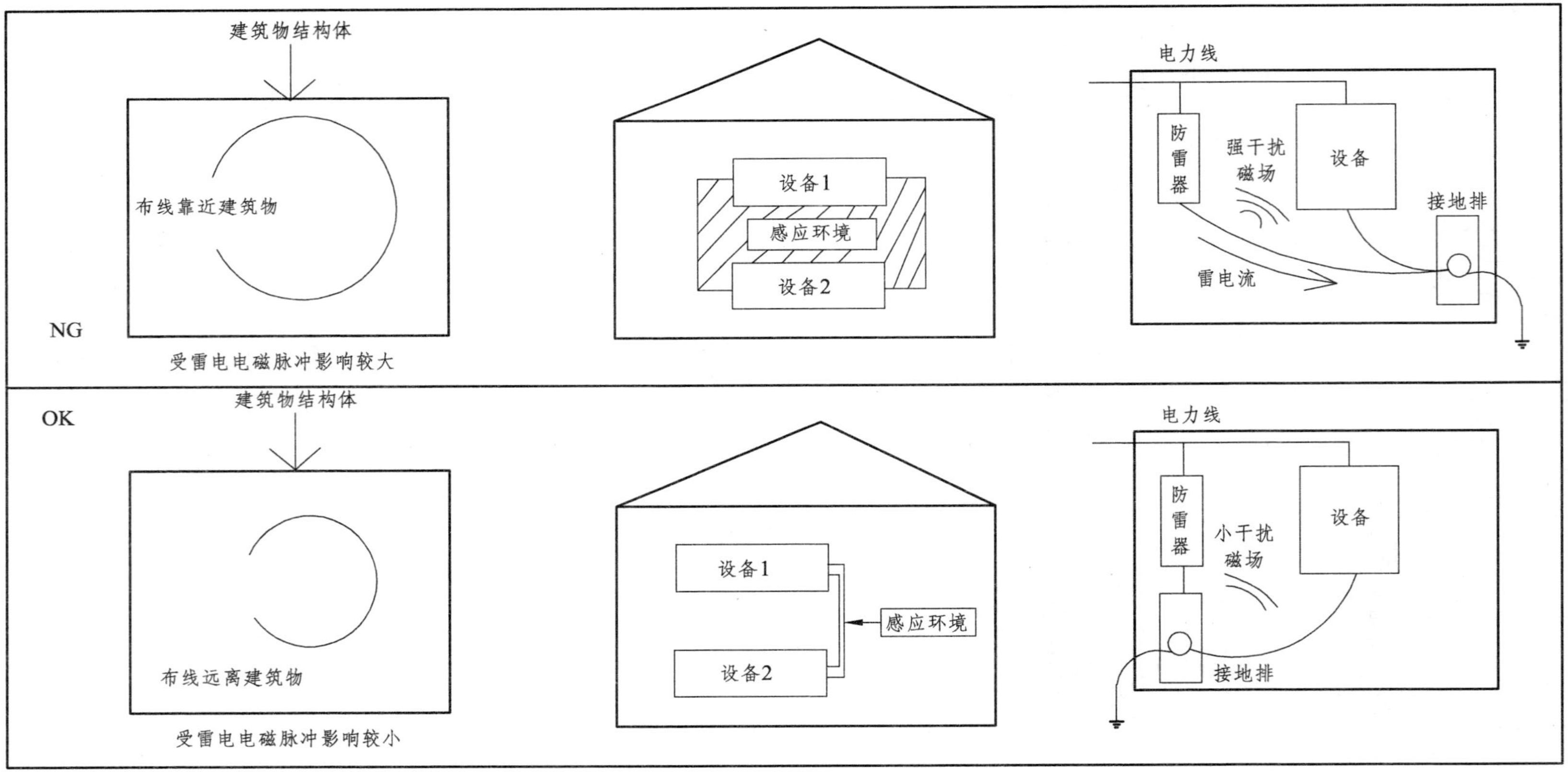

图 5-1-8 合理布线示意图

三、防雷措施

综合雷电防护对象主要有直接雷击、感应雷击、地电位反击、雷电磁脉冲对建筑物、内部设备和人的危害。为防御直击雷和降低雷电电磁干扰，信号设备机房的建筑物外部应采用由屋顶接闪器、引下线和接地装置构成的防直接雷击系统，机房内部应采用法拉第笼进行电磁屏蔽。内部防雷应该按照共用接地系统、屏蔽、隔离、综合布线、等电位连接、安装防雷器件等措施进行综合防护。

（一）总体架构

防雷总体架构如图 5-1-9 所示。

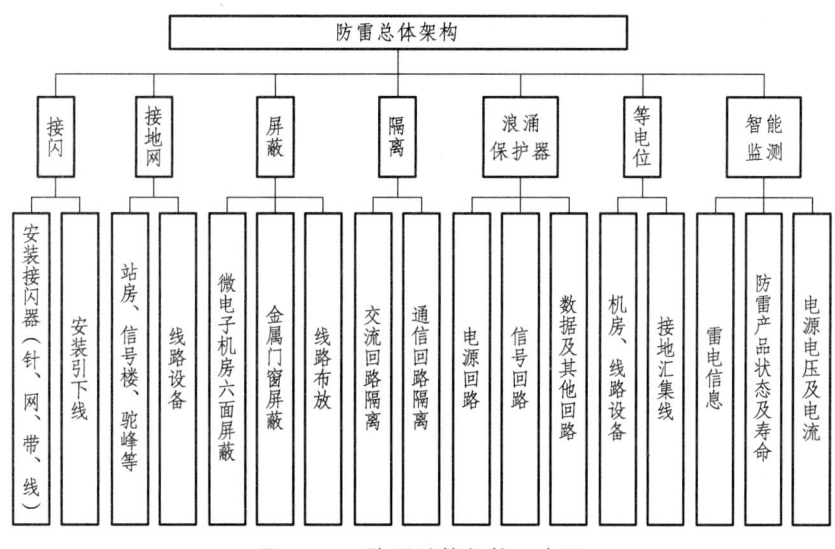

图 5-1-9　防雷总体架构示意图

（二）接闪设施

避雷网由不大于 3 m×3 m 的方形网格构成，每隔 3 m 与避雷带焊接连通；避雷带应采用不小于 ϕ8 mm 热镀锌圆钢沿屋顶周边设置一圈，距墙体高度 0.15 m；引下线是避雷带与接地装置的连接线，宜采用 40 mm×4 mm 热镀锌扁钢或不小于 ϕ8 mm 热镀锌圆钢，沿机房建筑物外墙均匀垂直敷设 4~6 根，安装应平直，并与其他电气线路距离大于 1 m。引下线上端与避雷带焊接连通，焊接处不得出现急弯（弯角不小于 90°），下端与地网焊接。接闪设施实物示意图如图 5-1-10 所示。

（三）接地网及实施要求

地网由各接地体、建筑物四周的环形接地装置、基础钢筋相互连接构成。环形接地装置一般由水平接地体和垂直接地体组成，应环绕建筑物外墙闭合成环。水平接地体距建筑物外墙间距不小于 1 m，埋深不小于 0.7 m。引下线处应设置垂直接地体。综合地网设置永久性明显标志（地标）。接地网设施实物示意图如图 5-1-11 所示。

图 5-1-10　接闪设施实物示意图

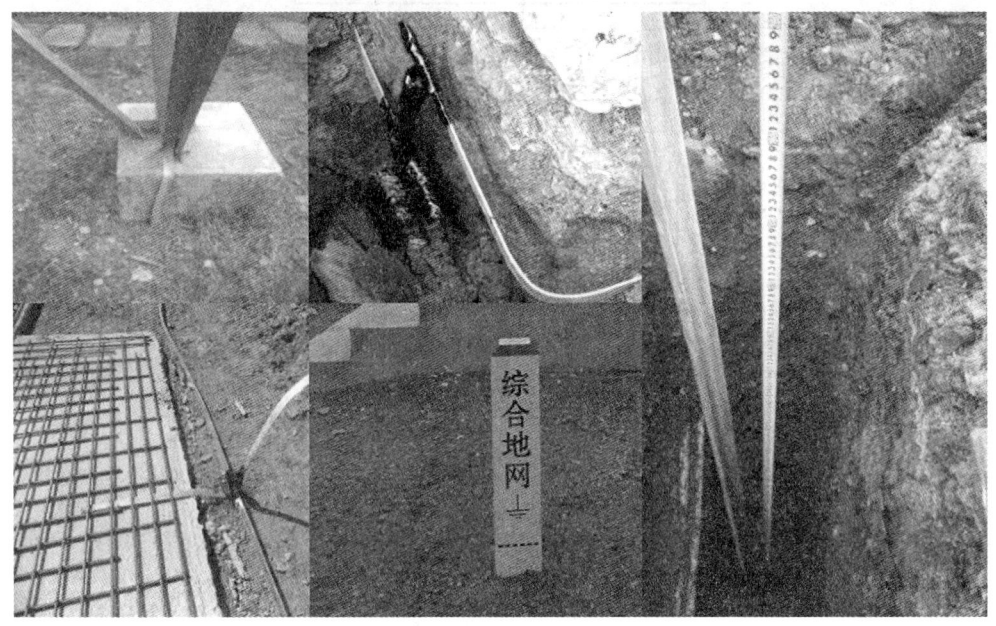

图 5-1-11　接地网设施实物示意图

（四）法拉第笼屏蔽及实施要求

法拉第笼设施实物示意图如图 5-1-12 所示。微电子设备室的六面（墙、顶、地面）应闭合构成法拉第屏蔽笼（包括窗、门）。屏蔽笼可与墙内主筋或水平接地体多处连接；墙面、顶面屏蔽材料应采用铁板或铁网，铁网网格应不大于 600 mm×600 mm；铁板与铁板、铁网与铁网接续（拐角）处的搭接宽度不小于 20 mm。

放置信号设备房间的六面（墙、顶、地面或楼面）应在砼墙内用不小于 ϕ8 mm 的钢筋焊成不大于 0.6 m×0.6 m 的网格作法拉第屏蔽笼，0.6 m×0.6 m 的钢筋网格与 5 m×5 m 的钢筋网格结合处应焊接，门应采用金属防盗门。

图 5-1-12 法拉第笼设施实物示意图

（五）防雷保安器及选择要求

防雷保安器是浪涌保护器（SPD）的一种，其基本元器件如图 5-1-13 所示。

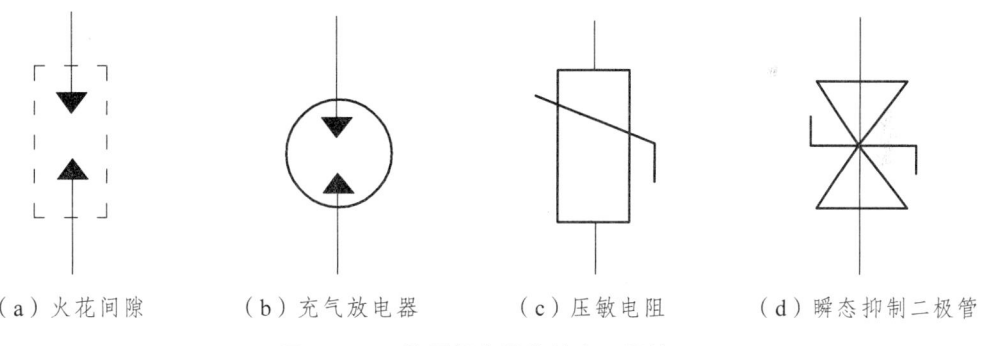

（a）火花间隙　　　（b）充气放电器　　　（c）压敏电阻　　　（d）瞬态抑制二极管

图 5-1-13 防雷保安器的基本元器件

1. 一般要求

（1）铁路信号设备防雷保安器应纳入产品强制认证管理，技术指标和应用要求必须符合相关检测标准，所用防雷保安器须获得产品强制认证证书。

（2）按照分区、分级、分设备防护和纵向、横向或纵横向防护的需要合理选用防雷保安器。

（3）当防雷保安器处于劣化或损坏状态时，须立即自动脱离电路且不得影响设备正常工作。即它需要满足两点：① 防雷保安器并联应用时，在任何情况下不得成为短路状态；串联应用时，在任何情况下不得成为开路状态。② 防雷保安器对地有连接的，除了放电状态，其他时间不得构成导通状态,否则必须辅以接地检测报警装置。

(4)用于电源电路的防雷保安器,应单独设置;必须具有阻断续流的性能;安装在分线盘(柜)处、电源防雷箱内及工作电压在110 V以上的防雷保安器应有劣化指示。

2. 信号传输线防雷

按照分区分级的原则,信号的防雷保安器应集中设置在分线盘处。新建或大修车站(场)应采用防雷型分线柜;既有车站应在分线盘处设防雷保安器,并尽可能采用防雷型分线柜,如图 5-1-14 所示。

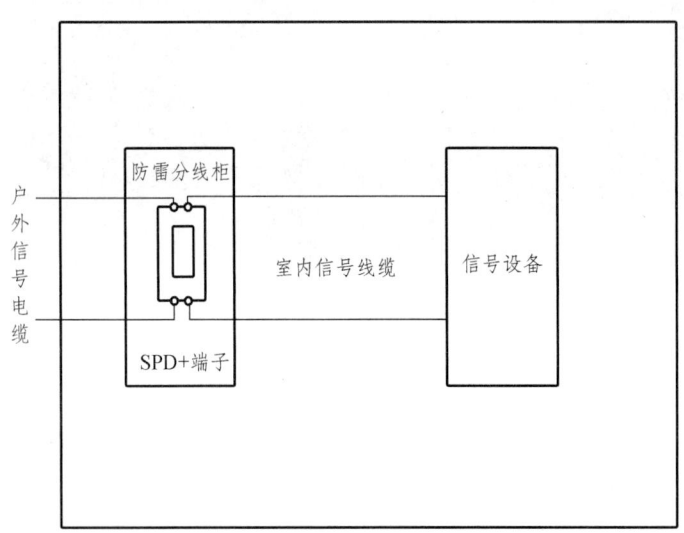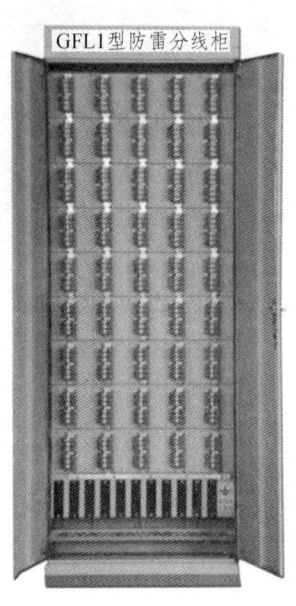

图 5-1-14 信号传输线防雷示意图

(六)等电位连接及实施要求

等电位连接设施实物图如图 5-1-15 所示。

(1)控制台室、继电器室、防雷分线室(或分线盘)、机房和电源室(电源引入处)应设置接地汇集线。接地汇集线宜采用大于 30 mm×3 mm 的紫铜排,可相互连接成条形、环形或网格形,环形设置时不得构成闭合回路。

(2)接地汇集线受制造长度的限制需使用多根铜排时,铜排间直接连接的接触部分长度不少于 60 mm,接触面应打磨后用 3 个铜螺栓双螺帽连接。

(3)电源室(电源引入处)防雷箱处、防雷分线室(或分线盘)处的接地汇集线应单独设置,并分别与环形接地装置单点冗余连接。其余接地汇集线可采用截面面积不小于 50 mm^2 有绝缘外护套的多芯铜导线或 30 mm×3 mm 紫铜排相互连接后与环形接地装置单点冗余连接。

(4)各种类型的接地汇集线均设置铭牌(电源防雷接地汇集线、分线盘防雷接地汇集线、电缆屏蔽及法拉第屏蔽接地汇集线、设备保护接地汇集线)。

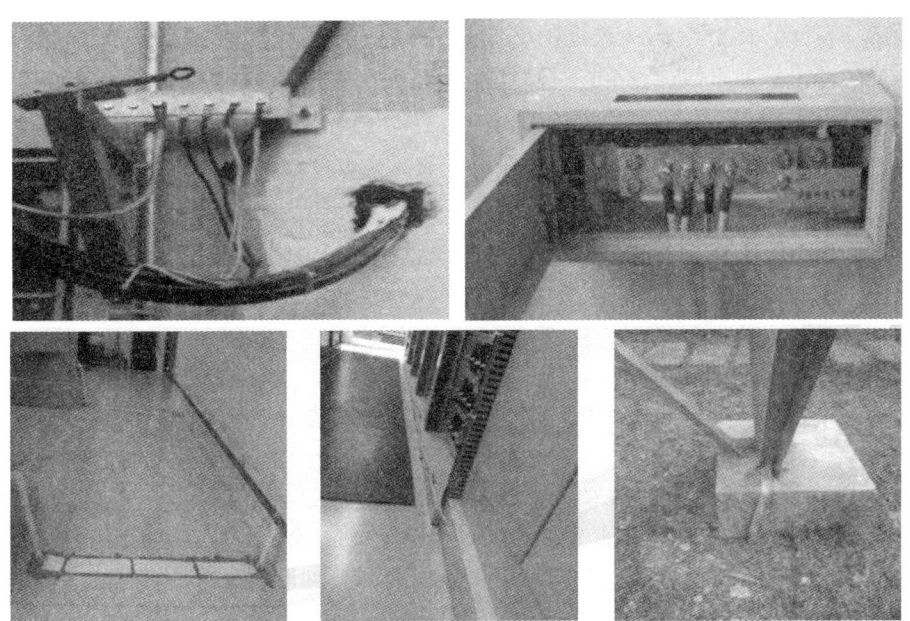

图 5-1-15　等电位连接设施实物示意图

四、高雷电环境下防护关键技术的优化

（一）直击雷接闪优化

对于户外信号设备集中区域、无直击雷保护的区域、经常有雷电危害的信号楼，如图 5-1-16 所示，大保护角接闪器的参数应选择如下：保护角 $\theta=65°$、高度=1 m、接地电阻≤10 Ω 等。这样才能更好地防护直接雷击。

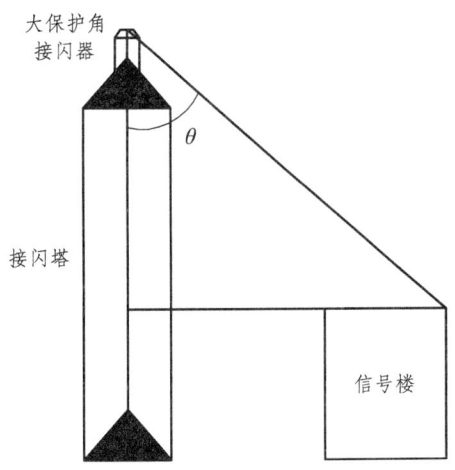

图 5-1-16　大保护角接闪器的保护范围展示

（二）接地电阻值的优化

当建筑物发生接闪或线路雷电流泄放入地时，会在入地点产生瞬间的电位升，电位升公

式：$U_i \approx iR_i + L_i/t$。式中，U_i—接地网电位升高，kV；i—接闪泄放入地的雷电流，kA；R_i—接地装置的冲击接地电阻，Ω；L—垂直接地体的长度，m。如果假定雷电流幅值为 10 kA（自然界 90% 雷电超过 10 kA），冲击接地电阻为 0.67 Ω（工频接地电阻值为 1 Ω 换算），接地体长度为 2 m，雷电波头为 2.6 μs，可知在雷电流入地点产生的电位升约为 14.4 kV，这个电位升对入地点附近的设备危害是比较明显的。

针对不同雷害程度的信号楼，接地电阻应按照冲击接电阻值 R_i 优化。假定信号设备耐受为 10 kV（1.2/50 μs），同等条件带入公式可知 R_i 约为 0.23 Ω，对应工频接地电阻值为 0.5 Ω 左右（具体土壤电阻不同对应换算系数不同）。

（三）法拉第笼屏蔽优化

根据 GB 50057—2000 规范的要求，建筑物预计雷击次数为 $N = k \times N_g \times A_e$，$N_g = 0.1 \times T_d$。不同雷电环境下的信号楼，其可能遭受的空间电磁干扰也不相同。雷电活动密度较大的地区或者一年中高雷日较大的地区，应适当增加屏蔽网格密度，抑制雷电的空间电磁干扰。图 5-1-17 所示为法拉第笼屏蔽优化展示图。

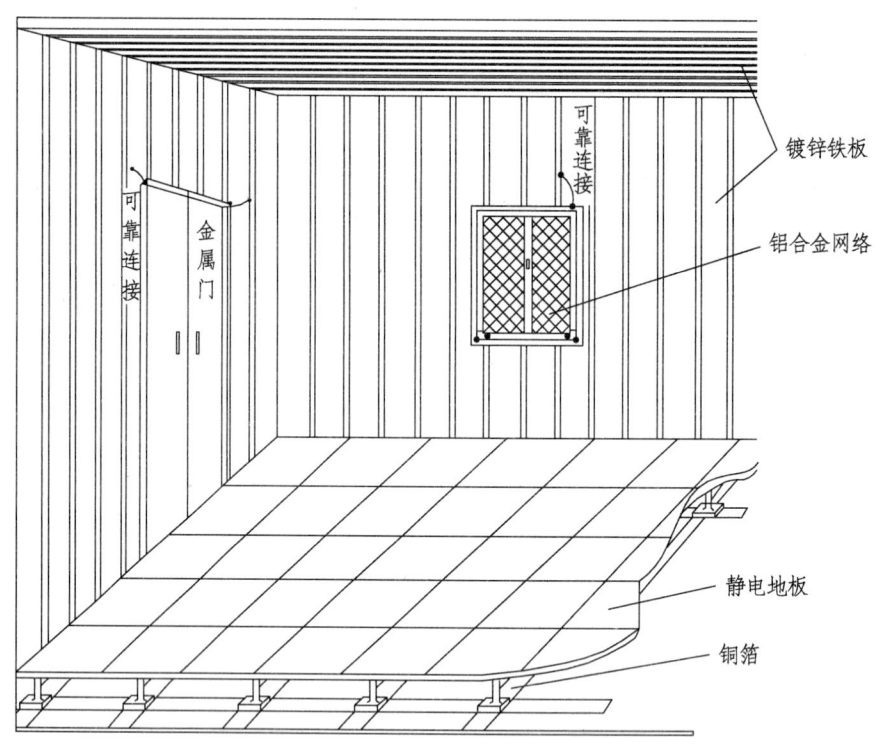

图 5-1-17　法拉第笼屏蔽优化展示

（四）浪涌保护器选配优化

室内浪涌保护器按照强雷区的要求选配。轨旁或室外设备用浪涌保护器，在按照国内强雷区选配要求的基础上，提高一个量级；从室外引进机房的线缆均应有防雷措施；交流电源输入、输出回路应设置两级防雷装置；浪涌保护器应与被保护设备绝缘耐压相匹配，并被正确安装。如图 5-1-18 所示为浪涌保护器选配优化展示图。

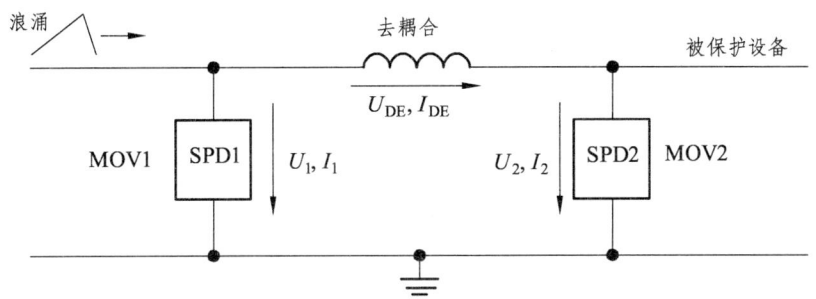

图 5-1-18　浪涌保护器选配优化展示

（五）接触网杆附近"四电设备"防反击优化

铁路沿线敷设贯通地线，便于沿线设备就近接地；沿线设备应有独立的接地网，且接地电阻满足 4 Ω 后，再与贯通地线连接；在雷雨天气，由于雷电流会沿接触网杆泄放入地，因此接触网杆附近地电位波动较为明显，附近的设备应通过等电位连接器与贯通地线连接。

（六）线路设备交流电源和通信回路屏蔽隔离

27.5 kV 线路发生故障或雷击接闪时，工频（通常含有丰富的谐波成分）短路电流或雷电流会导致附近的地、供电杆、设备外壳等带较高的电位，在故障点产生短时间的较高过电压，较高过电压会击穿附近设备的绝缘，较强的过电压和过电流会沿线侵入机房。因此应采用交流电源回路隔离、通信回路隔离，如图 5-1-19 所示。

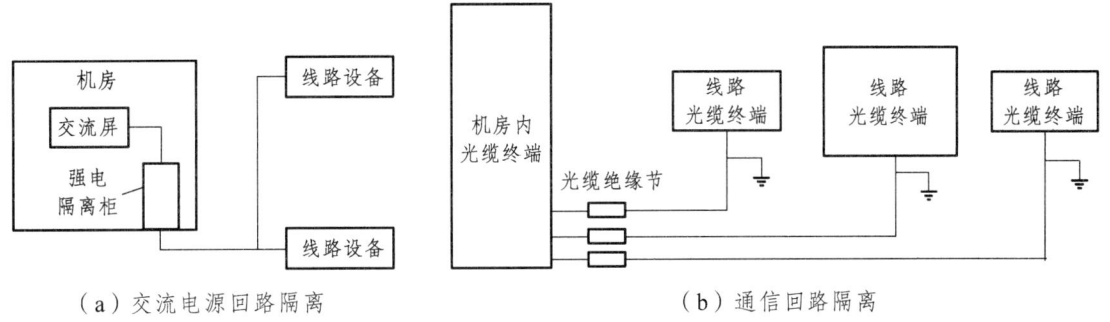

（a）交流电源回路隔离　　　　　　　　　　（b）通信回路隔离

图 5-1-19　交流电源与通信回路隔离展示

（七）提高轨旁设备及其关键附属设备电抗干扰能力

轨旁设备特别与钢轨直接连接的，设备本身应满足 10 kV（1.2/50 μs 波形）；应提高轨旁设备的关键附属设备雷电抗干扰能力，如断路器应满足 100 kA（8/20 μs）冲击不跳脱，降低误动作引起"红光带"的概率；轨旁的电源设备应配备通过 CRCC 认证的防雷产品。如图 5-1-20 所示为两种轨道电路展示图。

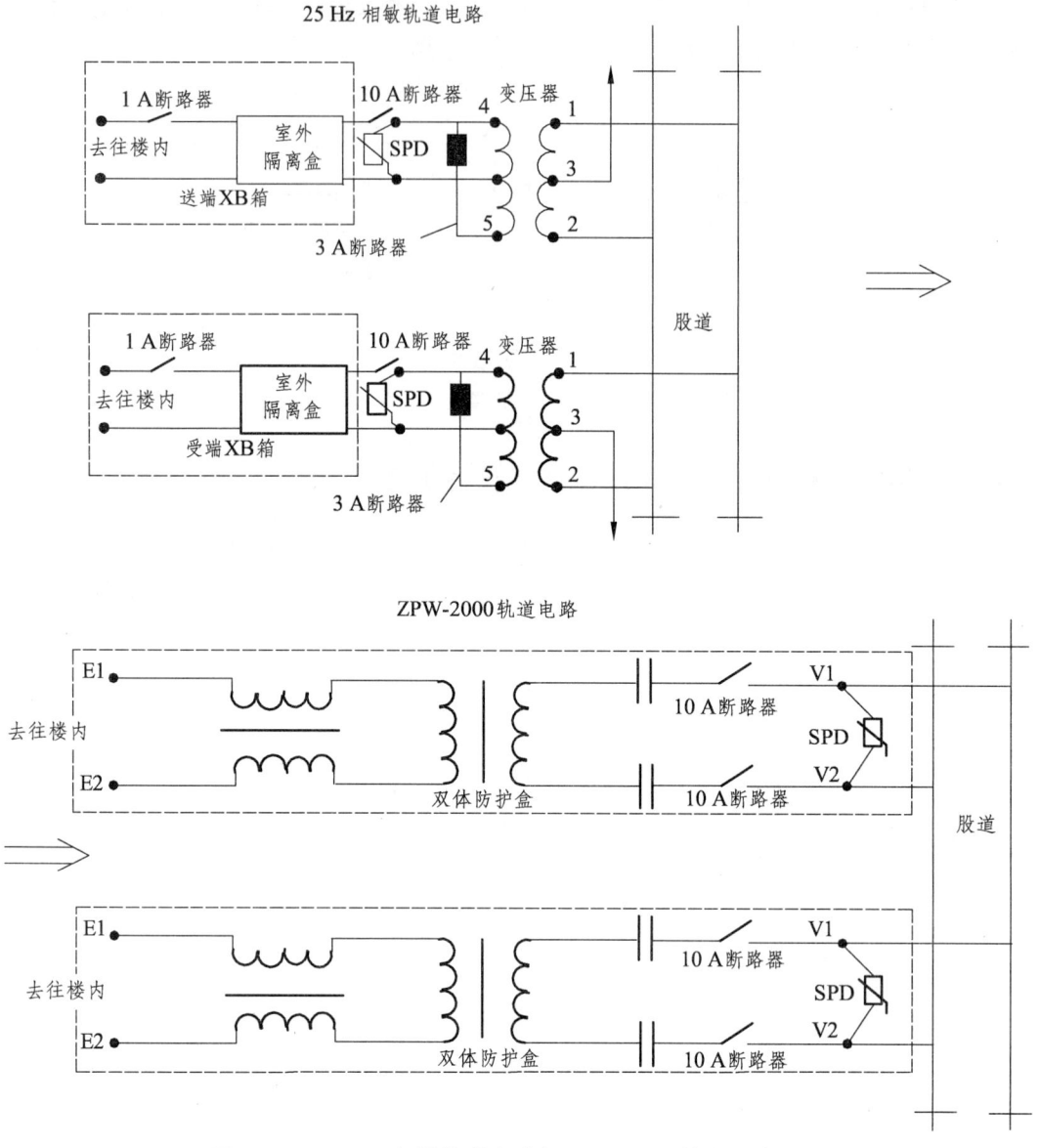

图 5-1-20　25 Hz 相敏轨道电路与 ZPW-2000 轨道电路展示

（八）接地汇集线及等电位连接

控制台室、继电器室、防雷分线室（或分线盘）、机房和电源室（电源引入处）应设置接地汇集线。接地汇集线宜采用大于 30 mm×3 mm 的紫铜排，可相互连接成条形、环形或网格形，环形设置时不得构成闭合回路。电源室（电源引入处）防雷箱处、防雷分线室（或分线盘）处的接地汇集线应单独设置，并分别与环形接地装置单点冗余连接。其余接地汇集线可采用截面面积不小于 50 mm^2 有绝缘外护套的多芯铜导线或 30 mm×3 mm 紫铜排相互连接后与环形接地装置单点冗余连接。如图 5-1-21 所示为接地汇集线及等电位连接展示图。

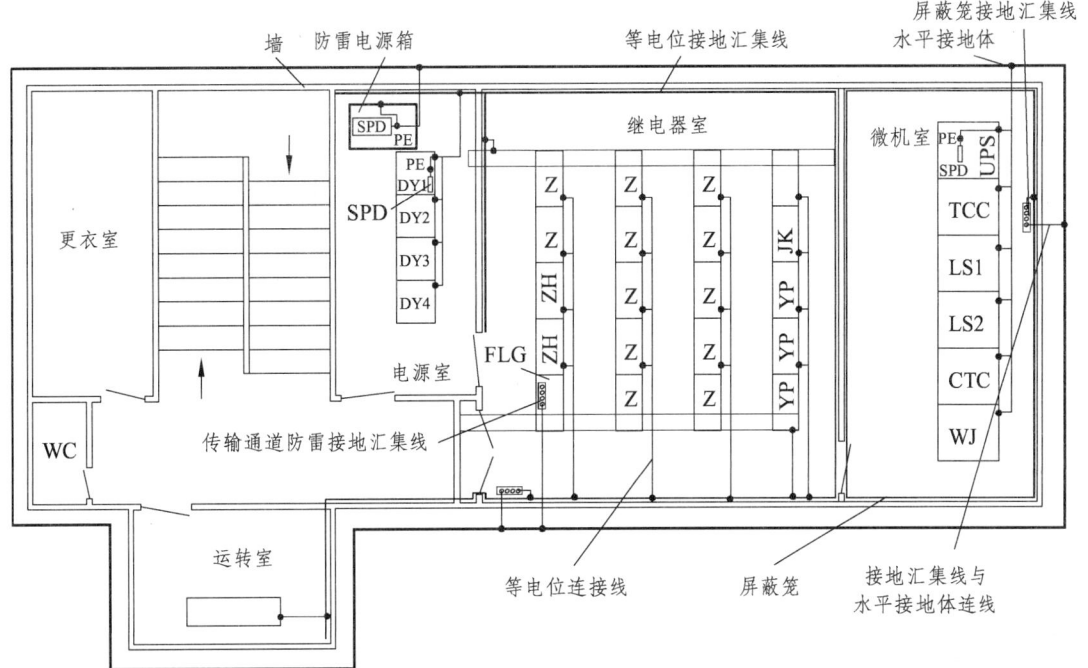

图 5-1-21 接地汇集线及等电位连接展示

(九) 线缆屏蔽隔离

为了减少不同电缆间的相互感应, 采用铁磁性线槽布放线缆; 进出信号楼的线缆和室内信号设备间电缆分不同槽敷设。

不同功能的线缆应屏蔽隔离, 如交流电源线、直流电源、接地线、信号线、传输线等之间应屏蔽隔离, 如图 5-1-22 所示。

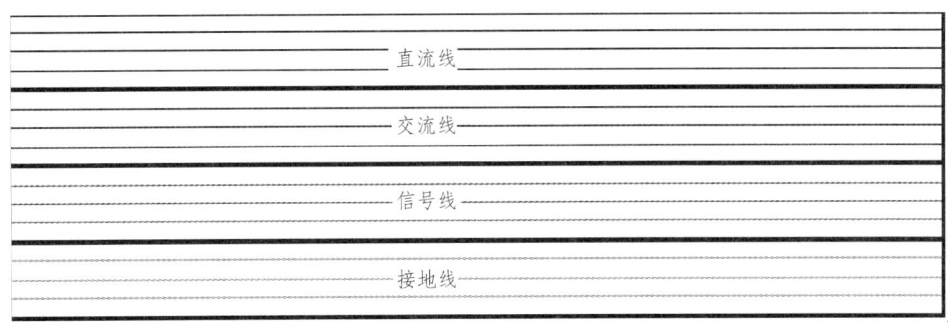

图 5-1-22 电缆线槽展示

(十) 智能化

为了提高运维效率, 降低维护成本, 现场应配置智能化产品, 可实现远程监测、报警、数据分析等功能, 及早消除现场隐患。图 5-1-23 所示为铁路智能化设备展示。

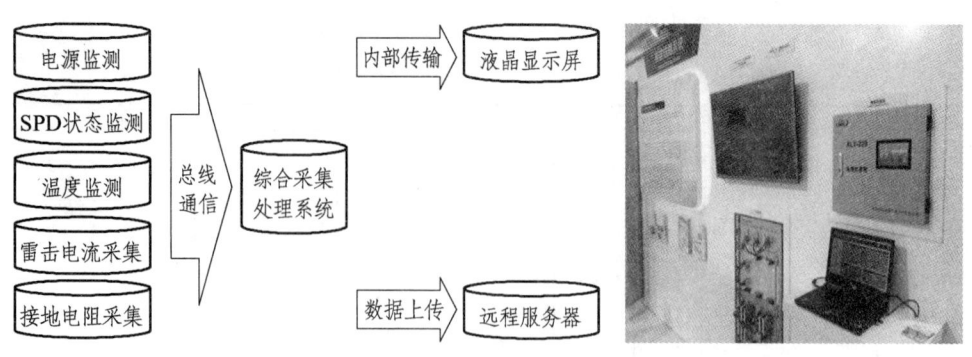

图 5-1-23 铁路智能化设备展示

任务二　铁路车站信号设备防雷实例

【工作任务】

（1）能标准化操作与运用信号防雷设施及元器件。
（2）能识读相关信号设备及防雷设施原理图。
（3）能根据相关信号设备及防雷设施原理图找到实物设备对应的位置（点）。
（4）能参与电务故障应急处理过程。
（5）通过学习交流，完成派工单任务（见表 5-2-1）。

表 5-2-1　派工单 021

专业班级		姓名		学号		分数	
作业内容						完成情况说明	
根据本单位实训基地设备情况，参考"图 5-2-1～图 5-2-10"拍摄上传图片 8 处以上，教师抽查评分。 　注：每一张技术图纸拍摄其中任意一处/点的图片，如拍摄控制台接地，则命名"信号楼信号设备接地-控制台"							
注意事项							
（1）工作准备方面： （2）工作要求方面： （3）安全风险方面 （4）查阅资料方面： （5）其他注意事项：							
存在问题描述							
理论联系实际							
本次作业内容与"项目五案例一"是否有相同、相近或相关联之处？请说明							

【知识链接】

一、信号楼信号设备接地

信号楼信号设备示意图如图 5-2-1 所示。

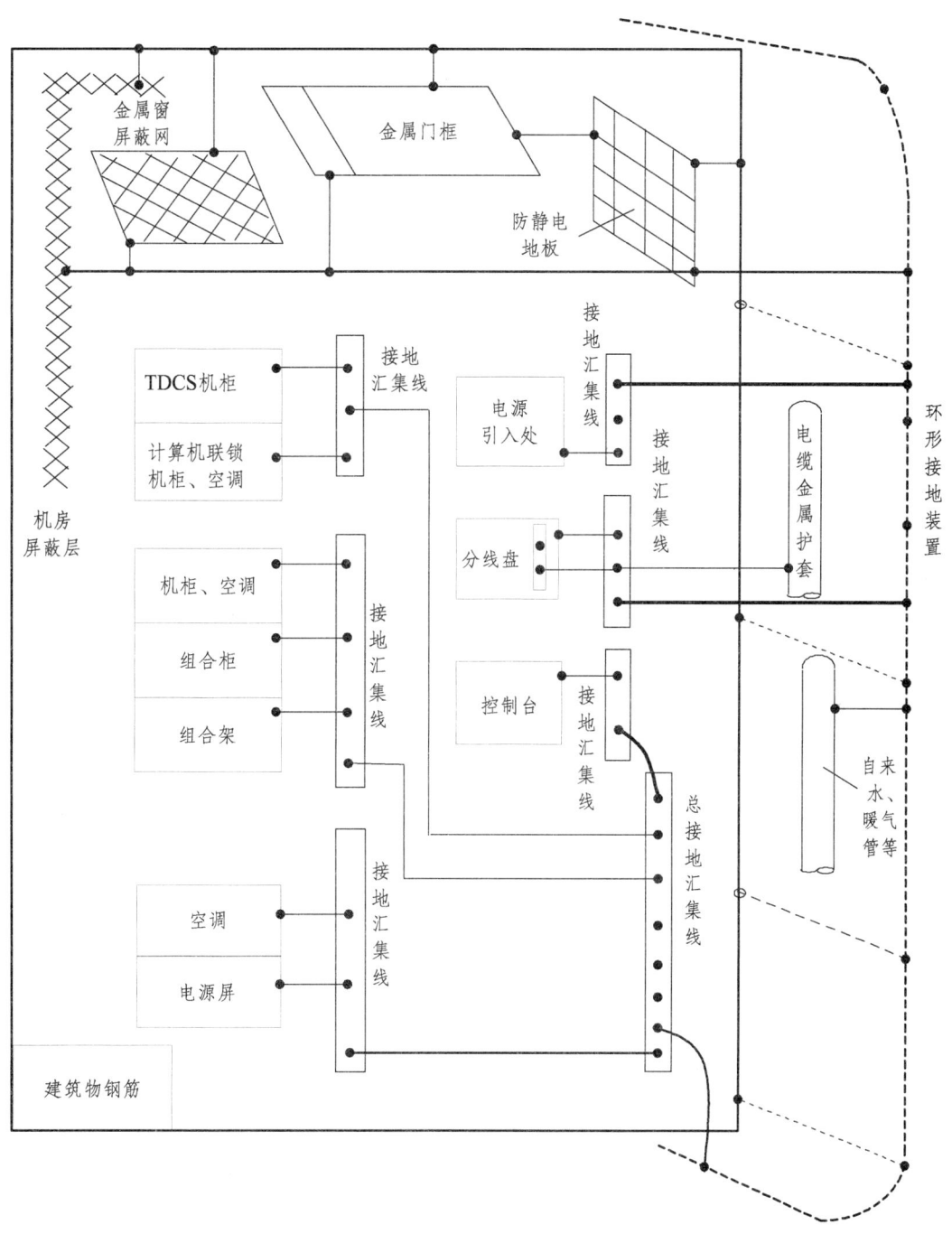

图 5-2-1　信号楼信号设备接地示意图

二、工频电源防雷保安器原理

以单相电源线为例的基本电源防雷单元原理如图 5-2-2 所示,根据 TB/T 2311—2017 要求,金属陶瓷三极放电管和压敏电阻器串联后的直流放电电压(标称导通电压 U_n)必须大于交流工频电源电压的 2.2 倍,因此交流 220 V 电源的导通电压 U_n 必须大于 484 V;金属陶瓷三极放电管和压敏电阻器串联后防雷单元,因无漏流,不会长期接入交流 220 V 电源后产生劣化。

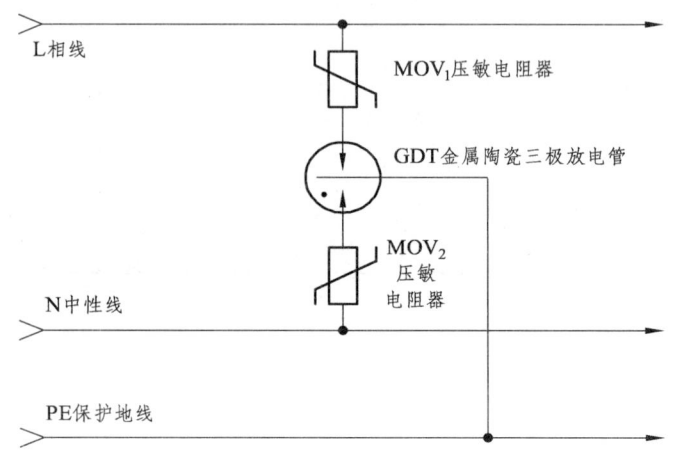

图 5-2-2　工频电源防雷保安器电原理图

三、信号楼电源系统防护原理

信号楼电源系统防护如图 5-2-3 所示。电源防雷应采用信号电源防雷箱方式,信号防雷箱设置地点应符合防火要求。外电网引入机房建筑物应采用多级雷电防护。第Ⅰ级设在户外交流电源馈线引入处(配电盘)(电力部门未做雷电防护时,第Ⅰ级设在电力开关箱后);第Ⅱ级设在电源屏电源引入侧;第Ⅲ级设有微电子设备(计算机终端电源稳压器或 UPS 电源前)。

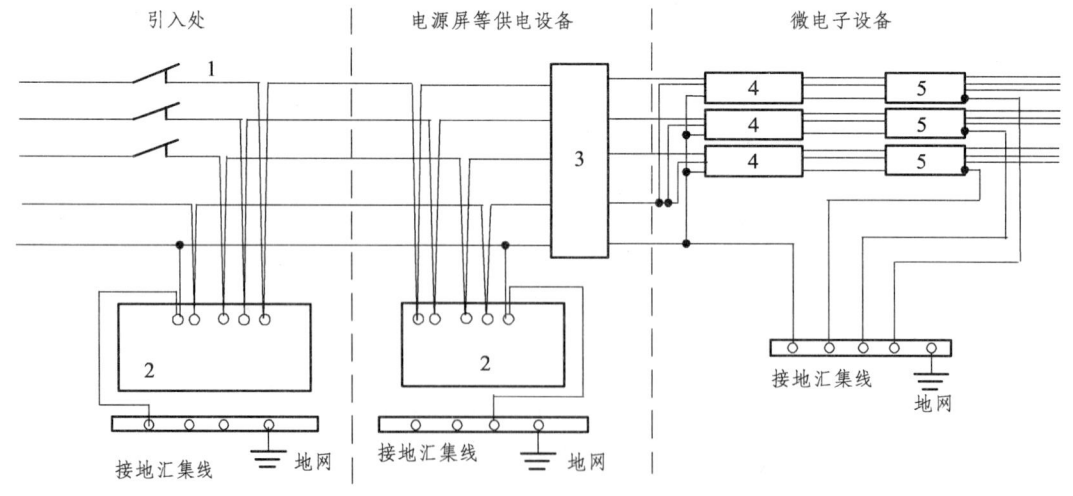

1—配电盘;2—三相并联防雷箱;3—电源屏机柜;4—单相串联防雷箱;5—UPS。

图 5-2-3　信号楼电源系统防护示意图

四、室内采集、驱动信号传输线防雷保安器电原理

如图 5-2-4 所示为采集驱动信号传输线防雷保安器电原理示意图。
（1）室内采集、驱动信号传输线防雷保安器提供两级串联防护。
（2）防雷保安器单元必须可热插拔。
（3）SA 为固体放电管，也可为 TVS（瞬态二极管）。

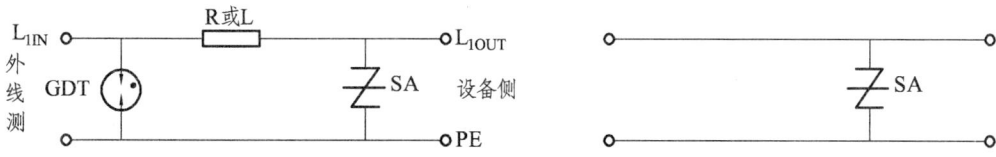

（a）安装在计算机联锁设备接口架　　　（b）直接设置在驱动板、采集板上的防雷元件安装原理

图 5-2-4　采集驱动信号传输线防雷保安器电原理示意图

五、室内视频信号传输线防雷保安器电原理

室内视频信号传输线防雷保安器单元提供二级防护，保护计算机视频卡（显卡），为即插即用型，15 芯插头（孔）。视频信号传输线防雷保安器电原理示意图如图 5-2-5 所示。

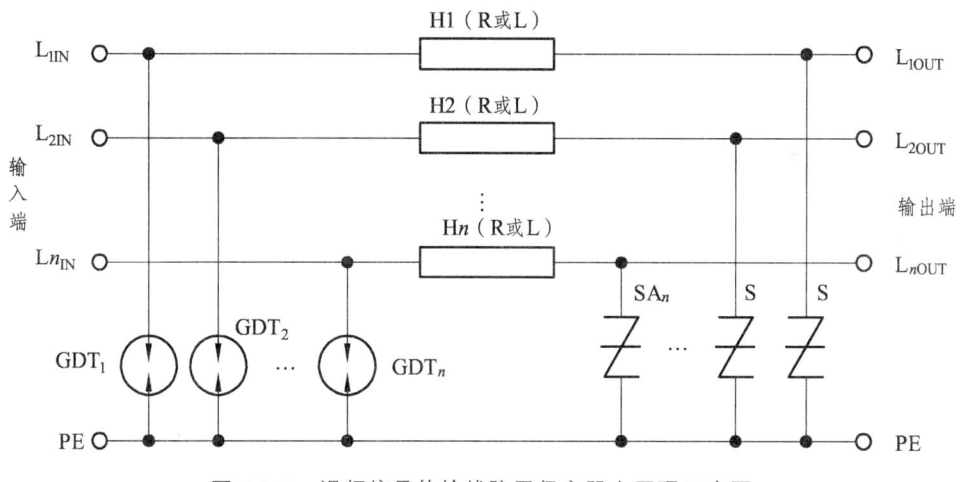

图 5-2-5　视频信号传输线防雷保安器电原理示意图

六、进站信号机的点灯电路在分线盘的防雷保安器配置原理

如图 5-2-6 所示为进站信号机防雷保安器配置示意图。

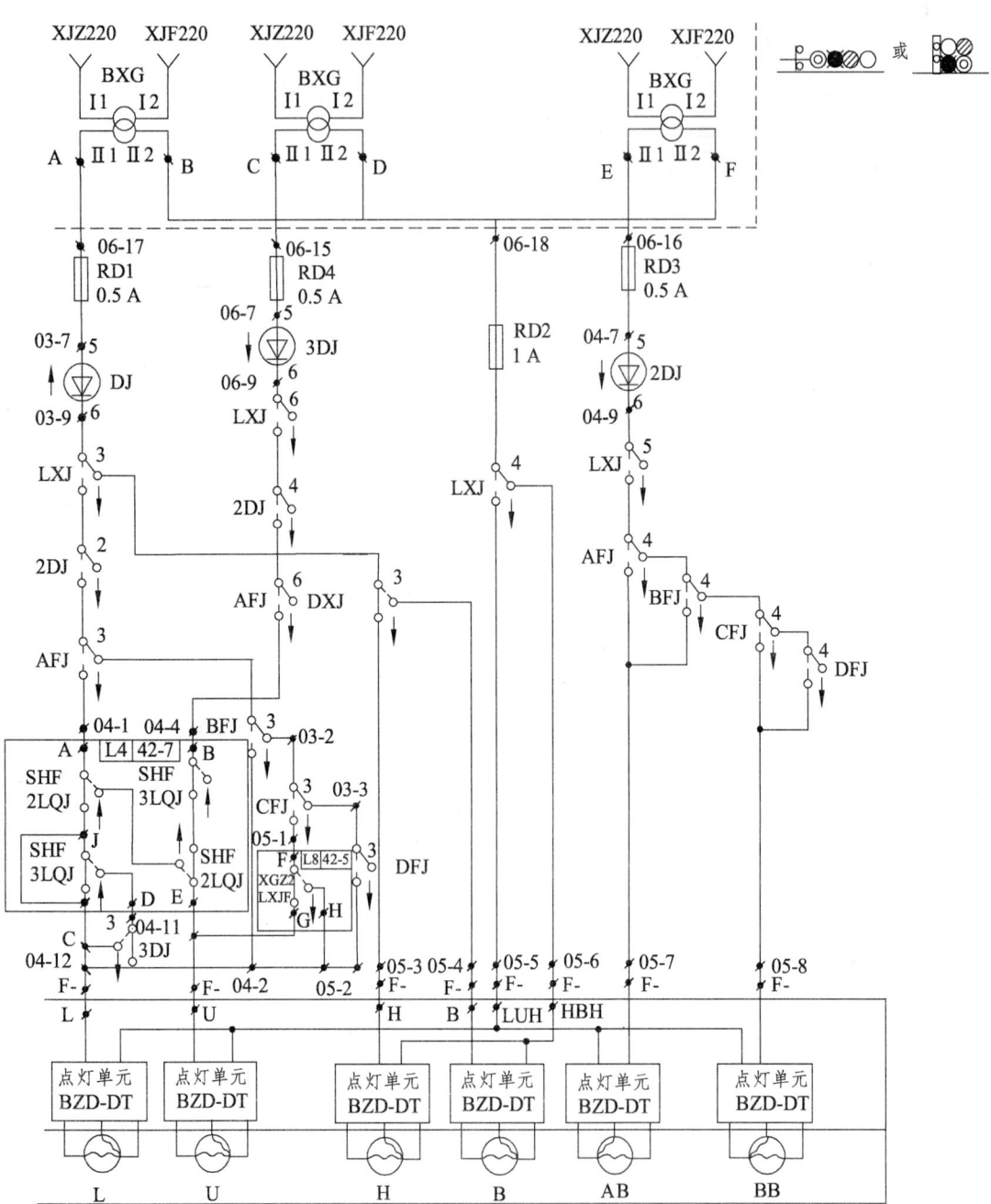

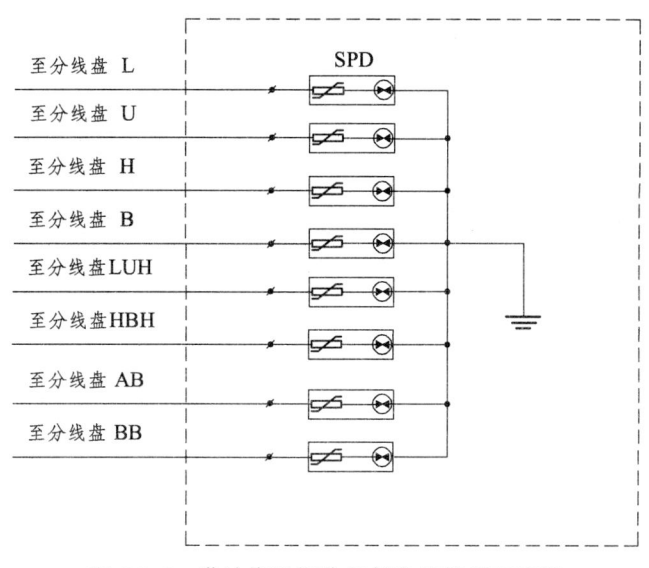

图 5-2-6 进站信号机防雷保安器配置示意图

七、灯丝报警电路防雷保安器的安装原理

（1）分线盘处的防雷保安器单元提供纵向防护。

（2）灯丝报警电路的防雷保安器单元应按低压防雷保安器设计。其中灯丝报警电路防雷保安器的安装原理图如图 5-2-7 所示。

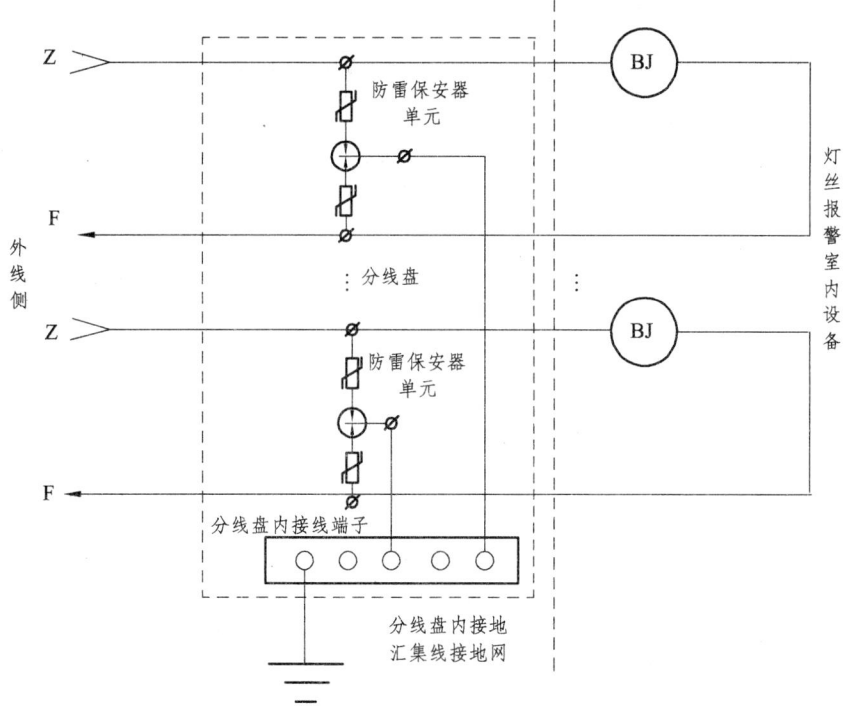

图 5-2-7 灯丝报警电路防雷保安器安装原理图

八、25 Hz 相敏轨道电路防雷保安器配置原理

（1）站内电码化发码区段的电压可达 300 V，选用防雷保安器要考虑该因素。
（2）防雷保安器单元为纵、横向防护，可热插拔，故障模式为开路。
（3）各种轨道电路进入信号楼线路，在分线盘处必须采取纵向和横向防护。
（4）室内接受设备的防雷保安器单元为串联型，防雷元件的选取按低电压考虑，可热插拔。25 Hz 相敏轨道电路防雷保安器配置原理图如图 5-2-8 所示。

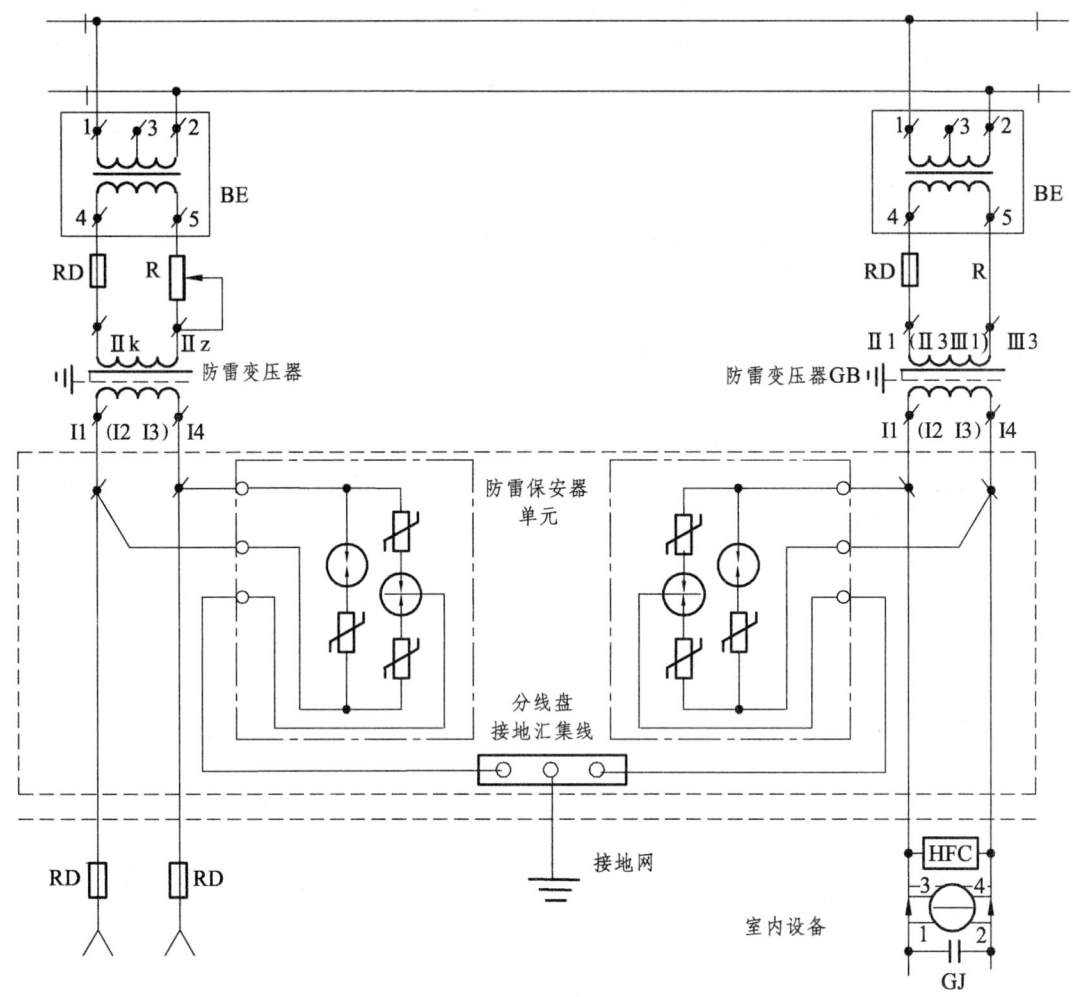

图 5-2-8　25 Hz 相敏轨道电路防雷保安器配置原理图

九、移频轨道电路（区间、站内及接近区段）防雷保安器配置原理

移频轨道电路防雷保安器配置示意图如图 5-2-9 所示。

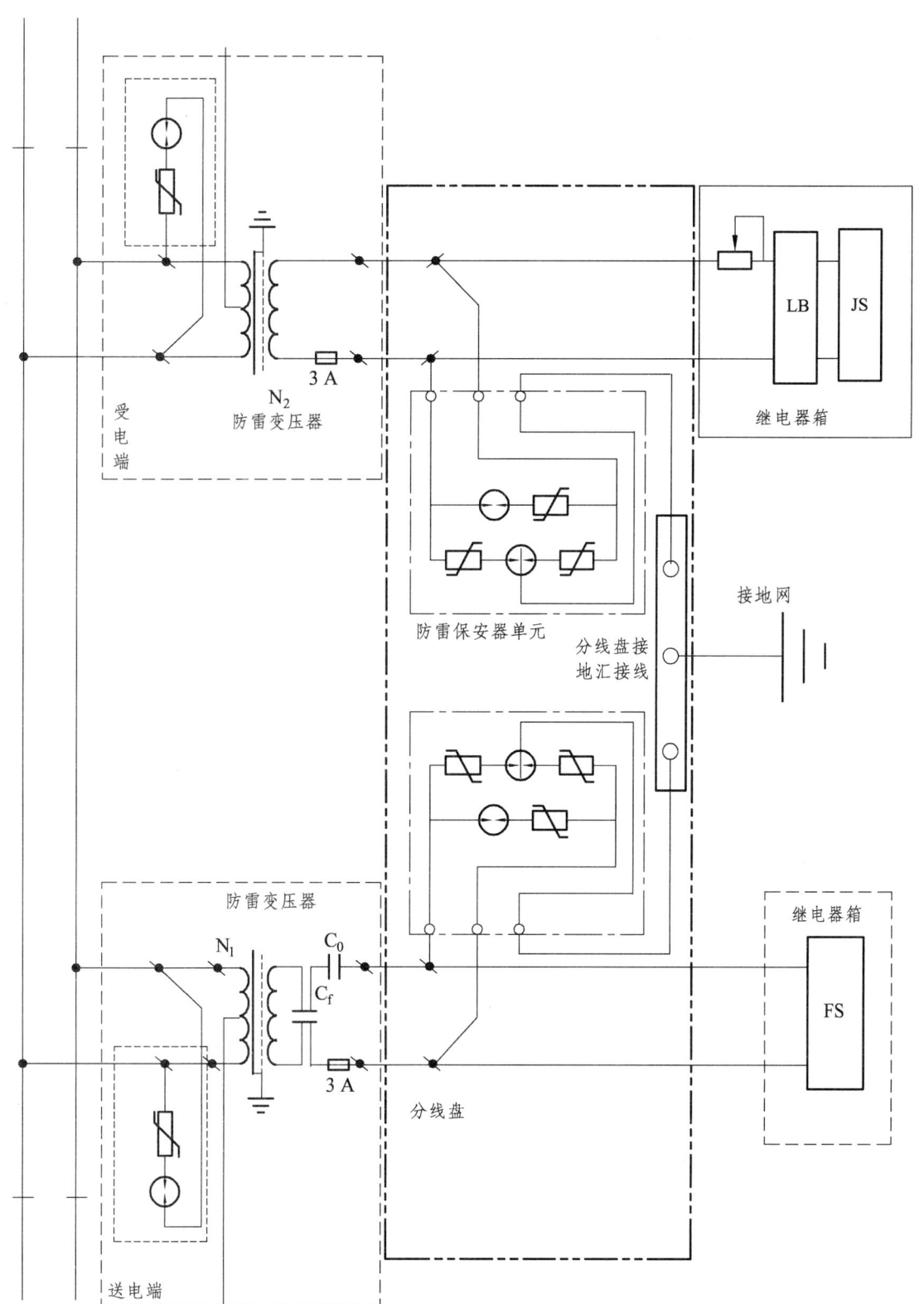

图 5 2 9 移频轨道电路防雷保安器配置示意图

十、有绝缘移频轨道电路防雷保安器配置原理

（1）电缆盒提供操纵防护，低压并联型；地线就近接在电缆盒附近的接地体上。

（2）分线盘提供纵向和横向防护，低压并联型。有绝缘移频轨道电路防雷保安器配置原理图如图 5-2-10 所示。

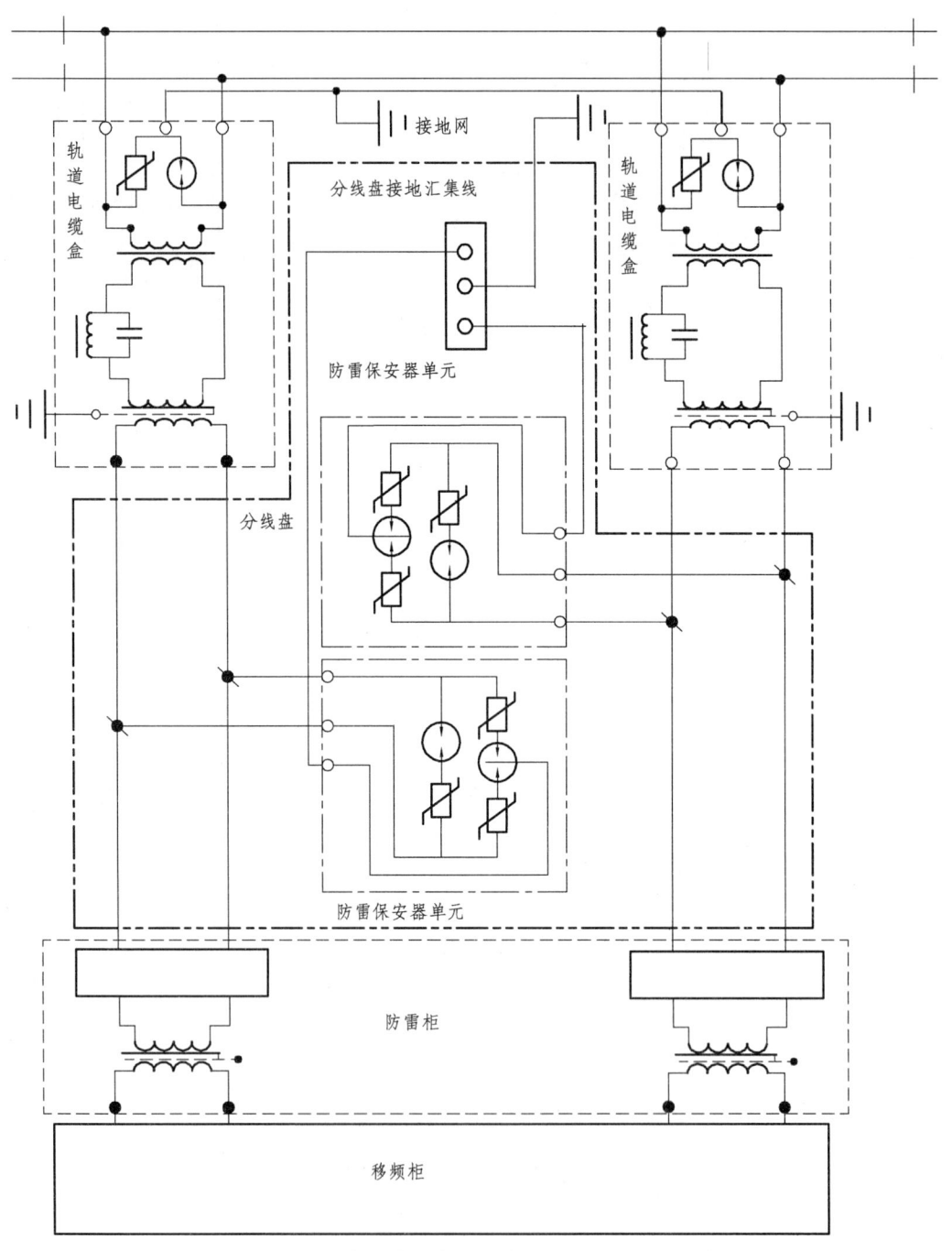

图 5-2-10　有绝缘移频轨道电路防雷保安器配置示意图

任务三 铁路车站信号设备防雷检修维护

【工作任务】

（1）能标准化操作与运用信号防雷设施及元器件。
（2）能测试、分析防雷设施及元器件的电气特性。
（3）能在《行车信号设备检查登记簿》上登、销记。
（4）能对相关信号设备及设施进行标准化检修作业。
（5）能对相关信号设备及设施进行简单故障分析与处理。
（6）能参与电务故障应急处理过程。
（7）通过学习交流，完成派工单任务（见表5-3-1）。

表5-3-1 派工单022

专业班级		姓名		学号		分数	
作业内容						完成情况说明	
根据"综合防雷检修作业"指导书，4人一组以角色扮演的形式完成检修作业，录制视频（mp4格式），时长10分钟以内，以小组长名字命名							
注意事项							
（1）工作准备方面： （2）工作要求方面： （3）安全风险方面 （4）查阅资料方面： （5）其他注意事项：							
存在问题描述							
理论联系实际							
本次作业内容与"项目五案例一"是否有相同、相近或相关联之处？请说明							

【知识链接】

一、车站信号设备常见雷害

（一）轨道电路

（1）雷雨天如果轨道电路多处发生红光带，则可判定为遭雷击所致。由于长大干线采用 25 Hz 轨道电路，而且电缆均采用屏蔽接地，所以出现雷击现象较少；而 480 型轨道继电器采用的是桥式整流，遇雷雨天二极管很容易被击穿，造成轨道电路红光带。遇到此类故障要及时更换继电器，或将经常不使用的区段轨道继电器进行倒用。

（2）25 Hz 轨道电路：25 Hz 相敏接收器、硅片是易遭受雷害损坏的，断路器容易受到冲击断开。

（3）轨道继电器落下时，①甩掉硅片，如果继电器不吸起按②步进行；②测试盘测试电压，电压正常时更换相敏接收器；③如果测试无电压，甩开继电器和防护盒测试，仍无电压，测试送端分线盘（电码化区段），无电时为室内电源故障，有电时到室外送端或受端查看断路器；④甩开继电器和防护盒测试，有电压时更换相敏接收器或防护盒。

（4）480 轨道电路：JZXC-480 轨道继电器是最易遭受雷害损坏的。发生雷害，轨道电路红光带时，测试盘测试电压：①没有电压或电压低于正常值很多，拔下继电器再测，如果有 20 V 左右电压，可以立即更换轨道继电器，如果拔下轨道继电器后仍然没有电压，则要立即检查送端防雷元件，电码化区段要检查室内防雷元件及测试室内电压是否送出；②测试盘测试有电压时，立即更换轨道继电器。

（5）UM71、WG-21A、ZPW-2000A 等设备遭雷害故障后，要重点检查防雷元件，再根据移频报警继电器落下情况更换相应的发送器或接收器。

当多区段故障时，要观察 DGJ、DGJ1（或 DGJ2）继电器哪个落下。仅 DGJ 落下时，更换 DGJ 继电器；若 DGJ1（或 DGJ2）与 DGJ 一起落下，要先测试是否有电压，有电压要先处理 DGJ1（或 DGJ2），后处理 DGJ；无电压，需查找送端故障。

（二）信号机

（1）雷雨天信号机的灯丝继电器很容易被击穿，造成信号复示器闪光，灯丝继电器掉下，信号打不开，此时要及时更换继电器。采用点灯单元的信号机，点灯单元一旦遭受雷击，控制台出现灯丝报警；现象为信号机主灯丝自动转换副灯丝，不着灯，需更换点灯单元。

（2）组合侧面断路器和 JZXC-H18 灯丝继电器是雷害时最易损坏的。先测试信号机组合侧面断路器，不良时立即更换。如果断路器良好、电源正常，立即更换 JZXC-H18 灯丝继电器，如果仍然不好，要考虑灯泡、点灯变压器等。但一般感应雷不会造成灯泡、变压器的损坏，只有直击雷才会造成这种后果。

（3）如果受雷害损坏器材较多、备品不足时，要利用侧线、调车信号机的器材先恢复正线设备及列车信号机或车务急需的进路。

（三）转辙机

（1）雷雨天转辙机容易遭雷击的是整流匣。如果转辙机定反位均失去表示，整流匣两端或 X_1、X_2 对 X_3 有交流无直流，此时要更换整流匣。另外，可通过观察转辙机表示接点是否存在烧损现象来判断整流匣是否被击穿。

（2）道岔无表示：若雷害后道岔无表示，要先检查断路器，电源良好时，再考虑是否整流匣出现故障。

（四）电源屏

（1）带整流元件的监督继电器是最易遭受雷害损坏的。当某路电源故障断路器不能合闸时，要先更换相应的带整流元件的监督继电器试验。

（2）若多个区段同时故障、多架信号机同时消灯时（包括区间），要考虑检查电源屏是否故障。

（五）整流器

站联电路、半自动外线电源各种联系电路的电源均采用整流电源。整流器在雷雨天很容易遭雷击，所以上述设备如果雷雨天出现故障，应及时更换整流器。判断整流器是否故障，最简单的办法是观察整流器指示灯是否灭灯、测试输入输出电压是否正常、整流器电源断路器是否良好。

二、雷害发生调查方式要点

（一）查记录

（1）贯通地线、综合接地端子、避雷网、避雷带、引下线、环形接地装置、垂直接地体、建筑物基础地网和室内各种接地汇集线、屏蔽设施等竣工图纸。

（2）浪涌保护器出厂检验报告、出厂合格证、CRCC证书、配置图和接线。

（3）地网接地电阻测试记录，包括测试仪表和环境描述。

（二）定故障

（1）确认并记录故障形式。

（2）确认故障设备的损坏端口或器件。

（3）确认并记录故障恢复方式。

（4）跟现场人员了解故障发生时的现象，比如雷电情况、其他专业设备损坏情况、电力故障情况、接触网情况。

（三）测设备

（1）测试浪涌保护器参数、损坏设备对应的室内及室外浪涌保护器。
（2）测试接地电阻、各个接地铜排。
（3）测试电缆摇绝缘、故障线路的线缆绝缘。

（四）查现场

（1）由施工时以及现有标准，对综合防雷项目逐一排查，看是否有不符合标准的现象。
（2）排查机房屏蔽及接地汇集线设置是否符合标准。
（3）排查浪涌保护器是否缺失、设计是否符合标准。
（4）电缆屏蔽是否单端接地，是否做好一次成端、二次成端，并可靠接地。
（5）不同功能的线缆是否屏蔽隔离。
（6）光缆入户前是否做光缆绝缘节，并做好接地。

（五）做分析

（1）按照雷电入侵途径，查找雷电危害来源。
（2）确认分析重点，包括从外部引入的雷电。
（3）对防雷现状中不符合标准及规范的项目进行分析，确定雷害故障影响。
（4）查看与本次相关的其他防雷设备现状，确定与本次雷害故障的关系。
（5）依据等电位思路，分析电位差存在的可能。

（六）提方案

（1）增补遗漏项目。
（2）更正错误之处。
（3）补漏雷电侵入通道。
（4）补强防护弱电。
（5）依据现场情况，提出新的需求。

三、防雷设备维护

（1）防雷保安器应逐步实现免维护，并纳入微机监测；需要日常检查测试的，应由供货企业提供测试方法及测试要求，并在改造时提供必要仪器、仪表和相应的备品。
（2）有劣化指示和报警功能的防雷保安器实行故障修理，其他防雷保安器等防雷设施应在每年的雷雨季节前进行一次检测。
（3）信号设备防雷设施维护分为周期性维护和日常性维护。周期性维护的周期为一年；

日常性维护应在每次雷击之后进行。雷电活动强烈的地区，应增加防雷装置的检查次数。

（4）检测外部防雷装置的电气连续性，若发现有脱焊、松动和锈蚀等，应进行相应处理，特别是在接地测试点，应对地网接地电阻进行测量。

（5）测试电缆芯线绝缘时，应拔除防雷保安器，以免影响测试结果。

（6）检查避雷带（网）、引下线、避雷针的腐蚀情况及机械损伤，包括由雷击放电所造成的损伤。若有损伤，应及时修复；锈蚀部位超过截面1/3时，应更换。

（7）测试接地电阻，测试值大于规定时，应检查接地装置和土壤条件，找出变化原因，并采取有效措施进行整改。

（8）检测室内防雷设施和金属外壳、机架等电位连接的电气连续性，若发现连接处松动或断路，应及时修复。

（9）检查各类防雷保安器的运用质量，有故障指示、接触不良、漏电流过大、发热、绝缘不良、积尘等情况时应及时处理。

四、综合防雷检修作业

1. 目　的

掌握综合防雷设备的原理、技术标准及检修、测试方法，达到按检修作业程序进行检修、整治和质量鉴定的要求。

2. 适用范围

车站与区间信号工岗位。

3. 作业内容

（1）停止使用。

（2）综合防雷引入箱各部检修。

（3）汇流排检查整修。

（4）各部阻值测试。

（5）地线断开报警装置检查。

（6）各部连接情况检查。

综合防雷检修作业

4. 作业材料、工具（见表 5-3-2）

表 5-3-2　工具材料一览表

序号	名　　称	规格型号	单位	数量	备　注
1	地线测试仪		块	1	
2	兆欧表	500 V	块	1	
3	活扳手	14/17 mm	把	1	
4	万可端子专用螺丝刀	大、中、小	把	各1	

5. 检修作业程序（见表5-3-3）

表5-3-3　集中检修一览表

阶段	步骤	项目	内容、要求及标准
天窗点前作业	1	监测数据分析	工作前，调阅微机监测，分析设备运用状态
	2	登记	根据《电务段营业线施工及安全管理实施细则》文件要求，驻站联络员在天窗开始前40分钟，在天窗修专用"运统-46"上按照路局162号文的登记格式和规定时间进行登记
	3	设置防护	按《电务段劳动安全守则实施细则》规定，指派驻站联络员和现场防护员进行防护
	4	现场联系	与电务驻站联络员联系，互试电话，确认作业地点、设备编号及工作内容
天窗点内作业	1	停止使用	由施工负责人断开综合防雷的引入线
	2	综合防雷引入箱各部检修	（1）引入箱各部检查、清扫。 （2）各部螺丝紧固，螺帽垫片齐全。 （3）防雷单元块安装牢固，作用良好。 （4）配线整齐清洁，无破皮，焊片压接良好。 （5）图纸与实物相符
	3	汇流排检查整修	（1）引入线处防鼠、防火设施完善。 （2）各部螺丝紧固，螺帽垫片齐全。 （3）配线整齐清洁，无破皮，焊片压接良好
	4	各部阻值测试	（1）由施工负责人甩开接地设备。 （2）测试各部阻值，接地阻值小于1Ω。 （3）各接线端子与机柜对地绝缘电阻用500 V兆欧表测试应不小于1 000 MΩ
	5	地线断开报警装置检查	临时把地线断开时，应有声光报警提示，恢复后声光报警提示自动停止
	6	各部连接情况检查	（1）各部地线连接是否牢固、妥当。 （2）配线整齐清洁，无破皮，焊片压接良好。 （3）恢复使用
	7	清扫	设备表面、各部位清扫
	8	复查销记	现场防护员与驻站联络员相互确认设备正常，驻站联络员在"运统-46"上按标准格式进行销记
天窗点后作业	1	问题处理	发现一时不能克服的设备故障时记录在《设备缺点待修记录本》上，并向工长汇报

6. 作业安全风险防控措施

（1）打雷时，禁止检修综合防雷各部元件。

（2）设备测试时，禁止检修综合防雷各部元件。

（3）测试工作要正确使用仪表。

五、防雷补偿器设备检修作业

1. 目　的

通过检修，使防雷补偿器设备整机达到质量标准，确保现场正常运用。

2. 适用范围

电子电气检修信号工岗位。

3. 作业内容

（1）检修前的准备：工具、测试台开机、电烙铁加热等。

（2）设备外观检查，检查外壳无裂纹损伤，油饰良好。

（3）检修前通电测试，测试各项指标，数据核对。

（4）盒内开盖检查。

（5）检修后电气特性测试，整机接入测试台测试和通电检查。

（6）绝缘测试。

（7）微机存档及验收。

4. 作业材料、工具（见表5-3-4）

表5-3-4　工具材料一览表

序号	名　　称	规格型号	单位	数量	备　　注
1	活扳手		把	1	
2	套筒扳手		把	1	
3	双头扳手		把	1	
4	电烙铁	45 W	把	1	
5	镊子		把	1	
6	白布带、白绸带		米	各0.5	
7	酒精	500 mL	瓶	1	
8	毛刷		把	1	
9	螺丝刀	200 mm	把	各1	十字、一字

5. 检修作业程序（见表 5-3-5）

表 5-3-5　集中检修作业一览表

步骤	项目	内容、要求及标准
1	检修前的准备	（1）万用表。 （2）工具。 （3）材料
2	设备外观检查	（1）外壳无裂纹损伤。 （2）编号清楚、正确，无多余编号。 （3）插座无破损，插片不弯曲，无锈点、无氧化、炭化点。 （4）螺栓不缺少，无滑丝、松动
3	检修前通电测试	（1）用万用表测量防雷补偿器的电容容量。 （2）测试各项指标，数据核对。 （3）测试数据记录检修卡片
4	盒内检查	（1）盒内无灰尘，不得有异物。 （2）各部元器件无异状、无松动、无脱焊，安装牢固。 （3）各处连线不得有脱落、破皮、老化等现象，走线整齐不碰接，不零乱。 （4）线路板不起泡、霉烂，铜箔无脱落、裂纹。 （5）各部焊点焊锡光滑、饱满，无裂纹。 （6）盒内各部螺丝紧固，不松动
5	检修后电气特性测试	硒堆通电 90 V 测试，硒堆通电 90 V 不击穿
6	绝缘测试	用 500 型兆欧表测试绝缘大于 25 MΩ
7	将测试结果存档	查看测试结果，将检修更换器件和指标测试合格结果填入卡片存档
8	验收	查看测试结果，验收测试指标符合标准，并签名

6. 作业安全风险防控措施

（1）做好班前安全预想。

（2）检修前，注意检查测试台绝缘是否良好，防止触电伤人。

（3）严禁穿高跟鞋搬运设备。

7. 检维修登销记样本（见表 5-3-6）

表 5-3-6 检维修登销记样表

本月检维修编号	检维修项目	请求检维修/施工（慢行/封锁）登记			确认		开通检查确认销记		开通	备注
		月日时分	（1）影响范围： （2）负责人签字： （3）设备单位检查人签字： （4）车站值班员签字：	所需时分	月日时分	（1）命令号及发令时间： （2）慢行/封锁起止时间： （3）车站值班员签字： （4）负责人签字：	月日时分	（1）恢复使用范围和条件： （2）负责人签字： （3）设备单位检查人签字： （4）车站值班员签字：	（1）开通/恢复常速命令及开通时间： （2）负责人签字： （3）设备单位检查人签字： （4）车站值班员签字：	
	信号设备整治									
	更换钢轨									

思考题

（1）雷电的危害为直接雷击以及_____。

（2）简述防雷的主要方法。

（3）_____是整个防雷安全的基础，是保证人身安全和设备正常工作的前提。对于铁路系统的信号楼接地而言，不但要满足雷电流的泄放，还要考虑低频电流的危险，因此接地电阻值_____1Ω。

（4）合理布线可减少外部环境对线路的干扰，要求净线与脏线_____布放；容易遭受大雷电流的线缆与容易遭受较小雷电流的线缆分开布放；减少电源线与通信线间形成的_____等。

（5）我国发布的《铁道信号设备雷电电磁脉冲防护技术条件》（TB/T 3074—2017）最新标准中明确划分防雷保护区，其中直接暴露在雷电威胁下的区域又分为两类：LPZ0A 一般称为_____；LPZ0B 一般称为_____。

（6）法拉第笼的防雷方式属于哪种防雷方法？什么是等电位连接？

（7）避雷针的作用主要是防_____，其工作的实质是引雷。

（8）避雷网由不大于_____的方形网格构成。

（9）此图设备∑的名称是什么？

（10）SA 称为_____。

（11）25 Hz 相敏轨道电路防雷保安器单元需要_____联电路中。

（12）若雷害后，道岔无表示，要先检查_____，电源良好时，再考虑_____是否出现故障。

（13）简述雷害发生调查方式中如何检测设备。

（14）检查避雷带（网）、引下线、避雷针的腐蚀情况，锈蚀部位超过截面_____，应更换。

（15）对雷害事故进行调查时，检查浪涌保护器要检查其出厂检验报告、出厂合格证、CRCC 证书、_____和_____。

（16）轨道电路，多区段故障时，若 DGJ1（或 DGJ2）与 DGJ 一起落下，如何查找故障？

（17）当信号机的点灯单元电路遭受雷击时，控制台会出现何种现象？此时需要如何处理？

（18）假定雷电流幅值为 10 kA，接地体长度为 2 m，雷电波头为 3 μs，雷电流入地点产生的电位升约为 16 kV，利用公式求冲击接地电阻为多少？

（19）接地汇集线宜采用大于 30 mm×3 mm 的紫铜排，可相互连接成条形、环形或网格形，其中环形设置时不得构成_____。

（20）查找资料简述铁路智能化的设备有哪些，它们的具体功能是什么？

参考文献

[1] 林瑜筠. 铁路信号基础[M]. 北京：中国铁道出版社，2019.

[2] 钱艺. 车站信号自动控制系统维护[M]. 北京：中国铁道出版社，2020.

[3] 李本泉. 信号设备故障分析与处理[M]. 北京：中国铁道出版社，2015.

[4] 铁路职工岗位培训教材编审委员会. 信号工[M]. 北京：中国铁道出版社，2014.

[5] 戴成新. 铁路基础设施综合维修[M]. 北京：中国铁道出版社，2021.

[6] 中国铁路总公司. 高速铁路信号维护规则[M]. 北京：中国铁道出版社，2015.

[7] 中国铁路总公司. 普速铁路信号维护规则[M]. 北京：中国铁道出版社，2015.

[8] 中国铁路总公司. 铁路技术管理规程[M]. 北京：中国铁道出版社，2014.

[9] 国家铁路局. 铁路信号设备雷电电磁脉冲防护技术条件[M]. 北京：中国铁道出版社，2017.

[10] 许国权. 益湛线典型雷害故障分析及解决方案[J]. 铁路通信信号工程技术，2018，15（8）：63-66.

[11] 国家铁路局. 铁路通信、信号、电力电子系统防雷设备[M]. 北京：中国铁道出版社，2017.